영어의 매력에
흠뻑 빠지기

술술 다 되는
반가운 영어 ③

반가운 지음

머리말

인스턴트 꿀 영어

이 책은 꿀이다. 진짜 꿀이다. 수저는 꿀통에 담가놓아도 꿀맛을 모른다. 그러나 혀는 꿀 한 방울만 떨어뜨려도 꿀맛을 안다. 당신은 수저가 되려는가, 아니면 혀가 되고 싶은가?

우리들은 하루가 다르게 지식이 폭발적으로 불어나는 세상에 살고 있다. 불어나는 그 방대한 양의 지식을 도저히 맛 볼 수조차 없다. 우리가 만일 어느 분야의 학문을 fast food나 인스턴트커피처럼 그렇게 쉽게 즐겨 먹고 소화할 수 있도록 fast food화(化)하거나 인스턴트화할 수 있다면 얼마나 좋을까! 말하자면 철학, 수학, 화학, 물리학, 천문학, 경영학, 영어, 일본어, 중국어 등등 이 모든 학문을 fast food나 인스턴트 커피처럼 먹기 쉽고 맛있게 가공 처리할 수는 없을까? 꿈같은 공상과학 이야기다. 그런데 공상에서 시작한 꿈이 현실이 되는 사례(事例)는 비일비재(非一非再)하다. 그 일례(一例)가 비행기다. 새처럼 날 수 없을까? 누군가의 공상이었다. 그런데 우리는 지금 날고 있지 않은가! 그래서 영어를 fast food처럼 손쉽게 먹을 수 있도록 인스턴트영어 개발(開發)에 내 평생 대부분을 바쳤다. 그대는 지금 꿀처럼 달디 단 인스턴트영어를 만지작거리고 있다.

먹어보시라. 꿀맛이다. 진짜 꿀맛이다. 이 꿀단지 덕분에 나의 큰아들은 서울대학교 의과대학을 거쳐 성형외과 원장이 되었고 작은아들은 한양대학교 의과대학을 거쳐 피부과 의사가 되었고 조카는 서울대 법대를 거쳐 금융계의 유망주가 되었고, 또 하나의 조카는 서강대 영문과를 거쳐 일약(一躍) 경위로 시작하여 경감이 되었다.

2016년 1월 2일 반가운

저자의 반성

죄인

우리들은 부지불식간(不知不識間)에 실수를 하거나 죄인이 되는 경우가 허다한 게 아닐까? 대화하다가 "그런 뜻이 아닌데"라고 해명하는 경우가 있다. 자기도 모르는 사이에 실수했거나 감정을 건드린 것이다.

열의에 불타던 약관(弱冠)의 교사 시절에 나는 나도 모르게 죄에 얼룩진 교사였다. 열의와 사랑만 있으면 되는 줄 알았다. 교사에게 열의와 사랑은 기본 요건인데 말이다. 아는 것도 없었지만 안다고 가르칠 수 있을까?   To know is one thing; to teach another. 라 하지 않는가?
영미에서는 교사를 '가르치다(teach) + 행위자(er)'로 표기한다. 즉 teacher(가르치는 자)라고 표기한다. 우리네는 가르치는(教) 스승(師)이라 하여 격이 높다. 또 가르치는 채찍(鞭)이 주어졌다 하여 교편을 잡았다 라고도 한다. 과연 내가 스승(師)의 역할을 제대로 했고 주어진 채찍을 제대로 사용했는지 자문(自問)해 보면 그렇다고 대답할 용기도 배짱도 없다. 그래서 나는 죄인이다. 최초의 10년은 채찍을 마구 휘두른 가르치는 자(teacher)에 불과했고 스승은 아니었다. 본의는 아니었지만 그들은 내 가르침의 실험 대상이었고 그래서 희생자(martyr)이기도 했다.
연금술(鍊金術)은 미신과 실험과 철학의 결합(combination)이라는데 그 연금술이 화학을 낳았으니 악(惡)이 선(善)을 생산할 수도 있다는 것이 한 가닥 위안이 되어 자책(自責)의 아픔이 감소되는 기분이다. 최초 10년 동안 내가 가르친 방법이 연금술이었다면 온갖 방법으로 실험(experiment)을 거쳐 나온 본서의 내용은 화학에 해당한다고 말한다면 지나친 과장일지도 모른다.

어지럽게 돌아가는 세상! 잠시만 이 책에 눈길을 주어 보시라. 속죄하는 심정으로 내놓은 이 책에는 무언가 다른 것이 많이 있다는 것을 발견할 것이다. 이 책은 인스턴트 화(化)한 영어다. 인스턴트는 먹기 쉽고 간편하다.

2016년 1월 2일 반가운

CONTENTS

머리말 |006|
저자의 반성 |007|
목차 |008|

LESSON 1

To learn English is easy

01. 주어로 사용된 to + 동사 |013|
02. 진주어와 가주어 |019|
03. 의미상의 주어 |021|
04. 목적어 역할을 하는 to + 동사의 원형 |028|
05. 동사 + -ing |036|

LESSON 2

I want you to study hard

01. 주어 + 동사 + 주어(의미상의) + to + 동사 |044|
02. 지각동사와 사역동사 |054|
03. 주어 + 동사 + 목적어 + -ing |055|

LESSON 3

She washed the dress clean

01. 주어 + 동사 + 목적어 + (to be) |063|
02. elect, choose, appoint |069|
03. 주어 + 동사 + 명사 + 형용사 |072|
04. -self를 사용하는 경우 |075|

LESSON 4

The door is opened at nine

01. 능동태와 수동태 |087|
02. 수동태의 형식 |088|
03. 수동태의 문장 |095|
04. was의 생략 |100|

LESSON 5

He looks happy

01. look + 형용사	|109|
02. prove와 turn out	|115|
03. become의 뜻을 가지고 있는 동사들	|116|
04. smell, taste, sound, feel	|123|
05. remain, stay	|127|
06. die, live, marry	|130|

LESSON 6

When I came here

01. 접속사의 역할	|137|
02. will을 써야할까 안 써야할까?	|142|
03. 주어와 be동사의 생략	|145|
04. and, but, or	|155|

LESSON 7

I study hard to pass the exam

01. 목적을 나타내는 부정사 |176|
02. 적용의 범위를 나타내는 부정사 |182|
03. too ~to와 enough to |185|
04. 원인을 나타내는 부정사 |190|
05. 판단의 근거 |194|
06. 행동의 결과를 나타내는 부정사 |202|
07. 숙어 |204|
08. 형용사적 용법 |209|
09. be + 형용사 + to 부정사 |217|

해답 및 풀이 |237|

LESSON 1

LESSON 1

To learn English is easy

 **주어로 사용된 『to + 동사』**　　01

『to + 동사의 원형』을 『부정사』라 부른다. 이 부정사가 주어의 역할을 하는 경우가 있는데 『~하는 것』이라고 해석한다.

(1-ㄱ) 영어는　　　　　쉽다.　⎫
(1-ㄴ) 영어를 배우는 것은 쉽다.　⎬ 를 비교해 보자.
　　　　　　　　　　　　　　　⎭

	주어	
(1-ㄱ)=	English	is easy.
(1-ㄴ)=	To learn English	is easy.

영문 (1-ㄴ)을 『영어를 배우는 것은 쉬운 일이다』라고 해석해도 괜찮다.
아래 learn, Learn, to learn의 뜻이 다르다는 것을 명심할 것

a.	learn	English	영어를 배우다, 영어를 배운다
b.	Learn	English.	영어를 배워라. (첫 글자는 대문자이고 마침표가 있음)
c.	to	learn English	영어를 배우기, 영어를 배우는 것, 영어를 배우는 일

(2-ㄱ) 그 강은   위험하다.
(2-ㄴ) 그 강에서 수영하는 것은 위험하다.   } 를 비교해 보자.

	주어	
(2-ㄱ)=	The river	is dangerous.
(2-ㄴ)=	To swim in the river	is dangerous.

영문 (2-ㄴ)을 『그 강에서 수영하는 것은 위험한 일이다』라고 해석해도 된다.

a.		swim	in the river	그 강에서 수영하다, 그 강에서 수영한다
b.		Swim	in the river.	그 강에서 수영해라. (첫 글자는 대문자, 마침표)
c.	to	swim	in the river	그 강에서 수영하기, 그 강에서 수영하는 것

다음 문장을 눈여겨 보아라. ※ is 뒤에 있는 것들을 보어라고 부른다.

	주어			뜻
(3-ㄱ)		It	is a great pleasure.	그것은 큰 기쁨이다.
(3-ㄴ)	To see	you	is a great pleasure.	너를 보는 것은 큰 기쁨이다.
(3-ㄷ)	To help	you	is a great pleasure.	너를 돕는 것은 큰 기쁨이다.
(3-ㄹ)	To serve	you	is a great honor.	당신에게 봉사하는 것은 큰 영광이다.
(3-ㅁ)	To guide	them	is my duty.	그들을 안내하는 것이 나의 의무다.
(3-ㅂ)	To teach	them	is my duty.	그들을 가르치는 것이 나의 의무다.
(3-ㅅ)	To learn	English	is very important.	영어를 배우는 것은 매우 중요한 일이다.

* see [si:] 보다   * great [greit] 큰, 위대한   * pleasure [pléʒər] 기쁨, 쾌락
* serve [sə:rv] 봉사하다, 섬기다   * guide [gaid] 안내하다, 인도하다
* honor [ánər] 명예, 영예   * duty [djú:ti] 의무   * important [impɔ́:rtənt] 중요한

LESSON 1

반가운 영어

"to + 동사의 원형"이 보어에 자리에 있는 문장들 :

	주어		보어	
(4-ㄱ)	My wish	is	to be	a doctor.
(4-ㄴ)	My wish	is	to own	a car.
(4-ㄷ)	My hobby	is	to read	books.
(4-ㄹ)	My hobby	is	to collect	stamps.
(4-ㅁ)	His defect	is	to drink	too much.
(4-ㅂ)	My job	is	to guide	tourists.
(4-ㅅ)	My aim	is	to win	the prize.
(4-ㅇ)	The important thing	is	to set	a snare.
(4-ㅈ)	Her dream	was	to be	a judge.

* wish [wiʃ] 소원   * own 소유하다, 갖다   * hobby [hábi] 취미
* collect [kəlékt] 수집하다, 모으다   * stamp [stæmp] 우표   * defect 결점
* job [dʒab] 직업   * tourist [tú(:)rist, túərist] 여행자, 관광객   * aim 목표, 목적
* prize 상, 상품, 경품, 현상금   * set 두다, 놓다, 자리 잡아 앉히다
* snare 덫, 올가미, 함정   * judge 법관

(4-ㄱ)= 나의 소원은 의사가 되는 것이다.   (4-ㅂ)= 나의 직업은 관광객을 안내하는 것이다.
(4-ㄴ)= 나의 소원은 차를 갖는 것이다.   (4-ㅅ)= 나의 목표는 그 상을 타는 것이다.
(4-ㄷ)= 나의 취미는 책을 읽는 것이다.   (4-ㅇ)= 중요한 일은 덫을 놓는 것이다.
(4-ㄹ)= 나의 취미는 우표를 모으는 것이다.   (4-ㅈ)= 그녀의 꿈은 법관(판사)이 되는 것이었다.
(4-ㅁ)= 그의 결점은 과음하는 것이다.

연·습·문·제 1

아래의 우리말을 영어로 말하고 또 쓰시오.

(1-a) 영어는 어렵다. (어려운 = difficult)
(1-b) 영어를 배우는 것은 어려운 일이다.

(2-a) 그것은 즐겁다. (즐거운 = pleasant [plézənt])
(2-b) 그녀와 함께 이야기하는 것은 즐겁다. (그녀와 함께 이야기하다 = talk with her)

(3-a) 이 책은 중요하다.
(3-b) 이 책을 읽는 것은 중요한 일이다.

(4-a) 그것은 불가능한 일이다. (불가능한 = impossible)
(4-b) 그 문제를 푼다는 것은 불가능한 일이다. (그 문제를 풀다 = solve the problem)

(5-a) 그것은 나쁘다 (=그것은 나쁜 일이다). (나쁜 = wrong)
(5-b) 거짓말하는 것은 나쁜 일이다. (거짓말하다 = tell a lie)

(6-a) 이 카메라는 필요하다. (필요한 = necessary)
(6-b) 이 카메라를 사는 것은 필요한 일이다.

(7-a) 그 강은 위험하다. (위험한 = dangerous)
(7-b) 그 강에서 수영하는 것은 위험한 일이다.

(8-a) 그것은 건강에 좋다. (건강에 좋은 = good for the health)
(8-b) 일찍 일어나는 것은 건강에 좋다.

(9-a) 그것은 큰 영광입니다. (큰 영광 = a great honor)
(9-b) 당신에게 봉사하는 것은 큰 영광입니다. (봉사하다 = serve)

(10-a) 그것은 시간을 다투는 일이다. (시간을 다투는, 긴급한 = urgent [ə́:rdʒənt])
(10-b) 그들에게 식량(food)을 주는 것은 시간을 다투는 일이다.

(11-a) 그녀를 본다는 것은 그녀를 사랑한다는 것이다.
   (그녀를 보게되면 그녀를 그녀를 사랑하게 된다는 뜻임)
(11-b) 보는 것은 믿는 것이다. ▲『보게 되면 믿게 된다』는 뜻임 (믿다 = believe [bilí:v])
(11-c) 모든 것을 안다는 것은 모든 것을 용서한다는 것이다. (용서하다 = forgive)
(11-d) 영어를 배우는 가장 좋은 방법(the best way to learn English)은 미국에 가는 것이다.

(12-a) 그것은 당연하다 (= 그것은 당연한 일이다) (당연한 = natural [nǽtʃurəl])
(12-b) 그들을 돕는 것은 당연한 일이다.

(13-a) 그것은 어리석은 짓이다. (어리석은 = foolish [fú:liʃ])
(13-b) 그들을 돕는 것은 어리석은 짓이다.

(14-a) 그것은 무례한 (버릇없는) 짓이다. (무례한 = rude [ru:d])
(14-b) 남의 말을 가로채는 것 (말참견하는 것)은 무례한 일이다. (cut in)

(15-a) 그이는 현명하다. (현명한 = wise [waiz])
(15-b) 그와 사귀는 것은 현명한 일이다. (그이와 사귀다 = make friends with him)

(16-a) 그 책은 쓸모없다. (쓸모없는 = useless [jú:slis])
(16-b) 그 책을 읽는 것은 쓸모없는 (무익한, 헛된) 일이다.

PRACTICE

(17-a) 그것은 하나의 큰 기쁨이다. (큰 기쁨 = a great pleasure)
(17-b) 해외 여행하는 것은 즐거운 일이다. (해외 여행하다 = travel abroad   * a pleasure)

(18-a) 그것은 나의 의무다. (duty)
(18-b) 그들에게 영어를 가르치는 것이 나의 의무다.

(19-a) 나의 직업은 영어를 가르치는 것이다.
(19-b) 나의 소원은 그이와 결혼하는 것이다. (그이와 결혼하다 = marry him)
(19-c) 그이의 소원은 챔피언이 되는 것이다. (챔피언이 되다 = be a champion)
(19-d) 그이의 취미는 바둑을 두는 것이다. (바둑을 두다 = play badook)
(19-e) 우리들의 목적은 학교를 세우는 것이다. (목적 = aim [eim], 세우다 = found)
(19-f) 중요한 일은 그녀를 설득하는(persuade) 일이다.(중요한 일 = the important thing)
(19-g) 일류 가수가 되는 것이 나의 꿈이다. (일류가수 = top singer, 되다 be)
(19-h) 큰 재산을 모으는 것이 그이의 대망의 표적이었다. (대망의 표적 = ambition [æmbíʃən],
    재산을 모으다 = acquire wealth, 획득하다 = acquire [əkwáiər])

진주어와 가주어　02

(5-ㄱ) 영어를 배우는 것은　　　쉬운 일이다.
(5-ㄴ) 영어를 배우는 것, 그것은 쉬운 일이다. ┃의 비교

(5-ㄱ)= To learn English　　is easy.
(5-ㄴ)= It　　　　　　　　is easy　　to learn English.

(5-ㄴ)을 꼼꼼히 해석하면 『영어를 배우는 것(To learn English), 그것(it)은 쉬운 일이다』이다. (5-ㄴ)에서 It를 가주어라 부르고 to learn English를 진주어라 부른다. 가주어란 가짜 주어라는 뜻이고 진주어란 진짜 주어라는 뜻이다. (5-ㄱ)을 (5-ㄷ)으로 고쳐도 같은 뜻을 갖는다.

(5-ㄱ) To learn English is easy. = (5-ㄷ) Learning English is easy.

다음의 (6-ㄱ)과 (6-ㄴ)도 동일한 뜻을 가지고 있다.

(6-ㄱ) 그 책을 읽는 것은　　　쓸데없는 짓이다.
(6-ㄴ) 그 책을 읽는 것, 그것은 쓸데없는 짓이다.

(6-ㄱ)= To read the book　　is (of) no use.
(6-ㄴ)= It　　　　　　　　is (of) no use　　to read the book.

위의 문장에서 to read 대신에 reading을 사용해도 된다.

* of no use = useless <쓸데없는, 소용없는, 무익한> /// 이것의 반대 말은?
* of great use = very useful <매우 유익한, 매우 쓸모 있는>

따라서 다음의 (7-ㄱ)과 (7-ㄴ) 은 같은 뜻을 가지고 있다.

(7-ㄱ)　To　read　　the book　is of no use.
(7-ㄴ)　　　Reading　the book　is of no use.

또 영문 (6-ㄴ)을 (7-ㄷ)으로 고쳐도 같은 뜻을 갖는다.
(6-ㄴ) It is of no use to read the book.
(7-ㄷ) It is of no use reading the book.

"~하는 것은 무익한 일이다"를 영어로 나타내려면 (6-ㄴ)이 주로 사용된다.
아래 예문 a) ~i)에 있는 "to + 동사의 원형"은 모두 주어이다.

a) It is wrong to tell a lie. <거짓말 하는 것 (그것)은 나쁜 일이다>
b) To see is to believe.<보는 것이 믿는 것이다>
　　의역: 보게 되면 믿게 된다. 속뜻: 말보다는 증거.
c) It is better to laugh than to cry. <우는 것보다는 웃는 것이 낫다>
d) It is (of) no use to try. <해보아야 무익한(소용없는) 일이다.
e) It is (of) no use to boast of this. <이것을 자랑해 봤자 소용없는 짓이다>
f) To get up early is good for the health. <일찍 일어나는 것은 건강에 좋다>
g) How to do my duty is the question. <나의 임무를 어떻게 할 것인가가 문제다>

아래 두 문장은 유명한 글이다. 외웠다가 활용하면 교양 있는 사람 대접받는다.

h) To be or not to be, that is the question. - Shakespeare -
　　<살 것이냐, 죽을 것이냐 (존재할 것이냐, 존재하지 않을 것이냐) 그것이 문제로다>
i) To err is human, to forgive (is) divine. - A. Pope -
　　<잘못은 인지상사요, 용서는 신의 본성이다>
　　알기 쉬운 해석: 잘못을 저지르는 것은 인간에게 흔히 있는 일이요, 그것을 용서하는 것은 거룩한 것이다.

* laugh [læf] 웃다　　　　　　　　* cry [krai] 소리 내어 울다, 외치다
* try [trai] 시도하다, 애쓰다　　　　* boast [boust] 자랑하다
* of [əv] ~에 대하여　　　　　　　 * duty [djú:ti] 의무, 본분
* question [kwéstʃən] 의문, 문제, 현안
* err [əːr] 죄(잘못)를 범하다, (진리, 정도에서) 벗어나다
* divine [diváin] 신의, 신성의, 거룩한

의미상의 주어   03

(8-ㄱ) 영어를 배우는 것, 그것은   쉬운 일이다.
(8-ㄴ) 영어를 배우는 것, 그것은 나에게는 쉬운 일이다.   } 의 비교

(8-ㄱ)=   It is easy   to learn English.
(8-ㄴ)=   It is easy   for me   to learn English.

• (8-ㄴ)에서 for 뒤에 있는 me를 의미상의 주어라 부른다.
　(8-ㄴ)과 같은 문형에서 의미상의 주어는 「to + 동사의 앞에」사용하고 의미상의 주어 앞에는 for를 사용한다. 그리고 의미상의 주어는 목적격이다. for I 또는 for my가 아니라 for me이다.

(8-ㄴ)을 아래와 같이 여러 가지로 해석할 수 있다.
 a) 내가 영어를 배우는 것은 쉬운 일이다.
 b) 내가 영어를 배우는 것은 누워서 떡 먹기다.
 c) 내가 영어를 배우기로 한다면 그것은 쉬운 일이다.

(9-ㄱ)   그 강에서 수영하는 것은 위험하다.
(9-ㄴ) 네가 그 강에서 수영하는 것은 위험하다.   } 의 비교

(9-ㄱ)=   It is dangerous   to swim in the river.
(9-ㄴ)=   It is dangerous   for you   to swim in the river.

(10-ㄱ)   서로를 이해하는 것은 어려운 일이다.
(10-ㄴ) 우리가 서로를 이해하는 것은 어려운 일이다.   } 의 비교

(10-ㄱ)=   It is difficult   to understand each other.
(10-ㄴ)=   It is difficult   for us   to understand each other.

each other <서로 서로>// each other 대신에 one another를 사용해도 된다.
each other는 보통 두 명인 경우에 사용하고 one another는 3명 이상인 경우에 사용한다.

• Tom and Jane helped each other. <톰과 제인은 서로 도왔다>
• All the farmers helped one another. <그 모든 농부들은 서로가 서로를 도와주었다>

반가운 영어   To learn English is easy

다음의 문장은 2가지 뜻을 가지고 있다.

• It is bad / for a young girl   to smoke. <어린 소녀가 담배 피는 것은 (누군가에게) 나쁘다>
• It is bad   for a young girl / to smoke. <담배 피는 것은 어린 소녀의 건강에 나쁜 영향을 준다>

(8-ㄴ) (9-ㄴ) (10-ㄴ) 같은 문장을 일괄해서 설명할 터이니 외워두기 바란다.

(11-ㄱ)	내가	(for me)	~하는 것은	쉽다(쉬운 일이다) easy
(11-ㄴ)	그녀가	(for her)	~하는 것은	위험하다 (위험한 일이다) dangerous
(11-ㄷ)	그이가	(for him)	~하는 것은	필요하다 (필요한 일이다) necessary
(11-ㄹ)	우리가	(for us)	~하는 것은	불가능하다 (불가능한 일이다) impossible
(11-ㅁ)	그들이	(for them)	~하는 것은	매우 유용하다(유용한 일이다) useful
(11-ㅂ)	네가	(for you)	~하는 것은	적절하다(적절한 일이다) suitable
(11-ㅅ)	톰이	(for Tom)	~하는 것은	유감스러운 일이다 a pity
(11-ㅇ)	새가	(for a bird)	~하는 것은	당연한 거다 (당연한 일이다) natural
(11-ㅈ)	우리가	(for us)	~하는 것은	힘든 (어려운) 일이다 hard

위의 우리말을 영어로는 다음과 같이 말해야한다.

	It is	형용사/ 명사	for + 목적격	to + 동사의 원형
(11-ㄱ)=	It is	easy (쉬운)	for me	to + 동사의 원형
(11-ㄴ)=	It is	dangerous (위험한)	for her	to + 동사의 원형
(11-ㄷ)=	It is	necessary (필요한)	for him	to + 동사의 원형
(11-ㄹ)=	It is	impossible (불가능한)	for us	to + 동사의 원형
(11-ㅁ)=	It is	useful (유용한)	for them	to + 동사의 원형
(11-ㅂ)=	It is	suitable(적절한)	for you	to + 동사의 원형
(11-ㅅ)=	It is	a pity (유감스러운 일)	for Tom	to + 동사의 원형
(11-ㅇ)=	It is	natural (당연한)	for a bird	to + 동사의 원형
(11-ㅈ)=	It is	hard (힘든, 어려운)	for us	to + 동사의 원형

※ 이 문형의 속뜻 : "아무개가 ~ 하기로 한다면 그것은 ~ 쉽다 (어렵다, 불가능하다, 필요하다, 당연하다)는 뜻이다. 이미 실천된 행동이 아니다.

 **주의** 「to + 동사의 원형」에 「~하는 것」이라는 뜻이 있다는 것을 지금 배우고 있는데 what를 「~것」이라고 해석하는 경우가 있다. 이 경우, 「to + 동사의 원형」과 무엇이 다를까? 아래 예문을 보면 알 수 있다.

	~가 ~하는 것 ~가 ~하는 그 무엇	옳은 것	틀린 것
(12-ㄱ)	내가 좋아하는　　　것	what I like	for me to like
(12-ㄴ)	내가 원하는　　　　것	what I want	for me to want
(12-ㄷ)	그가 찾고 있는　　　것	what he is looking for	for him to look for
(12-ㄹ)	그녀가 나에게 준　　것	what she gave me	for her to give me
(12-ㅁ)	우리가 추구하는　　　것	what we are after	for us to be after

※ He is after happiness (fame, power, wealth). 그는 행복(명성, 권력, 재산)을 추구한다.

(12-ㄱ), (12-ㄴ), (12-ㄷ), (12-ㄹ), (12-ㅁ)을 이용하여 아래와 같이 영작할 수 있다.

주어		보어	뜻
This	is	what I like best.	이것이 내가 가장 좋아하는 것이다.
This	is	what I want.	이것이 내가 하는 것이다.
This	is	what he is looking for.	이것이 그이가 찾고 있는 것이다.
This	is	what she gave me.	이것이 그녀가 나에게 준 것이다.
This	is	what we are after.	이것이 우리가 추구하고 있는 것이다.

(12-ㄱ) ~ (12-ㅁ)이 주어의 자리에 오는 문장 보기:

주어	동사	보어	뜻
What I like best	is	to play go.	내가 가장 좋아하는 것은 바둑 두는 것이다.
What I want	is	your advice.	내가 원하는 것은 너의 충고다.
What he is looking for	is	this key.	그이가 찾고 있는 것은 이 열쇠이다.
What she gave me	is	that camera.	그녀가 나에게 준 것(물건)은 저 카메라다.
What we are after	is	peace.	우리가 추구하는 것은 평화다.

"내가 원하는 것은 당신의 충고입니다"를 영작하면 (a)는 옳고 (b)는 그르다.

(a) What I want is your advice. (○)
(b) ~~For me to want~~ is your advice. (×)

"이것이 내가 그녀에게 보낸 것(그 무엇)이다"를 영작하면 (c)가 옳다.

(c) This is what I sent to her. (○)
(d) This is ~~for me to sent to her~~. (×)

왜 (a)와 (c)가 옳을까?
(a)의 속뜻은 『내가 무언가(what) 원하는 것이 있는데 그것이 무어(what)냐 하면 너의 충고다』이기 때문에 what가 있어야하고 (c)의 속뜻은 『내가 그녀에게 무언가 (what) 보낸 것이 있는데 그것이 무어 (what)냐 하면 이것이다』이기 때문에 what가 있어야 한다.

• This is what he gave her. <이것이 그가 그녀에게 준 것 (그 무엇) 이다>

What를 다음과 같이 여러 가지로 해석할 수 있다는 것을 기억해 두어야 한다.

(14-ㄱ)	What	I want	① 내가 원하는 그 무엇 ② 내가 원하는 바의 것 ③ 내가 원하는 것 ④ 내가 무엇을 원하는가(를)
(14-ㄴ)	What	she likes	① 그녀가 좋아하는 그 무엇 ② 그녀가 좋아하는 바의 것 ③ 그녀가 좋아하는 것 ④ 그녀가 무엇을 좋아하는가(를)
(14-ㄷ)	What	she said	① 그녀가 말한 그 무엇 ② 그녀가 한 말 ③ 그녀가 말한 것 ④ 그녀가 무슨 말을 했는가를
(14-ㄹ)	What	she has in her bag	① 그녀가 가방에 가지고 있는 그 무엇 ② 그녀가 가방에 가지고 있는 물건 ③ 그녀가 가방에 가지고 있는 것 ④ 그녀가 가방 안에 무엇을 가지고 있는가(를)

연·습·문·제 2

아래 영문을 해석하시오.

(1-a) It is better　　　to go out than to be indoors.
(1-b) It is better for you to go out than to be indoors.

(2-a) It is dangerous　　　to climb the steep hills.
(2-b) It is dangerous for us to climb the steep hills.

(3-a) It is a pity　　　to lose the opportunity.
(3-b) It is a pity for him to lose the opportunity.

(4-a) It is important　　　to go to school.
(4-b) It is important for children to go to school.

(5-a) It is impossible　　　to swim across the river.
(5-b) It is impossible for him to swim across the river.

(6-a) It is strange　　　to think so.
(6-b) It is strange for you to think so.

(7-a) It is wise　　　to reject her help.
(7-b) It is wise for you to reject her help.

(8-a) It is hard　　　to live on a small salary.
(8-b) It is hard for her to live on her small salary.

* **go out** 외출하다　　* **indoors** 실내에서, 집안에서　　* **be indoors** 집안에 있다
* **climb** [klaim](산, 나무, 사다리 따위를) 올라가다　　* **steep** [stiːp] 가파른, 험준한
* **lose** [luːz] 잃다, 지다　　* **opportunity** [ɔpərtjúniti] 기회
* **strange** [stréindʒ] 이상한, 낯선　　* **reject** 거절하다　　* **salary** 봉급
* **live on** ~으로 생활하다

　※ 예문들 ⇨　We **live on** rice. 우리들은 쌀밥 먹고 산다.
　　　　　　　She **lives on** a small salary. 그녀는 쥐꼬리만한 봉급으로 산다.
　　　　　　　He **lives on** air. 그는 공기 먹고 산다. 즉, 아무것도 안 먹고 산다.
　　　　　　　He **lives on** his friends. 친구에게 신세지고 산다.

(9-a) What I want is your advice.
(9-b) What I want is to have my own car.
(9-c) This is what I wanted.
(10-a) She will reject what Tom is going to send her.
(10-b) What Tom is going to send her must be a watch.

(11) What I want is to be a top singer.
(12) What she likes most of all is to travel around the world.
(13) What she said is not wise.
(14) I cannot understand what you said.
(15) This is what I had in my bag.

(16) It is (of) no use for you to get angry with me.
(17) It is wrong for you to reject her advice.
(18) It is necessary for you to obey your superiors.
(19) It is good /for us to be here. (끊어 읽는 사선을 주목할 것)
(20) It is good for us /to be here. (끊어 읽는 사선을 주목할 것)
(21) To accept his offer is to suffer great losses.
(22) To live is to suffer.

* own [oun] 자신의   * my own car 나 자신의 차   * send 보내다
* top singer 일류가수   * most of all 무엇보다도 가장
* travel (멀리 외국으로) 여행하다, 팔면서 돌아다니다   * angry [æŋgri] 화난, 성난
* be angry with ~ = ~에게 화내다
* obey [əbei] 복종하다, 순종하다, (법, 규정, 규칙 따위에) 따르다
* superior [səpíəriə / su-] 손윗사람, 상관, 선배, 뛰어난 사람
* accept [əksépt] (선물, 충고, 제안 따위를) 받아드리다
* offer [ɔ́:fər] 제안, 권유, 신청   * great [greit] 위대한, 큰   * loss 손실, 손해
* suffer [sʌ́fər] (고통 따위를) 당하다, (손실 따위를) 입다, (나쁜 일로) 괴로워하다

연·습·문·제 3

아래의 우리말을 영어로 말하고 영작하시오.

(1-a) 이 거리에서(in this street) 노는 것은 위험하다. (4가지로)
(1-b) 어린이들이(children) 이 거리에서 노는 것은 위험하다.
(2-a) 그이를 위하여 무언가(something)를 해주는 것이 필요하다. (하다 = do)
(2-b) 너는 그이를 위하여 무언가를 해주는 것이 필요하다. (필요한 = necessary)
(3-a) 이 문제를 푼다는 것은 불가능한 일이다. (그 문제를 풀다 = solve the problem)
(3-b) 우리들이 이 문제를 푼다는 것은 불가능한 일이다.
(4-a) 그녀가 화를 내는 것은 당연하다. (당연한 = natural, 화내다 = get angry)
(4-b) 그녀가 너에게 화를 내는 것은 당연한 거야. (with you)
(5-a) 그 계획(plan)을 단념한다(give up)는 것은 유감스러운 일이다.
(5-b) 우리가 그 계획을 단념한다는 것은 유감스러운 일이다.

(6-a) 영어를 배우는 것은 중요한 일이다.
(6-b) 우리들이 영어를 배우는 것은 중요한 일이다.
(7-a) 그이를 수상하게 여기는 것은 당연하다. (수상하게 여기다 = suspect)
(7-b) 그녀가 그이를 수상하게 여긴다면 그것은 당연한 거야.
(8-a) 대상을 받는 것은 큰 영광이다. (win a grand prix)
(8-b) 대상을 받는 것은 큰 기쁨이다.
(9-a) 그 질문에 대답하는 것은 소용없는 일이다. (answer the question/ useless)
(9-b) 내가 그 질문에 대답하는 것은 소용없는 일이다.
(10-a) 그것을 해보아도 소용없는 일이다. (try it/ of no use)
(10-b) 네가 그것을 해보아도 소용없는 일이다.
(11-a) 그녀가 원하는 것은 이곳에 다리를 건설하는 것이다. (build a bridge here)
(11-b) 그는 그녀가 원하는 것을 그녀에게 사줄 것이다.
(11-c) 나는 그녀가 한 말을 이해할 수 없다.

PRACTICE

(12) gay가 되는 것 (to be gay) 보다는 독신으로 사는 게(live single) 낫다.
(13) 그이를 도와주는 것은 무익한 일(of no use)이다.
(14) 우리가 서로 돕는 것(help one another)은 매우 유익한 일(of great use)이다.
(15) 살 건가 아니면 죽을 건가 그것이 문제로다.
(16) 잘못하는 것은 인지상사요, 용서하는 것은 신의 본성이다.
(17) 내가 그 호수를 헤엄쳐서 건너는 것(swim across)은 쉬운 일이다.
(18) 그들이 빵을 먹고 사는 것은 당연한 일이다. (live on bread)
(19) 내가 가장(best of all) 좋아하는 것은 너와 함께 있는 것이다.
(20) 당신이 부친의 사업을 계승하는 것은 당연한 일이라고 나는 생각한다.
  * 부친의 사업을 계승하다 = succeed to your father's business   * 당연한 = natural
(21) 우리들이 그들을 도와주는 것이 옳은 일인지 아닌지 나는 확신이 안 간다.

목적어 역할을 하는 「to + 동사의 원형」   04

아래의 우리말을 영어로 말하려면 (1) + (2-a) + (2-b) + (3)의 순서로 말해야 한다.

	주어 (1)	목적어 (3)	동사 (2-b)	동사 (2-a)
(15-ㄱ)	그는	그 차를		원했다.
(15-ㄴ)	그는	그 차	사기를	원했다.
(15-ㄷ)	그는	그 차	고치기를	원했다.
(15-ㄹ)	그는	그 차	팔기를	원했다.

즉, 아래의 순서로 말해야한다.

	주어 (1)	동사 (2-a)	동사 (2-b)	목적어 (3)
(15-ㄱ)=	그는	원했다		그 차를
(15-ㄴ)=	그는	원했다	사기를	그 차
(15-ㄷ)=	그는	원했다	고치기를	그 차
(15-ㄹ)=	그는	원했다	팔기를	그 차

28 • LESSON 1   반가운 영어

즉, 아래와 같이 된다.

	(1) 주어	(2-a) 동사	목적어	
			(2-b)	(2-b)의 목적어
(15-ㄱ)=	He	wanted		the car.
(15-ㄴ)=	He	wanted	to buy	the car.
(15-ㄷ)=	He	wanted	to fix	the car.
(15-ㄹ)=	He	wanted	to sell	the car.

(16) 『I like the boy.』라는 문형에서 the boy의 자리에 「to + 동사의 원형」을 사용하면 『나는 ~하기를 좋아한다』는 뜻이 된다.

	목적어		뜻
	to + 동사의 원형 (부정사)	부정사의 목적어	
I like		the boy.(like의 목적어임)	나는 그 소년을 좋아합니다.
I like	to teach	the boy.(teach의 목적어임)	나는 그 소년 가르치기를 좋아한다.
I like	to play	the piano.(play의 목적어임)	나는 피아노 치기를 좋아한다.
I like	to watch	TV. (watch의 목적어임)	나는 TV보기를 좋아한다.

문형 (16)에서 like대신에 began을 사용해보자.　* began [bigǽn] 시작했다

I	began		~~the boy.~~	나는 그 소년을 시작했다.
I	began	to teach	the boy.	나는 그 소년 가르치기를 시작했다.
I	began	to play	the piano.	나는 피아노 치기를 시작했다.
I	began	to watch	TV.	나는 TV보기 시작했다.

다음의 국문을 영어로 말하려면 번호순으로 말해야 한다.

	1	4	3	2
(17-ㄱ)	나는	그 차	사기를	망설였다.
(17-ㄴ)	나는	너의 e-mail을	읽기를	잊었다.
(17-ㄷ)	나는	그이를	도와주겠다고	약속했다.
(17-ㄹ)	나는	그 시험에	합격할거라고	예상했다.
(17-ㅁ)	나는	그 문제를	풀려고	노력했다.

즉, 다음의 순서로 말해야한다.

	주어 1	동사 2	to + 동사 3		4
(17-ㄱ)→	나는	망설였다	사기를	(to buy)	그 차
(17-ㄴ)→	나는	잊었다	읽기를	(to read)	너의 e-mail
(17-ㄷ)→	나는	약속했다	도와주겠다고	(to help)	그이
(17-ㄹ)→	나는	예상했다	합격할 거라고	(to pass)	그 시험
(17-ㅁ)→	나는	노력했다	풀려고	(to solve)	그 문제

(7-ㄱ) (17-ㄴ) (17-ㄷ) (17-ㄹ) (17-ㅁ)을 영어로는 다음과 같이 말한다.

	주어 (1)	동 사 (2)	to + 동사 (3)	(4)
(17-ㄱ)=	I	hesitated	to buy	the car.
(17-ㄴ)=	I	forgot	to read	your e-mail.
(17-ㄷ)=	I	promised	to help	him.
(17-ㄹ)=	I	expected	to pass	the exam.
(17-ㅁ)=	I	tried	to solve	the problem.

(18-ㄱ) 나는 어제 너의 **e-mail**을 받았다.
(18-ㄴ) 나는 곧 너의 **e-mail** 받기를 희망하고 있다. } 의 비교

(18-ㄱ)=	I		got	your e-mail	yesterday.
(18-ㄴ)=	I	hope	to get	your e-mail	before long.

(19-ㄱ) 나는 고향에 돌아갔다.
(19-ㄴ) 나는 고향에 돌아가기로 결심했다. } 의 비교

(19-ㄱ)=	I		went	back home.
(19-ㄴ)=	I	decided	to go	back home.

decided 대신에 **made up my mind**를 사용해도 된다.

보기) He made up his mind to go to sea. <그는 뱃사공이 되기로 결심했다>
　　　　　　　　　　　　　　　뱃사공이 되다

아래의 문장에서 "**to + 동사**"의 앞에 있는 동사의 역할을 눈여겨보아라.

I	promised	to go	on a tour.	나는 관광여행 가기로 약속했다.
I	agreed	to go	on a tour.	나는 관광여행 가겠다고 동의했다.
I	consented	to go	on a tour.	나는 관광여행 가겠다고 승낙했다.
I	cannot afford	to go	on a tour.	나는 관광여행 갈 여유가 없다.
I	need	to go	on a tour.	나는 관광여행 갈 필요가 있다.
I	expect	to go	on a tour.	나는 관광여행 갈 것으로 예상하네요.
I	managed	to go	on a tour.	나는 용케(겨우, 가까스로) 관광여행을 갔다.
I	wish	to go	on a tour.	나는 관광여행 다니기를 원한다.

다음의 동사 뒤에는 「to + 동사의 원형」을 사용할 수 있다.

소원 희망 갈망	(1)	want	to + 동사의 원형	~하기를 원하다
	(2)	hope	to + 동사의 원형	~하기를 희망하다, ~하기를 바라다
	(3)	long	to + 동사의 원형	~하기를 갈망하다
	(4)	wish	to + 동사의 원형	~하기를 원하다, ~하고 싶어 하다
	(5)	like	to + 동사의 원형	~하기를 좋아하다, ~하고 싶다
결심	(6)	decide	to + 동사의 원형	~하기로 결심하다
	(7)	determine	to + 동사의 원형	~하기로 결심하다
약속 동의 예상	(8)	promise	to + 동사의 원형	~하겠다고 약속하다
	(9)	agree	to + 동사의 원형	~하기로 동의(승낙)하다
	(10)	consent	to + 동사의 원형	~하겠다고 승낙하다
	(11)	expect	to + 동사의 원형	~할 거라고 예상하다, ~하기를 기대하다

노력 시도 분발	(12)	try	to + 동사의 원형	~하려고 노력하다, ~해보다
	(13)	attempt	to + 동사의 원형	~하려고 시도하다
	(14)	seek	to + 동사의 원형	~하려고 꾀하다, ~하려고 시도하다
기타	(15)	learn	to + 동사의 원형	~할 줄 알게 되다, ~하기를 배우다
	(16)	fail	to + 동사의 원형	~하지 못하다, ~하기를 실패하다
	(17)	hesitate	to + 동사의 원형	~할까 말까 망설이다
	(18)	remember	to + 동사의 원형	~할 것을 기억하고 있다, 잊지 않고 ~하다
	(19)	forget	to + 동사의 원형	~하기를 잊어버리다
	(20)	help	to + 동사의 원형	~하도록 돕다
	(21)	pretend	to + 동사의 원형	~인 체(~하는 체) 하다
	(22)	manage	to + 동사의 원형	용케(간신히, 가까스로) ~하다
	(23)	continue	to + 동사의 원형	~하기를 계속하다, 여전히 ~하다

연·습·문·제 4

아래의 문장을 해석하시오.

(1) We hope to live in peace.
(2) We hope that it will rain tomorrow.
(3) We are longing to see you again.
(4) His hair was too long, and she made a long face.
(5) Do you wish to have a rest now ?
(6) I wish (that) I could speak English well.
(7) He promised to help them.
(8) He promised me that he would lend me some money.
(9) He promised not to help them.
(10) He did not promise to help them.

(11) He decided not to go to the meeting.
(12) He did not decide to go to the meeting yet.
(13) He agreed to lend me some money.
(14) I do not think that she will agree to your plan.
(15) You said that dragons are not real. I agree with you.
(16) She did not expect to win the grand prix(= the first prize).
(17) She did not expect that she would win the grand prix(= the first prize).
(18) He tried to solve the problem.

* peace 평화 / in peace 평화롭게(오랜 평화인 경우)
비교) at peace 평화롭게 (짧은 평화인 경우) May he rest in peace! <고이 잠드소서.>
　　　We are at peace. <우리들은 지금 평화를 누리고 있다.>
* too 너무 / too cold 너무 추운 / too weak 너무 허약한
* face 얼굴 / make a long face 슬픈(심각한) 표정을 짓다
* rest 휴식 / have a rest 휴식을 취하다　　* meeting 모임, 회의, 회합　　* yet 아직
* agree to ~ (계획, 제안, 제의 등에) 동의하다 / agree with ~ (의견, 생각 등에) 동의하다
* dragon 용　　* real 실제로 존재하는, 현실의　　* grand prix 대상, 최고상, 일등상　　* problem 문제

(19) They will attempt to climb the mountain again next year.
(20) He attempted to restore his health, but failed to restore his health.
(21) You must seek to console her.   * console [kənsóul] 위로하다
(22) We cannot seek fame, power and wealth at the same time.
(23) It began to rain at last. We hoped that the rain would continue to fall all day long.
　　* all day long 온종일　* fall 낙하하다, 넘어지다. 무너지다
(24) You must learn to speak English.
(25) I learned that you tried to learn English.
(26) You need to learn English.
(27) Can you afford to buy a car ?
(28) The car failed to climb the hill.　* fail [feil] 실패하다
(29) The car failed to start.　　　　　* start 시동하다, 움직이다. 시작하다

* restore [ristɔ́:r] 회복하다　　* fame 명성　　　* power [páuər]권력, 힘
* wealth [welθ] 재산　　　* at the same time 동시에
* seek (명성, 지위, 권력, 재산 등을) 구하려고 하다　　* at last 드디어

(30) He failed in the examination.
(31) I promise to lend you the money next Monday without fail.　　* 차질없이
(32) Tom hesitated to accept the money.　　* accept [əksépt] 받아드리다, 수락하다
(33) You must remember to post the letter.　* post [poust] 우체통에 넣다
(34) Don't forget to post the letter.
(35) Drinking helps to ruin a man.　　* ruin [rú:in] 파괴하다, 파멸시키다, 망하게 하다
(36) She pretended to be rich.
(37) She likes to pretend to be busy.
(38) I managed to solve the problem.
(39) You must not continue to be idle.　* idle [áidl] 볼 일이 없는, 한가한, 게으른

연·습·문·제 5

다음의 국문을 영어로 말하시오.

(1-a) 나는 차를 살 수 없다.

(1-b) 나는 차를 사고 싶다. (차를 사기를 원한다)

(1-c) 나는 차를 사겠다고 동의했다.

(1-d) 나는 차를 살까말까 망설였다.

(1-e) 나는 차를 살 여유가 없다.

(1-f) 나는 차를 살 필요가 없다.

(2-a) 톰은 제인을 도와주었다.

(2-b) 톰은 제인을 도와주겠다고 약속했다.

(2-c) 톰은 제인을 도와주기로 결심했다.

(2-d) 톰은 제인을 도와주기를 좋아한다.

(2-e) 톰은 제인을 도와주기 시작했다.

(3-a) 너는 그 문에 자물쇠를 채우는 것이 좋다. (lock the door)

(3-b) 나는 그 문단속을 가끔 잊는다. (forget를 사용하시오)

(3-c) 너는 잊지 말고 그 문에 자물쇠를 채워야 한다. (remember를 사용하시오)

(3-d) 나는 그 문의 자물쇠를 열어보려고 했다. (자물쇠를 열다 = unlock the door)

(3-e) 나는 그 문의 자물쇠를 열지 못했다. (fail를 사용하시오)

(3-f) 나는 가까스로 그 문의 자물쇠를 열었다.

(3-g) 나는 그 문의 자물쇠를 열도록 도와주었다.

(4-a) 그녀는 영어 말하기를 배우는 게 낫다.

(4-b) 그녀는 영어 말하기를 배울 필요가 있다.

(4-c) 그녀는 영어 말하기를 배우기로 결심해야한다.

(4-d) 그녀는 영어 말하기를 배우기 시작했다.

(4-e) 그녀는 영어 말하기를 배우고 싶어 한다. (long, wish)

(4-f) 그녀는 영어 말하기를 배우고 싶다고 나에게 말했다.

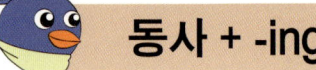 ## 동사 + -ing   05

다음 문장에서 to fix와 fixing을 눈여겨보세요.

(20-ㄱ) 나는 그 차를 수리하겠다고 약속했다.
(20-ㄴ) 나는 그 차의 수리를   끝냈다. } 의 비교

		행위 A		행위 B	
(20-ㄱ)=	I	promised	to	fix	the car.
(20-ㄴ)=	I	finished		fixing	the car.

아래 (20-ㄷ)과 (20-ㄹ)은 틀린 문장이다.

(20-ㄷ) I promised   fixing the car. (×)
(20-ㄹ) I finished to fix   the car. (×)

 주의 promise 뒤에는 -ing를 사용할 수 없고 finish뒤에는 「to + 동사의 원형」을 사용할 수 없다.

핵심	(1) 행위 B가 행위 A보다 나중에 일어날 일이면 행위 B를 「to + 동사의 원형」으로 나타낸다.
	(2) 행위 B가 행위 A보다 먼저 벌어진 일이거나 현재 진행 중인 일이라면 행위 B를 「-ing」로 나타낸다. (※ 이 이론이 100% 들어맞는 것은 아니다.)

「수리하겠다고(행위 B에 해당함) 약속했다 (행위 A에 해당함)」에서는 약속한 행위가 수리하는 행위보다 먼저라는 것을 알 수 있다. 약속해놓고 수리는 안 할 수도 있다. 그러나 「수리를(행위 B에 해당함) 끝냈다(행위 A에 해당함)」에서는 수리하는 행위가 끝내는 행위보다 선행(先行)된 일이라는 것은 말할 필요조차 없다.

다시 예문을 봅시다.

(21-ㄱ) 나는 피아노 치기로 결심했다.
(21-ㄴ) 나는 피아노 치는 것을 매우 즐긴다. } 의 비교

		행위 A		행위 B	
(21-ㄱ)=	I	decided	to	play	the piano.
(21-ㄴ)=	I	enjoy		playing	the piano.

(21-ㄱ)을 분석함	결심한 행위가 먼저이다. 그 결심을 실천에 옮긴다 해도 피아노를 치는 행위는 결심한 행위보다 후일에 있게 될 행위이다.
(21-ㄴ)을 분석함	즐기면서 피아노를 칠 수 있다는 것은 오래 전부터 피아노를 쳐보았기 때문이다. 어떤 행위를 즐기기 위해서는 그 행위를 상당기간 동안 해보았어야 하지 않겠는가?

(22-ㄱ) 그 도둑은 그 집에 침입할까 말까 망설였다.
(22-ㄴ) 당신은 그 집에 침입한 것을 인정하는 게 낫다. } 의 비교

			행동 A	행동 B	
(22-ㄱ)=	The thief		hesitated	to break	into the house.
(22-ㄴ)=	You	had better	admit	breaking	into the house.

* break into ~에 침입하다

(22-ㄱ)을 분석함	행동 B는 행동 A보다 나중에 있게 되거나 행동 B가 이루어지지 않을 수도 있음
(22-ㄴ)을 분석함	행동 B가 행동 A보다 먼저 있었음

다음의 동사 뒤에는 「to + 동사의 원형」을 사용할 수 없고, ~ing는 사용할 수 있다.

		보기	옳은 것	틀린 것
(1)	finish	읽기를 끝내다	finish reading	finish to read
(2)	enjoy	읽기를 즐기다	enjoy reading	enjoy to read
(3)	give up	읽기를 포기하다	give up reading	give up to read
(4)	mind	열기를 싫어하다	mind opening	mind to open
(5)	admit	도둑질한 것을 시인하다	admit stealing	admit to steal
(6)	avoid	만나기를 회피하다	avoid meeting	avoid to meet
(7)	deny	도둑질한 것을 부인하다	deny stealing	deny to steal
(8)	practice	연주를 연습하다	practice playing	practice to play
(9)	consider	도와줄 것을 고려하다	consider helping	consider to help

		보기	옳은 것	틀린 것
(10)	postpone	방문을 연기하다	postpone visiting	postpone to visit
(11)	put off	방문을 연기하다	put off visiting	put off to visit
(12)	can't resist	웃음을 참지 못하다	can't resist laughing	can't resist to laugh
(13)	recall	만난 것이 생각나다	recall meeting	recall to meet
(14)	keep on	계속해서 읽다	keep on reading	keep on to read
(15)	cannot help	읽지 않을 수 없다	cannot help reading	cannot help to read
(16)	feel like	춤추고 싶은 기분이 나다	feel like dancing	feel like to dance
(17)	leave off	읽기를 그만두다	leave off reading	leave off to read

Bonus 전치사는 문장에 다른 맛을 내는 양념과 같은 것

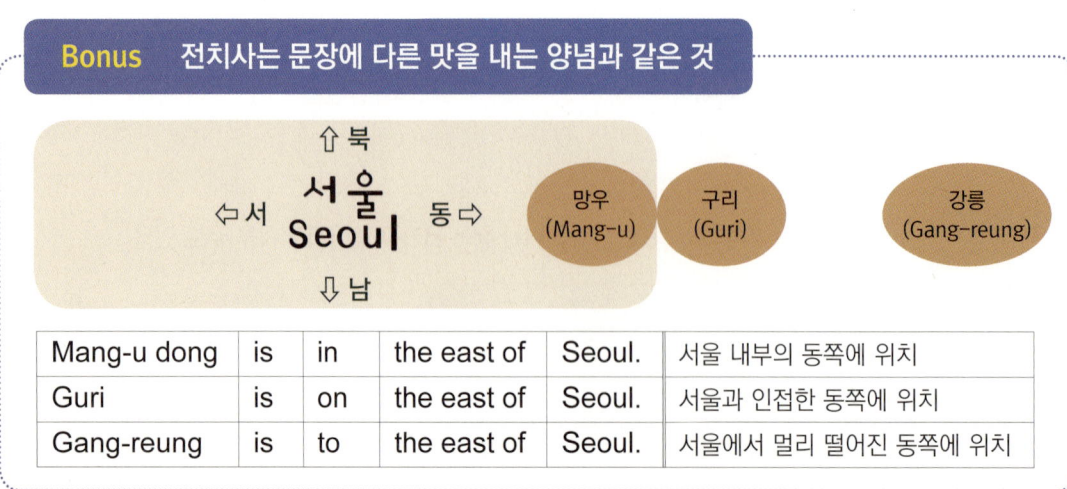

Mang-u dong	is	in	the east of	Seoul.	서울 내부의 동쪽에 위치
Guri	is	on	the east of	Seoul.	서울과 인접한 동쪽에 위치
Gang-reung	is	to	the east of	Seoul.	서울에서 멀리 떨어진 동쪽에 위치

연·습·문·제 6

아래의 문장을 해석하시오.

(1) He finished speaking and sat down.
(2) Do you mind closing the door for me ?
(3) The thief admitted stealing the money.
(4) He denied stealing the car.
(5) He considered emigrating to Canada.
(6) I could not help laughing at the sight.
(7) She avoided answering my question.
(8) I enjoy living in the country.
(9) You should not postpone reading this book.
(10) Did you put off going abroad ?
(11) You must give up smoking.
(12) Do you feel like reading this book ?
(13) I don't feel like eating now.
(14) I can't help saying that I can't believe him.
(15) She is practising singing the new song.
(16) I could not resist boasting of it to him.
(17) Leave off talking.
(18) Do you mind shutting the door ?
(19) Do you mind my shutting the door ?
(20) He kept on talking all the time.
(21) I can't recall seeing her.
(22) He tried to give up smoking.
(23) She hesitated to practise singing the new song.
(24) He pretended to know the answer.
(25) He promised to leave off smoking.
(26) He decided to practise playing golf.

* speak 말하다, 연설하다
* sit down 앉다
* thief 도둑
* steal [stiːl] 도둑질하다
* emigrate [émigreit] 이민 가다
* Canada [kǽnədə] 캐나다
* laugh [læf, lɑːf] 웃다
* sight [sait] 광경, 장면
* at the sight 그 광경을 보고
* answer [ǽnsər] 대답하다
* question 의문, 질문
* abroad [əbrɔ́ːd] 해외로
* smoke [smouk] 담배 피우다
* eat [iːt] 먹다, 식사하다
* believe [bilíːv] 믿다
* song [sɔŋ] 노래
* boast [boust] 자랑하다
* talk [tɔːk] 말하다, 잡담하다
* shut [ʃʌt] 닫다
* all the time 내내, 줄곧
* recall [rikɔ́ːl] ~이 생각나다
* smoke 담배 피우다
* hesitate 주저하다
* pretend ~하는 체 하다
* leave off 그만두다

연·습·문·제 7

( )안에 있는 말을 올바르게 고치시오.

(1) She finished (wash) the dishes and went out.
(2) She promised (wash) the dishes.
(3) My sister never minds (wash) the dishes.
(4) My sister consented (wash) the dishes.
(5) The thief admitted (enter) the house.
(6) We are considering (make) a trip to Canada.
(7) We decided (make) a trip to Canada.
(8) She could not help (arrive) late.
(9) I don't feel like (go) out today.
(10) I cannot avoid (say) so.
(11) I wish (buy) a car.
(12) Most women enjoy (shop).
(13) She expected (pass) the exam.
(14) I hope (see) you again.
(15) You should not put off (go) to the dentist.
(16) You need (study) English.
(17) I want (go) swimming.
(18) I enjoy (play) badook.
(19) You cannot help (sell) your house.
(20) He didn't feel like (sell) his house.
(21) She pretended (love) me.
(22) I cannot help (give) up repairing the car.
(23) You had better practise (sing) the song.
(24) She hesitated (buy) the dress.
(25) I postponed (visit) my uncle.

* wash the dishes 설거지하다
* go out 외출하다
* mind 싫어하다, 거리끼다
* consent 승낙하다
* thief 도둑
* enter 들어가다
* trip 여행
* make a trip 여행하다
* late [leit] 늦게, 늦은
* so [sou] 그렇게
* say so 그렇게 말하다
* pass 통과하다, 합격하다
* exam 시험, 조사
* again [əgén] 다시
* dentist [déntist] 치과의사

* go ~ing = -하러 가다
* play badook 바둑두다
* sell 팔다
* feel like ~할 기분이 내키다
* pretend ~인 체하다
* repair 고치다
* practise 연습하다
* hesitate 망설이다
* postpone 연기하다, 미루다

연·습·문·제 8

아래의 우리말을 영어로 말하고 또 쓰시오.

(1-a) 그녀는 피아노를 매우 잘 친다.　　　　　　* play the piano
(1-b) 그녀는 피아노 치기를 즐긴다.　　　　　　* enjoy -ing
(1-c) 그녀는 피아노 치기를 포기했다.　　　　　* give up -ing
(1-d) 그녀는 피아노 치는 연습을 할 필요가 있다.　* practise, need
(1-e) 그녀는 피아노 치기를 원한다.　　　　　　* want to ~
(1-f) 그녀는 피아노 치는 연습을 포기하기로 결심했다.　* decide, give up

(2-a) 나는 빨래하고 있다　　　　　　　　　　* do washing
(2-b) 나는 빨래하기를 좋아하지 않는다.　　　　* don't like to ~
(2-c) 나는 빨래를 하고 싶은 기분이 나지 않았다.　* feel like
(2-d) 나는 빨래를 하지 않을 수 없다.　　　　　* cannot help
(2-e) 나는 빨래하기를 미루었다.　　　　　　　* postpone, put off
(2-f) 나는 빨래하겠다고 약속했다.　　　　　　* promise
(2-g) 나는 빨래를 세시까지 끝내야한다.　　　　* by three 세시까지

(3-a) 그는 그 문제를 풀려고 애를 썼다.　　　　* solve the problem
(3-b) 그는 그 문제 풀기를 포기하는 게 낫다.　　* had better ~
(3-c) 그는 그 문제를 풀고 싶어 했다. (풀기를 원했다)　* want to ~
(3-d) 그는 그 문제를 풀기 시작했다.　　　　　* began to ~
(3-e) 그는 그 문제를 풀 필요가 있다.　　　　　* need to ~

(4-a) 그는 줄담배를 (계속해서 담배를) 피웠다.　* keep on -ing
(4-b) 그는 담배를 그만 피우겠다고 약속했다.　* leave off -ing
(4-c) 그는 공공연히 담배 피운 것을 부인했다.　* in public 공공연히
(4-d) 그는 몰래 담배 피운 것을 시인했다.　　　* in secret 몰래 ※ admit
(4-e) 그는 담배 피우기를 즐긴다.
(4-f) 그는 담배피우는 것을 끊기로 결심했다.

연·습·문·제 9

다음 문장을 해석하시오. (배운 것만 이용하여 만든 문장입니다)

(1) I think that it is of no use for you to insist that Tom will promise to give up smoking. It is foolish for you to believe him. Because he is a liar. He enjoys making a fool of others.

* believe him 그이의 말을 믿다   * make a fool of ~를 속이다, ~를 바보취급하다

(2) Tom asked me why I told her that it was silly to help the idle heavy drinker. I answered that it was wrong for her to help any idle heavy drinker. To help such a man is to ruin him.

* silly [síli] 어리석은, 둔한   * heavy [hévi] 심한, 무거운 / heavy snow 폭설, heavy rain 폭우
* drinker [dríŋkər] 술꾼, 음주가   * heavy drinker 술고래
* such [sʌtʃ] 그러한 / such a dog 그러한 개, such a book 그러한 책
* ruin [rúːin] 파멸시키다, 망치다, 못쓰게 만들다
* any [éni] 어느 ~이든 / any boy 어느 소년이든, any dog 어느 개든, any fruit 어느 과일이든, any car 어느 차든

(3) Yesterday I gave Tom a bottle of wine. I forgot that Tom decided to give up drinking. I don't know whether he gave up drinking. He used to drink strong liquor. He enjoyed drinking after dinner. I sometimes advised him that he should stop drinking for the health. For it is bad for him to drink strong liquor.

* bottle [bɑtl] 병, 술병, 한병   * wine [wain] 포도주 / a bottle of wine 포도주 한 병
* strong [strɔŋ] 강한, 독한
* liquor [líkər] 화주(火酒) / beer(맥주), wine(포도주)는 liquor가 아님. whisky, brandy, rum, gin은 liquor임
* after [ǽftər] ~뒤에, ~후에   * dinner [dínər] 저녁식사, 만찬, 디너
* health [helθ] 건강   * stop 그만 두다, 정지하다

LESSON 2

LESSON 2

I want you to study hard

 01. 주어 + 동사 + 목적격 + to + 동사

국어와 영어의 어순(語順)의 비교
국어의 어순 :

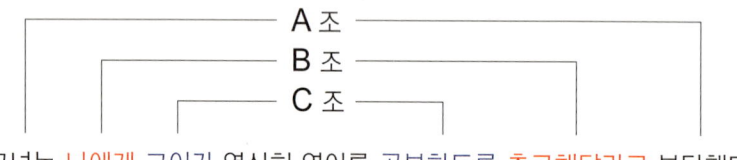

그녀는 나에게 그이가 열심히 영어를 공부하도록 충고해달라고 부탁했다.
A_1 B_1 C_1 C_2 B_2 A_2

위의 문장을 영어로 말하려면 아래의 어순으로 말해야한다.

A_1	A_2	B_1	B_2	C_1	C_2	영어를	열심히
주어	동사	주어	동사	주어	동사	목적어	부사
그녀는	부탁했다	나에게	충고해달라고	그이가	공부하도록	영어를	열심히

즉, 아래와 같이 영작한다.

She   asked   me   to advise   him   to study   English   hard.
그녀는   부탁했다   나에게   충고하라고   그이에게   공부하도록   영어를   열심히

아래의 우리말을 어떻게 영작하는지 눈여겨보아라.

	A₁	B₁		B₂	A₂	주의 사항
A형	나는	그에게	열심히	공부하라고	말했다.	A₂의 자리에 told를 사용함
B형	나는	그이가	열심히	공부한다고	말했다.	A₂의 자리에 said를 사용함

	A₁	A₂		B₁	B₂		주의사항
A형	I	told		him	to study	hard.	B₁의 자리에 목적격을 사용한다. B₂의 자리에 to부정사를 사용한다.
B형	I	said	that	he	studied	hard.	B₁의 자리에 주격을 사용한다. B₂의 자리에 있는 동사는 뜻에 따라 변한다.

(ㄱ) 아래 (가) (나) (다) (라)에 해당하면 A형으로 말해야한다. (B₂를 유심히 볼 것)

		A₁	B₁		B₂	A₂	A₂에 사용할 동사
(가)	(a)	나는	그에게		쉬라고	말했다.	told
	(b)	그는	나에게	여기서	기다리라고	요구했다.	asked
	(c)	나는	그에게	차를	고치도록	가르쳤다.	taught
(나)	(d)	나는	그들이	열심히	공부하기를	바란다.	want
	(e)	나는	그들이	여기	머물기를	바란다.	wish
(다)	(f)	그는	나에게	의사가	되라고	말했다.	told
	(g)	나는	그이가		상냥해지도록	가르쳤다.	taught
(라)	(h)	나는	그이가	의사	부자 되기를	바란다.	want
	(i)	그이는	내가		되기를	바랬다.	wish

아래의 영문은 45쪽에 있는 우리말을 영작한 것이다.

		A₁	A₂	B₁	B₂	기타
(가)의 예문	(a)	I	told	him	to have	a rest.
	(b)	He	asked	me	to wait	here.
	(c)	I	taught	him	to fix	cars.
(나)의 예문	(d)	I	want	them	to study	hard.
	(e)	I	wish	them	to stay	here.
(다)의 예문	(f)	He	told	me	to be	a doctor.
	(g)	I	taught	him	to be	amiable.
(라)의 예문	(h)	I	want	him	to be	rich.
	(i)	He	wished	me	to be	a doctor.

위에 있는 문형과 동일한 문장을 더 알고 나아가자. (**allow**의 뜻에 유의할 것)

a.	I	allowed	her	to go	out alone.	* allow의 뜻 : 허락하다
b.	I	allow	her	to be	a genius.	* allow의 뜻 : 인정하다

a.= 나는 그녀가 혼자 나가도록 허락해 주었다.
b.= 나는 그녀가 천재라는 것을 인정한다. = 과연 그녀는 천재로군.
  = I allow that he is a genius.   * genius [dʒíːniəs] 천재

	A₁	A₂	B₁	B₂	
c.	I	begged	him	to forgive	me.
d.	He	commanded	his men	to take	a rest.
e.	He	directed	the crowd	to move	back.
f.	The storm	caused	us	to go	hungry.

c.= 나는 그에게 나를 용서해달라고 애원했다.
d.= 그는 부하들에게 쉬라고 명령했다.
e.= 그는 군중에게 물러서라고 지시했다.
f.= 그 폭풍우 때문에 우리들은 굶주리게 되었다.

▶ f의 뜻 분석 : 우리들이 굶주리며 살도록(go hungry) 폭풍우가 원인을 제공(cause)했다는 뜻임.

LESSON 2

(ㄴ) B형의 문장은 (2)권 Lesson 8에서 배웠다. 잠깐 복습해 보자.

	A₁	B₁	기타	B₂	A₂	B₂의 힌트
(1)	나는	그이가	그녀를	돕는다고	생각한다.	현재
(2)	나는	그이가	그녀를	도왔다고	생각한다.	과거
(3)	나는	그이가	그녀를	도울 거라고	생각한다.	미래
(4)	나는	그이가	그녀를	도와야한다고	생각한다.	must
(5)	나는	그이가	그녀를	도울 수 있다고	생각한다.	can
(6)	나는	그이가	그녀를	돕고 있다고	생각한다.	is -ing
(7)	나는	그이가	그녀를	돕고 있었다고	생각한다.	was -ing
(8)	나는	그이가	그녀를	돕곤 했다고	생각한다.	used to
(9)	나는	그이가	그녀를	돕는 게 낫다고	생각한다.	had better
(10)	나는	그이가	그녀를	도울 필요 없다고	생각한다.	need not
(11)	나는	그이가	그녀를	돕지 않는다고	생각한다.	does not
(12)	나는	그이가	그녀를	돕지 않을 수 없다고	생각한다.	cannot but

	A₁	A₂		B₁		B₂	기타	A₂자리에 쓸 수 있는 동사	
(1)=	I	think	that	he		helps	her.	say	말하다
(2)=	I	think	that	he		helped	her.	believe	믿다
(3)=	I	think	that	he	will	help	her.	suppose	상상하다
(4)=	I	think	that	he	must	help	her.	imagine	상상하다
(5)=	I	think	that	he	can	help	her.	argue	주장하다
(6)=	I	think	that	he	is	helping	her.	assert	주장하다
(7)=	I	think	that	he	was	helping	her.	complain	불평하다
(8)=	I	think	that	he	used to	help	her.	insist	주장하다
(9)=	I	think	that	he	had better	help	her.	maintain	주장하다
(10)=	I	think	that	he	need not	help	her.	tell + 사람	~에게 말하다
(11)=	I	think	that	he	does not	help	her.		
(12)=	I	think	that	he	cannot but	help	her.		

A₂에 있는 동사에 따라 B₂에 있는 말의 해석이 달라진다.

	A₁	A₂		B₁	B₂	
(1-ㄱ)	I	think	that	he	studies	hard.
(1-ㄴ)	I	know	that	he	studies	hard.

(1-ㄱ) = 나는 그이가 열심히 공부한다고 생각합니다.
(1-ㄴ) = 나는 그이가 열심히 공부한다는 것을 압니다.

	A₁	A₂		B₁	B₂	
(2-ㄱ)	I	said	that	he	was	honest.
(2-ㄴ)	I	found	that	he	was	honest.

(2-ㄱ) = 나는 그이가 정직하다고 말했다.
(2-ㄴ) = 나는 그이가 정직하다는 것을 깨달았다.

	A₁	A₂		B₁	B₂	
(3-ㄱ)	I	insisted	that	he	was	innocent.
(3-ㄴ)	I	proved	that	he	was	innocent.

(3-ㄱ) = 나는 그이가 결백하다고 우겼다.
(3-ㄴ) = 나는 그이가 결백하다는 것을 증명해보였다.

	A₁	A₂		B₁	B₂	
(4-ㄱ)	I	told her	that	he	liked	apples.
(4-ㄴ)	I	forgot	that	he	liked	apples.

(4-ㄱ) 나는 그이가 사과를 좋아한다고 그녀에게 말했다.
(4-ㄴ) 나는 그이가 사과를 좋아한다는 것을 잊었다.

다음 문장을 영작해보자. ▫ $A_1 + A_2 + B_1 + B_2$의 순서로 말해야한다.

	A_1	B_1		B_2	A_2
(7-ㄱ)	나는	그이가	부자	라는 것을	안다.
(7-ㄴ)	나는	그이가	부자	되기를	바란다.

	A_1	A_2		B_1	B_2	
(7-ㄱ)=	I	know	that	he	is	rich.
(7-ㄴ)=	I	want		him	to be	rich.

영문 (7-ㄱ)은 B_2에 있는 is가 아래와 같이 여러 가지로 변할 수 있다.
그러나 (7-ㄴ)의 B_2에 있는 to be는 변할 수 없다.

A_1	A_2		B_1	B_2		
I	know	that	he	is	rich.	나는 그가 부자라는 것을 안다.
I	know	that	he	is not	rich.	나는 그가 부자가 아니라는 것을 안다.
I	know	that	he	was	rich.	나는 그가 부자였다는 것을 안다.
I	know	that	he	was not	rich.	나는 그가 부자가 아니었다는 것을 안다.
I	know	that	he	will be	rich.	나는 그가 부자가 될 거라는 것을 안다.
I	know	that	he	can be	rich.	나는 그가 부자가 될 수 있다는 것을 안다.
I	know	that	he	cannot be	rich.	나는 그가 부자가 될 수 없다는 것을 안다.

(8-ㄱ) 나는 그 상자 안에 돈이 있다고 말했다.
(8-ㄴ) 나는 그 상자 안에 돈이 있기를 바란다. } 의 비교

(8-ㄱ)=	I	said	that	there	was	money	in the bag.
(8-ㄴ)=	I	want		there	to be	money	in the bag.

주의 A형의 문장 즉, (7-ㄴ) 또는 (8-ㄴ)은 45쪽에 있는 A형의 문장인데 이러한 문형에서는 A_2의 자리에 hope를 사용할 수 없다.

~~I hope him to be rich~~. (不可) ~~I want that he will be rich~~. (不可)
I hope that he will be rich. 나는 그이가 부자가 되었으면 좋겠다고 생각한다.

아래 문장의 A₂의 자리에 있는 동사들은 B₂의 자리에 "**to + 동사의 원형**"을 쓰기를 요구합니다.

	A₁	A₂	B₁	B₂		A₂의 뜻
1.	Your help	enabled	me	to finish	the job.	가능하게 하다
2.	I	expect	them	to pass	the exam.	예상하다
3.	He	forced	me	to open	the door.	강요하다
4.	He	implored	the judge	to spare	his life.	애원하다
5.	I	invited	her	to join	my club.	요청하다
6.	The doctor	ordered	him	to stay	in bed.	명령하다
7.	He	permitted	me	to stay	here.	허락하다
8.	We	persuaded	them	to try	again.	설득하다
9.	He	recommended	me	to take	a long holiday.	권고하다

10.	She	pressed	me	to stay	for lunch.	강요하다
11.	She	requested	me	to go	with her.	부탁하다
12.	This	will teach	you	to speak	the truth.	가르치다
13.	The serpent	tempted	Eve	to pick up	the forbidden fruit.	부추기다
14.	I	want	you	to be	happy.	원하다
15.	I	hate	you	to talk	like that.	싫어하다
16.	She	worried	her mom	to go	home.	조르다
17.	She	urged	me	to buy	a car.	강권하다

50쪽에 있는 문장의 뜻:

1. 나는 당신의 도움으로 그 일을 끝낼 수 있었다.
   직역: 당신의 도움이 내가 그 일을 끝낼 수 있도록 가능케 해주었다.
2. 나는 그들이 그 시험에 합격할 걸로 예상한다.
3. 그는 나에게 그 문을 열도록 강요했다.
4. 그는 판사에게 목숨을 살려 달라고 애원했다.
5. 나는 그녀에게 나의 클럽에 가입하라고 요청했다.

6. 그 의사는 그에게 침상에 누워 있으라고 명령했다.
7. 그는 내가 이곳에 머물러 있어도 된다고 허락해주었다.
8. 우리들은 그들에게 다시 한번 해보도록 설득했다.
9. 그는 나에게 장기간의 휴가를 가지라고 권고했다.
10. 그녀는 나에게 점심을 먹고 가라고 졸랐다.

11. 그녀는 나에게 자기와 함께 가자고 부탁했다.
12. 이제는 거짓말해서는 안 된다는 것을 알겠지?
    직역: 이것이 네가 진실을 말하도록 가르칠 것이다.
13. 뱀이 이브에게 금단의 과실을 따먹으라고 유혹했다.
14. 나는 당신이 행복해지기를 바란다.
15. 나는 당신이 그런 식으로 말하는 것을 싫어한다.

16. 그녀는 엄마에게 집에 가자고 졸라댔다.
17. 그녀는 나에게 차를 사라고 강권했다.

연·습·문·제 10

아래의 문장을 해석하시오.

(1-a) I said that he was a doctor.
(1-b) I told him to be a doctor.

(2-a) Tom knows that she sometimes goes to the movies with Sam.
(2-b) Tom tempted her to go to the movies with him.

(3-a) She boasts that I study English very hard.
(3-b) The speech moved me to study English very hard.

(4-a) I remember that he helped me.
(4-b) I asked him to help me.

(5-a) Mother said that I must turn off the light at 11.
(5-b) Mother told me to turn off the light at 11.

(6-a) The doctor advised me to stop smoking.
(6-b) The doctor knows that I stopped smoking.

(7-a) Mother did not allow me to go to the movies.
(7-b) Mother allowed that it was proper for me to go to the movies.

(8-a) I ordered him to go out at once.
(8-b) I heard that he could not help going out at once.

(9-a) I forgot that she could not leave.
(9-b) I begged her not to leave.

(10-a) I expect him to arrive tomorrow.
(10-b) I expect that he will arrive tomorrow.
(10-c) I am sure that he will arrive tomorrow.
(10-d) I hope that he will arrive tomorrow. (hope 대신에 **want**를 쓸 수 없다)

연·습·문·제 11

다음의 우리말을 영어로 말하시오.

(1) 나는 그이에게 그 문을 닫으라고 말했다. (close the door)   to
(2) 나는 그이에게 그 문을 닫으라고 명령했다. (order)   to
(3) 나는 그이가 그 문을 닫을 거라고 말했다. (said)   that
(4) 나는 그이가 그 문을 닫았다는 것을 알고 있다. (know)   that
(5) 나는 그이가 그 문을 닫기를 바란다. (want)   to

(6) 나는 그이가 조심스럽다는 것을 알고 있다. (He is careful.)
(7) 나는 그이가 조심스럽다고 생각한다. (think)
(8) 나는 그이가 조심스러웠다고 믿고 있다. (believe)   that
(9) 나는 그이가 조심스러워지도록 가르칠 작정이다. (am going to teach)   to
(10) 나는 그이가 조심스러워지기를 바란다. (want)   to

(11) 나는 나의 아버지가 차를 사기를 바란다. (want)   to
(12) 나는 나의 아버지에게 차를 사라고 졸랐다. (worry)   to
(13) 나는 나의 아버지에게 차를 사도록 설득했다. (persuade)   to
(14) 나는 나의 아버지가 차를 살 거라고 말했다. (say)   that
(15) 나는 나의 아버지가 차를 샀다는 것을 알고 있다.   that

(16) 나는 나의 아버지가 차를 사고 싶어 한다고 말했다.   that
(17) 그녀는 우리들에게 부자가 되라고 말했다. (We are rich.)   to
(18) 그녀는 우리가 부자 되기를 바란다.   to
(19) 그녀는 우리들이 부자라고 말했다.   that
(20) 그녀는 우리들이 부자라는 것을 깨달았다.   that

(21) 나는 그녀가 그 시험에 합격할거라고 예상한다. (expect)   that, to
(22) 나는 그녀가 그 시험에 합격하기를 바란다.   to
(23) 나는 그녀가 그 시험에 합격할거라고 말했다.   that
(24) 나는 그녀가 그 시험에 합격하도록 하나님에게 빌었다. (pray to)   that
(25) 나는 그녀가 그 시험에 합격할 수 없다고 생각한다.   that
(26) 나는 그녀가 그 시험에 합격하지 못했다는 것을 알고 있다.   that

 ## 지각동사와 사역동사　02

(9-ㄱ) 나는 그에게 나가라고 명령했다.
(9-ㄴ) 나는 그가 나가는 것을 보았다.
의 비교

	A₁	A₂	B₁	B₂
(9-ㄱ)=	I	ordered	him	to go out.
(9-ㄴ)=	I	saw	him	go out.

 **주의** (9-ㄱ)에서는 그이가 아직 나가지 않은 상태임을 말해주고 있으며 (9-ㄴ)에서는 그이가 나갔음을 말해주고 있다. B₂에 있는 말이 아직 실현되지 않았으면 「to + 동사의 원형」을 사용하고 이미 실현되었으면 to 를 사용하지 않는다.

(10-ㄱ) 나는 그들에게 그 집을 떠나라고 부탁했다.
(10-ㄴ) 나는 그들이 그 집을 떠나는 소리를 들었다.
의 비교

	A₁	A₂	B₁	B₂	기타
(10-ㄱ)=	I	asked	them	to leave	the house. (안 떠났음)
(10-ㄴ)=	I	heard	them	leave	the house. (떠났음)

(11-ㄱ) 나는 그에게 텔레비전을 끄라고 말했다. (아직 안 껐음)
(11-ㄴ) 나는 그가 텔레비전을 끄게 했다. (껐음)
의 비교

	A₁	A₂	B₁	B₂	기타
(11-ㄱ)=	I	told	him	to turn off	the TV.
(11-ㄴ)=	I	made	him	turn off	the TV.

A₂의 자리에 다음의 동사를 사용하면 B₂의 자리에 to를 사용할 수 없다.

지각동사	see watch notice look at	보다 관찰하다 ~의 눈에 뜨다, 통고하다 보다, 눈길을 주다	observe hear listen to feel	관찰하다, 주시하다, 준수하다 듣다, 들리다, 들어서 알다 귀담아 듣다 느끼다, 감지하다, 만지다
사역동사	make have let	만들다, ~에게 ~하게 하다, 시키다 ~에게 ~하게 하다, 시키다	help bid	돕다 (to를 붙일 수도 있음) 명령하다 (to를 붙일 수도 있음)

주어 + 동사 + 목적어 + -ing   03

B₂의 곳에 -ing을 사용해야 하는 경우가 있다. 다음 문장을 비교해 보자.

	A₁	B₁	목적어	B₂	A₂
(12-ㄱ)	나는	그가	그 다리를	건너가는 것을	보았다.
(12-ㄴ)	나는	그가	그 다리를	건너가고 있는 것을	보았다.

	A₁	A₂	B₁	B₂	목적어
(12-ㄱ)=	I	saw	him	cross	the bridge.
(12-ㄴ)=	I	saw	him	crossing	the bridge.

- (12-ㄱ)의 속뜻: 나는 그가 다리를 건너는 것을 처음부터 끝까지 다 보았다
- (12-ㄴ)의 속뜻: 나는 그가 다리의 어디쯤인가를 건너가고 있는 것을 보았다. 따라서 처음부터 끝까지 다 본 것이 아니라 다리를 건너가는 행위의 일부만 보았다.

	A₁		B₁		B₂	A₂
(13-ㄱ)	나는	콘서트에서	그녀가	피아노를	연주하는 것을	들었다.
(13-ㄴ)	나는	집에 가는 도중에	그녀가	피아노를	연주하고 있는 것을	들었다.

	A₁	A₂	B₁	B₂	기타
(13-ㄱ)=	I	heard	her	play	the piano at the concert.
(13-ㄴ)=	I	heard	her	playing	the piano on my way home.

(13-ㄱ)의 속뜻: 나는 그녀가 피아노 연주하는 것을 처음부터 끝까지 다 들었다.
(13-ㄴ)의 속뜻: 나는 집으로 가는 도중에 그녀의 집을 지나는 동안만 그녀의 피아노 연주 소리를 들었다.

다음 3개의 문장을 비교해 보자.

	A₁	A₂	B₁	B₂	B₂의 목적어
(14-ㄱ)	I	heard		her	sing	'Auld Lang Syne'.
(14-ㄴ)	I	heard		her	singing	'Auld Lang Syne'.
(14-ㄷ)	I	heard	that	she	was singing	'Auld Lang Syne'.

(14-ㄱ)= 나는 그녀가 Auld Lang Syne을 부르는 소리를 다 들었다.
(14-ㄴ)= 나는 그녀가 Auld Lang Syne을 부르고 있는 소리를 들었다.
　　　　 (다 듣지는 않았다)
(14-ㄷ)= 나는 그녀가 Auld Lang Syne을 부르고 있다는 말을 들었다.

주의 아래의 (1)과 (2)에 해당하면 B₂의 자리에 -ing를 써야한다.

(1) 행위 B₂가 행위 A₂보다 먼저 시작된 일
(2) A₁이 B₁의 행위를 일부만 보았거나 일부만 들었을 경우

아래의 문장에서 B_2의 자리에 있는 말에 -ing를 붙이는 것은 당연한 일이다. 왜냐하면 B_1의 행위를 내가(I) 일부만 보았거나 들었거나 발견했기 때문이다.

	A_1	A_2	B_1	B_2	기타
(15-ㄱ)	I	found	him	sleeping	under the tree.
(15-ㄴ)	I	found	her	looking	into the show window.
(15-ㄷ)	I	saw	her	knitting.	
(15-ㄹ)	I	saw	him	stealing.	
(15-ㅁ)	I	saw	her	walking	in the park.
(15-ㅂ)	I	heard	the tap	dripping.	
(15-ㅅ)	I	heard	the clock	ticking.	

(15-ㄱ)= 나는 그이가 나무 밑에서 자고 있는 것을 발견했다.
(15-ㄴ)= 나는 그녀가 진열장을 들여다보고 있는 것을 발견했다.
(15-ㄷ)= 나는 그녀가 뜨개질하고 있는 것을 보았다.
(15-ㄹ)= 나는 그이가 도둑질하고 있는 것을 보았다.
(15-ㅁ)= 나는 그녀가 공원에서 산책하고 있는 것을 보았다.
(15-ㅂ)= 나는 수도꼭지에서 물이 똑똑 떨어지고 있는 소리를 들었다.
(15-ㅅ)= 나는 시계가 똑딱거리고 있는 소리를 들었다.

* look into ~를 들여다 보다   * show window 진열장
* knit [nit] 뜨개질 하다, 편물하다   * steal [sti:l] 도둑질하다, 훔치다
* tap [tæp] 수도꼭지, 마개, 주둥이   * drip 똑똑 떨어지다, 방울져 떨어지다
* clock 벽시계, 탁상시계   * tick (시계가) 똑딱거리다

 주의 (15-ㄷ)에서 saw대신에 watched <유심히 보다, 관찰하다>를 사용하면 knitting대신에 knit를 사용할 수 있다. watched를 사용하면 편물을 배우기 위하여 처음부터 끝까지 시간이 허용하는 한 관찰했다는 뜻이 되기 때문이다.

연·습·문·제 12

밑줄 친 곳에 to를 사용해야하는 것은 어느 것인가?

(1) Did you hear dogs _____ bark ?
(2) He forced me _____ open the door.
(3) I felt something _____ crawl up my arm.
(4) Do you wish me _____ stay here ?
(5) I watched him _____ cross the street.
(6) She told me _____ be kind to others.
(7) He let them _____ have a rest.
(8) He made us _____ work all night.
(9) I had him _____ paint the house.
(10) The doctor advised me _____ give up smoking.

(11) He helped me _____ repair the car.
(12) He bade me _____ sit down.
(13) I observed him _____ close the door.
(14) I like to listen to children _____ talk.
(15) Did you notice anyone _____ come in ?
(16) Let him _____ help at table.
(17) He helped _____ paint the house.
(18) His conscience compelled him _____ confess.
(19) The boxer challenged us _____ fight him.
(20) I helped him _____ fix the car.

(21) She helped her mother _____ cook dinner.
(22) He bribed her _____ give him the document.
(23) I forbade my son _____ use my car.

* bark 짖다
* force 강요하다
* crawl [krɔːl] 기어가다
* stay 머물다
* cross 횡단하다, 건너가다
* others 남들, 타인들
* rest 휴식
* have a rest 휴식하다
* all night 밤새도록
* repair 수선하다, 고치다

* talk [tɔːk] 말하다, 잡담하다
* anyone 누군가가, 누구든
* felt는 feel의 과거이다
* notice 보다, 눈치로 알다
* observe 잘 보다, 관찰하다
* at table 식탁에서
* conscience 양심
* compel 강요하다
* confess 자백하다
* challenge 도전하다

* bribe 매수하다
* document 문서, 서류
* forbid 금하다

연·습·문·제 13

(a) (b) (c) (d)중에서 옳은 것은 어느 것인가?

(1) (a) I had him to repair my watch.　　　　* rag 넝마, 누더기 옷
　　 (b) I smell rags burn.　　　　　　　　　* burn 타다, 연소하다
　　 (c) She could feel her heart to beat wildly.　* beat (가슴이) 뛰다
　　 (d) I asked him to fix my watch.　　　　 * wildly 격렬하게, 심하게

(2) (a) Do you hear the clock tick ?　　　　* wool 털실, 양모
　　 (b) I saw her knit wool into stockings.　* stocking 스타킹, 긴 양말
　　 (c) He watched the bird make its nest.　* nest 둥지
　　 (d) I found him drink my wine.　　　　* wine 포도주

(3) (a) He let me to drive his car.　　　　* rest 휴식 take a rest 휴식하다
　　 (b) I told him to take a rest.　　　　* turn on 켜다, 틀다
　　 (c) I had the driver to turn on the radio.　* have 시키다
　　 (d) What makes you to think so?　　* think so 그렇게 생각하다

(4) (a) My brother taught me to swim.　　* taught는 teach의 과거임
　　 (b) She allowed us play in the street.　* in the street 거리에서
　　 (c) I found him cry.　　　　　　　　* cry 울다
　　 (d) He bade me to close the door.　　* bid - bade 명령하다

(5) (a) Do you want me help her ?　　　　* plan 계획
　　 (b) I advised him study hard.　　　　* force 강요하다
　　 (c) He forced me give up the plan.　　* give up 포기하다
　　 (d) I heard her singing 'Red valley'.　 * Red Valley 홍하의 골짜기

연·습·문·제 14

다음의 문장을 해석하시오.

(1)	I	expected		Tom	to	help	me.
(2)	I	expected	that	Tom	would	help	me.
(3)	She	wants		you	to	post	the letter.
(4)	I	asked		him	to	post	the letter.
(5)	He	told		me	to	study	hard.
(6)	He	said	that	I		studied	hard.
(7)	I	heard		them		shouting	for joy.
(8)	I	heard		her		shout	for pain.
(9)	I	hear	that	they	are	shouting	for joy.
(10)	We	persuaded		him	to	turn	the music down.
(11)	They	forced		us	to	act	at once.
(12)	I	found		her		crying	in her car.
(13)	I	saw		her		crying	in her car.
(14)	I	heard		her		crying	in her car.
(15)	I	heard	that	she	was	crying	in her car.
(16)	They	found		him		hiding	in the cave.
(17)	I	saw		him		enter	the house.
(18)	I	didn't hear		you		come	in.
(19)	I	didn't hear	that	you	would	come	back.
(20)	They	led		us	to	believe	there was no danger.
(21)	I	hope	that	he	will	pass	the exam.
(22)	He	requested		her	to	go	with him.
(23)	I	recommend		you	to	buy	this book.

* **post** [poust] (편지를) 우체통에 넣다 　 * **shout** [ʃaut] 외치다, 큰 소리로 말하다
* **joy** 기쁨 　 * **for joy** 기뻐서, 좋아서 　 * **pain** [pein] 아픔, 통증
* **for pain** 아파서 　 * **turn down** 소리를 낮추다 　 * **force** 강요하다
* **act** [ækt] 행동하다 　 * **at once** 즉시, 당장 　 * **hide** [haid] 숨다, 숨기다
* **cave** [keiv] 동굴 　 * **enter** [éntər] 들어가다 　 * **come back** 돌아오다
* **dress** 옷을 입다, 옷을 입히다 　 * **request** [rikwést] 청하다, 원하다, 구하다(=ask)
* **recommend** [rekəménd] 권유하다, 추천하다

연·습·문·제 15

아래의 우리말을 영어로 말하시오.

(1-a) 나미(Nami)는 그 카메라를 살 것이다. ※ buy
(1-b) 나미는 그 카메라를 사고 싶어 했다.(사기를 원했다) ※ wanted to ~
(1-c) 나는 나미가 그 카메라를 사기를 바란다.
(1-d) 나는 나미에게 그 카메라를 사라고 말했다. ※ told
(1-e) 나는 나미가 그 카메라를 살 거라고 말했다. ※ said
(1-f) 나는 나미가 그 카메라를 사게 만들었다. (현장에서 샀음) ※ made

(2-a) 그들은 이곳에 머무는 것이 낫다. ※ had better
(2-b) 나는 그들이 이곳에 머물기를 바란다. ※ want
(2-c) 나는 그들에게 이곳에 머무르라고 말했다. ※ told
(2-d) 나는 그들에게 이곳에 머무르라고 부탁했다. ※ asked
(2-e) 나는 그들이 이곳에 머물러 있게 허락해주었다. ※ let나 allow

(3-a) 그는 요란스럽게 코를 골곤 했다. ※ snore terribly ※ used to ~
(3-b) 나는 그이가 요란스럽게 코를 골고 있는 소리를 들었다. ※ snoring
(3-c) 나는 그이가 요란스럽게 코를 곤다는 것을 안다. ※ that를 이용함
(3-d) 나는 그이가 요란스럽게 코를 곤다는 말을 들어 알고 있다. ※ that를 이용함

(4-a) 톰은 그 차를 고칠 수 있다. (fix 고치다) ※ can
(4-b) 나는 톰에게 그 차를 고치게 했다. ※ had를 사용함
(4-c) 나는 톰에게 그 차를 고치라고 말했다. ※ told
(4-d) 나는 톰이 그 차를 고칠 수 있다고 말했다. ※ said
(4-e) 나는 톰에게 그 차를 고치라고 강요했다. ※ force강요하다

(5-a) 무언가(something) 타고 있는 냄새가 나네요. (타다 =burn) ※ I smell ~
(5-b) 나는 무언가가 타고 있다고 말했다. ※ said
(5-c) 나는 무언가가 타고 있는 것을 발견했다. ※ found

LESSON 3

LESSON 3

I washed the dress clean

주어 + 동사 + 목적어 + (to be) ~   01

(1-ㄱ)   그이는 정직하다.
(1-ㄴ) 나는 그이가 정직하다고 생각한다. } 의 비교

(1-ㄴ)을 아래와 같이 3가지로 말할 수 있다.

(1-ㄱ)			He		is	honest.
(1-ㄴ)	I think	that	he		is	honest.
(1-ㄷ)	I think		him	to	be	honest.
(1-ㄹ)	I think		him			honest.

 **주의** (1-ㄷ)에서는 he 대신에 목적격(him)을 사용하고 is 대신에 to be를 사용한다.
(1-ㄹ)에서는 he 대신에 목적격을 사용하고 is를 버린다.

 주의 think의 자리에 told를 사용하면 「to be」는 다른 뜻이 된다.

예) I told him to be honest. = 나는 그에게 정직한 사람이 되라고 말했다.
I told him to be a singer. = 나는 그에게 가수가 되라고 말했다.
I told him to be in the room. 나는 그에게 그 방에 있으라고 말했다.

(1-ㄴ)의 문장에서 think의 자리에 다음의 동사가 오면 (1-ㄴ) (1-ㄷ) (1-ㄹ)과 동일한 방법으로 문장을 만들 수 있다.

hold	(~이라고) 생각(판단)하다	suppose	(~이라고) 추측(생각)하다
consider	(~이라고) 생각하다, 여기다	imagine	(~라고) 상상하다, 추정하다
feel	(~이라고) 생각하다	find	~임을 알아차리다, 깨닫다
believe	(~이라고) 믿다	discover	~임을 알아차리다, 깨닫다
prove	(~임을) 증명하다	judge	~라고 생각(판단)하다

* hold의 뜻: (1) 잡다   (2) 생각하다   (3) (회의를) 개최하다   (4) 유지하다

(2-ㄱ)   그 전쟁의 책임은 그에게 있다.
(2-ㄴ) 나는 그 전쟁의 책임이 그에게 있다고 생각한다. } 의 비교

(2-ㄴ)을 영어로는 아래와 같이 3가지로 말할 수 있다.

(2-ㄱ)			He		is	responsible for the war.
(2-ㄴ)	I hold	that	He		is	responsible for the war.
(2-ㄷ)	I hold		him	to	be	responsible for the war.
(2-ㄹ)	I hold		him			responsible for the war.

* be responsible for ~에 대한 책임을 지다

주의 (2-ㄴ)에서는 hold 의 과거인 held를 사용하면 is를 was로 고쳐야한다. (2-ㄷ)에서는 he대신에 목적격 him을 사용해야 하고 is대신에 to be를 사용해야 한다. (2-ㄹ)에서는 he대신에 목적격 him을 사용하고 is를 버려야 한다.

(3-ㄱ)　　그녀는 결백하다.
(3-ㄴ) 나는 그녀가 결백하다고 믿습니다. } 의 비교

우리 말 (3-ㄴ)을 아래와 같이 (3-ㄷ), (3-ㄹ)로 고칠 수 있다.
(3-ㄴ), (3-ㄷ), (3-ㄹ)은 같은 뜻을 가지고 있다.

(3-ㄱ)			She	is	innocent. <결백한>
(3-ㄴ)	I believe	that	she	is	innocent.
(3-ㄷ)	I believe		her	to be	innocent.
(3-ㄹ)	I believe		her		innocent.

아래 a)와 b)의 문장에서 is의 뜻이 다르다는 것을 이미 배웠다.
a) She is (뜻 없음) beautiful. = 그녀는 아름답다.
b) She is (있다)　 in Seoul. = 그녀는 서울에 있다.
그러므로,
I think　　+ she is in Seoul. 또는
I believe　+ she is in Seoul. 하면
(3-ㄴ), (3-ㄷ)과 같은 문장을 만들 수는 있어도 (3-ㄹ)과 같은 문장을 만들 수는 없다.

즉, 아래와 같이 작문해야한다.

(4-ㄱ)　　그녀는 서울에 있다.
(4-ㄴ) 나는 그녀가 서울에 있다고 생각한다.

우리 말 (4-ㄴ)을 2가지로 영작할 수 있다. 영문 (4-ㄴ)과 (4-ㄷ)은 같은 뜻을 가지고 있다. (4-ㄴ)은 문법상으로 맞지만, 부자연스러운 문장이다.

(4-ㄱ)			she	is	in Seoul.
(4-ㄴ)	I think	(that)	she	is	in Seoul. (○)
(4-ㄷ)	I think		her	to be	in Seoul. (○)
(4-ㄹ)	~~I think~~		~~her~~		~~in Seoul~~. (×)

(5-ㄱ) 그이는   위험에 처해 있다.
(5-ㄴ) 그이는 자기가 위험에 처해 있다고 믿고 있다. } 의 비교

아래의 문장에서도 『is, be』의 뜻이 『있다, 존재하다』이므로 **to be**를 버릴 수 없다.

	A₁	A₂	B₁	B₂	기타
(5-ㄱ)=			He	is	in danger.
(5-ㄴ)=	He	believes	(that) he	is	in danger. (○)
=	He	believes	himself	to be	in danger. (○)
	~~He~~	~~believes~~	~~himself~~		~~in danger.~~ (×)

 주의 A₁과 B₁이 동일인(同一人)이면 **to be** 앞에 있는 B₁에는 **-self**를 부쳐야한다. 복수이면 **-selves**를 사용해야한다.

아래 문장에서 **to be**를 생략할 수 없음

	A₁	A₂	B₁	B₂	기타
(6-ㄱ)	I	believed	myself	to be	in danger.
(6-ㄴ)	We	believed	ourselves	to be	in danger.
(6-ㄷ)	You	should think	yourself	to be	in danger.
(6-ㄹ)	She	believed	herself	to be	in danger.
(6-ㅁ)	They	believed	themselves	to be	in danger.

(6-ㄱ)= 나는 나 자신이 위험에 빠져 있다고 믿고 있었다.
(6-ㄴ)= 우리들은 우리들 자신이 위험에 빠져 있다고 믿고 있었다.
(6-ㄷ)= 너는 너 자신이 위험에 빠져 있다고 생각해야 한다.
(6-ㄹ)= 그녀는 자신이 위험에 빠져 있다고 믿고 있었다.
(6-ㅁ)= 그들은 자신이 위험에 빠져 있다고 믿고 있었다.

아래의 우리말을 영어로는 어떻게 말하는지 눈여겨보아라.

(7-ㄱ)　　우리가 그들을 구한다는 것은 불가능한 일이었다.
(7-ㄴ) 나는 우리가 그들을 구한다는 것이 불가능한 일이라는 것을 깨달았다.

(7-ㄱ)은 21쪽에 있는 (9-ㄴ)과 동일한 문형에 속하는 문장이다. 우리 말 (7-ㄴ)을 3가지로 영작할 수 있다.

(7-ㄱ)=			It	was	impossible for us to save them.
(7-ㄴ)=	I found	that	it	was	impossible for us to save them.
=	I found		it	to be	impossible for us to save them.
=	I found		it		impossible for us to save them.

※ 3개의 영문 중에서 마지막 문장을 사용하는 경향이 강하다.

다시 이러한 문장을 영작해보자.

(8-ㄱ)　　야생동물을 보호하는 것은 당연한 일이다.
(8-ㄴ) 나는 야생동물을 보호하는 것은 당연한 거라고 생각한다. } 의 비교

(8-ㄴ)도 3가지로 영작할 수 있다.

(8-ㄱ)=			It	is	natural to preserve wildlife.
(8-ㄴ)=	I hold	that	it	is	natural to preserve wildlife.
=	I hold		it	to be	natural to preserve wildlife.
=	I hold		it		natural to preserve wildlife.

* **natural** 당연한, 지당한, 자연의, 자연계의, 타고난 / **natural gifts** 타고난 재능,
　　　　　　　　　　　　　　　　　　　　　　　　a natural enemy 천적
* **preserve** 보전하다, 유지하다 / **preserve national cultures** 민족문화를 보전하다,
　　　　　　　　　　　　　　　　preserve the environment 자연환경을 보전하다
* **wildlife** 야생생물(野生生物)(의)

연·습·문·제 16

다음의 우리말을 영어로 말하시오. 3가지로 말할 수 있는 것은 3개를 다 쓰세요.

(1-a) 그이는 결백하다. (결백한 = innocent)
(1-b) 나는 그이가 결백하다는 것을 안다.
(1-c) 나는 그이가 결백하다고 말했다.
(1-d) 나는 그이가 결백하다고 믿습니다.
(1-e) 나는 그이가 결백하다는 것을 증명해 보였다.
(1-f) 그는 자기 자신이 결백하다는 것을 증명해야 한다.

(2-a) 그이는 지독한 거짓말쟁이다. (liar [láiər] 거짓말쟁이, a big liar 지독한 거짓말쟁이)
(2-b) 나는 그이가 지독한 거짓말쟁이라고 말했다.
(2-c) 나는 그이가 지독한 거짓말쟁이라는 것을 안다.
(2-d) 나는 그이가 지독한 거짓말쟁이라는 것을 깨달았다.

(3-a) 그녀는 유능한 교사이다. (유능한 = capable)
(3-b) 나는 그녀가 유능한 교사라는 것을 알고 있다.
(3-c) 나는 그녀가 유능한 교사라고 말했다.
(3-d) 나는 그녀에게 유능한 교사가 되라고 말했다.
(3-e) 나는 그녀가 유능한 교사라고 생각한다.
(3-f) 그녀는 자기 자신이 유능한 교사라고 생각한다.

(4-a) 그이는 너의 처지에 있다. (in your place 너의 처지에)
(4-b) 나는 그이가 너의 처지에 있다고 생각한다. (consider)
(4-c) 나는 그이가 너의 처지에 있다는 것을 깨달았다. (found)
(4-d) 나는 그이가 너의 처지에 있다는 것을 알고 있다. (know)
(4-e) 나는 그이가 너의 처지에 있다고 말했다. (said)
(4-f) 네가 그이의 처지에 있다고 상상해보아라. (imagine)

(5-a) 시험에서 부정행위 하는(cheat in the exam) 것은 나쁘다.(wrong)
(5-b) 나는 시험에서 부정행위 하는 것은 나쁜 일이라고 말했다.
(5-c) 나는 시험에서 부정행위 하는 것은 나쁜 일이라고 생각한다. (hold)
(5-d) 나는 그 문제를 푼다는 것은 불가능한 일이라는 것을 깨달았다. (find)
(5-e) 나는 우리가 민족문화를 보전하는 것은 필요한 일이라고 생각한다.

elect, choose, appoint 02

(9-ㄱ) 그이는 대통령입니다.
(9-ㄴ) 우리들은 그이를 대통령으로 뽑았습니다. } 의 비교

(9-ㄴ)을 영어로 말하려면 일단 머릿속에서 다음의 문장을 구상하는 것이 좋다.
• 우리들은 + 뽑았다 + 그이는 + 이다 + 대통령

(9-ㄴ)을 아래와 같이 3가지로 영작할 수 있다.

(9-ㄱ)=				He	is	president. (○)
틀린문장	We	elected	that	he	was	president. (×)
(9-ㄴ)=	We	elected		him	to be	president. (○)
=	We	elected		him	as	president. (○)
=	We	elected		him		president. (○)

(10-ㄱ) 그이는 총독이다.
(10-ㄴ) 국왕은 그이를 총독으로 임명했다. } 의 비교

(10-ㄴ)을 아래와 같이 3가지로 영작할 수 있다.

(10-ㄱ)=			He	is	governor. (○)
틀린문장	The king appointed	that	he	was	governor. (×)
(10-ㄴ)=	The king appointed		him	to be	governor. (○)
=	The king appointed		him	as	governor. (○)
=	The king appointed		him		governor. (○)

(11-ㄱ)　　　그이는 그들의 지도자였다.
(11-ㄴ) 그들은 그이를 그들의 지도자로 뽑았다. } 의 비교

(11-ㄴ)을 영어로는 아래와 같이 4가지로 말할 수 있다.

(11-ㄱ)=			He		was	their leader. (○)
틀린문장	They chose	that	he		was	their leader. (×)
(11-ㄴ)=	They chose		him	to	be	their leader. (○)
=	They chose		him	as		their leader. (○)
=	They chose		him	for		their leader. (○)
=	They chose		him			their leader. (○)

PREMIUM 1. 「go on」과 「go for」

go on	A		go for	A	
go on	a tour	관광여행가다	go for	a swim	수영하러 가다
go on	an errand	심부름가다	go for	a bath	목욕하러 가다
go on	a picnic	소풍가다	go for	a walk	산책하러 가다
go on	a trip	여행가다	go for	a drive	드라이브 하러 가다

※ **go on** A에서는 가는 목적이 A가 아니다. 딴 임무가 있다. 예를 들면 심부름 가는 것은 심부름 가는 것 그 자체가 목적이 아니다. 어떤 임무를 띠고 가는 것이다.
※ **go for** A에서는 가는 목적이 A다. 예를 들면 목욕하러 가는 것은 목욕 그 자체가 목적이다.
※ **tour**는 관광을 위한 여행이다. 그러므로 여러 곳을 돌아다니게 된다. 그러나 **trip**은 어떤 임무 수행을 위하여, 또는 용무가 있어서 다녀오는 여행이다.

연·습·문·제 17

다음 문장을 보기와 같이 결합하시오.

보기 1	I think + She is kind.
	(ㄱ) I think that she is kind.
	(ㄴ) I think her (to be) kind. ※ ( )는 생략할 수 있다.

보기 2	We elected + He was chairman. * chairman [tʃéərmən] 의장
	(ㄱ) We elected him to be chairman.
	(ㄴ) We elected him as chairman.
	(ㄷ) We elected him chairman.

(1) I believe + She is happy.
(2) She believes + She is happy.
(3) Let's imagine + Jane is in his place. <제인은 그분의 처지에 있다>
(4) Let's imagine + We are in his place.
(5) Imagine + You are in his place.
(6) I hold + It is my duty to pay taxes. <세금을 내는 것은 나의 의무다>
(7) We hold + The king is responsible for the war.
(8) We consider + He is a great artist. <그이는 위대한 예술가이다>
(9) He considers + He is a great artist.
(10) He appointed + I was professor.
(11) We chose + He was chairman.
(12) Most people supposed + He was innocent.
(13) The court held + The accused was not guilty. <피고는 무죄였다>
(14) They found + The house was empty. <그 집은 비어있었다>
(15) We elected + He was (a) monitor. <그는 반장이었다>

* imagine [imǽdʒin] 상상하다   * place [pleis] 장소, 처지, 지위, 신분   * duty [djúːti] 의무, 임무, 본분   * pay [pei] 지불하다   * tax [tæks] 세금   * responsible [rispánsibl] 책임을 져야할 / is responsible for ~에 대하여 책임을 지다, ~에 대한 책임이 있다   * war [wɔːr] 전쟁   * great [greit] 위대한, 큰   * artist [áːrtist] 예술가   * professor [prəfésər] 교수   * suppose [səpóuz] 가정하다, 상상하다   * court [kɔːrt] (1) 법정 재판소 (2) 안뜰 (3) 정구장, 코트 (4) 궁정   * accuse [əkjúːz] 고발하다, 비난하다   * the accused 피고   * guilty [gílti] 죄를 범한, 유죄의, 죄가 되는   * empty [émpti] 텅 빈, 공허한   * monitor [mánitər] (학급의) 반장, 모니터

주어 + 동사 + 명사 + 형용사   03

(12-ㄱ) 그 드레스는 깨끗하다.
(12-ㄴ) 그녀는 그 드레스를 깨끗이 빨았다. } 의 비교

(12-ㄱ)=		The dress	is	clean.
(12-ㄴ)=	She washed	the dress		clean.

우리말 (12-ㄴ)을 영어로 다음과 같이 말할 수 없다. (ㅁ)만 옳은 문장이다.

(ㄱ)	She washed	that	the dress	is	clean. (×)
(ㄴ)	She washed		the dress	to be	clean. (×)
(ㄷ)	She washed		the dress	as	clean. (×)
(ㄹ)	She washed		the dress	for	clean. (×)
(ㅁ)	She washed		the dress		clean. (○)

다음의 2 문장을 비교해 보자.

(13-ㄱ) 나는 그 벽이 하얗다고 말했다. (원래부터 하얀 벽임)
(13-ㄴ) 나는 그 벽을 하얗게 칠했다. (칠한 결과로 하얗게 되었음)

	A_1	A_2		B_1	be동사	형용사/명사
(13-ㄱ)=	I	said	that	the wall	was	white.
(13-ㄴ)=	I	painted		the wall		white.

주의 A_1의 작용 또는 행동에 의하여 B_1이 어떠한 상태로 전환되면 영문 (12-ㄴ)이나 (13-ㄴ)처럼 말해야한다. 영문 (13-ㄴ)을 따져보면 다음과 같다.

그 벽(B_1)이 하얀 것은 내가(A_1) 칠한(A_2) 결과이다. 그러나 (13-ㄱ)에는 그러한 뜻이 없다. 즉, 내가 said (말했다) 했기 때문에 그 결과로 하얗게 된 것이 아니다.

아래의 3문장을 비교해보자.

(14-ㄱ)   그이는 시퍼렇게 멍이 들어있다.
(14-ㄴ) 나는 그이가 시퍼렇게 멍이 들어있다는 것을 들어 알고 있다.
(14-ㄷ) 나는 그이를 시퍼렇게 멍이 들도록 두들겨 팼다.

(14-ㄱ)=			He	is	black and blue.
(14-ㄴ)=	I	hear	that	he	is	black and blue.
(14-ㄷ)=	I	beat		him		black and blue.

다음의 문장은 모두 틀린 문장이다.

I hear		him	to	be	black-and-blue.
I hear		him			black-and-blue.
I beat	that	he		is	black-and-blue.
I beat		him	to	be	black-and-blue.

* black-and-blue 얻어맞아 시퍼렇게 멍든
* beat (과거는 beat, 과거분사는 beaten) 치다, 때리다, (심장이) 뛰다
  / beat a drum 북을 치다, beat gold flat 금을 두드려 납작하게 만들다, beat one's head against the wall 벽에 머리를 부딪치다

아래의 3개의 문장을 영어로는 어떻게 말할까?

(15-ㄱ) 나는 슬프다.
(15-ㄴ) 나는 내가 슬프다고 말했다.
(15-ㄷ) 그 영화가 나를 슬프게 만들었다.

(15-ㄱ)=				I	am	sad.
(15-ㄴ)=	I		said	that	I	was	sad.
(15-ㄷ)=	The movie		made		me		sad.

(16-ㄱ) 나는 그 문이 열려 있는 것을 발견했다.
(16-ㄴ) 나는 그 문을 밀어서 열었다. ⎫의 비교

(16-ㄱ)=	I found	that	the door	was	open.
(16-ㄴ)=	I pushed		the door		open.

아래 2 문장의 뜻은 동일하다.

(16-ㄴ)	I	pushed	the door	open.
(16-ㄷ)	I	opened	the door	by pushing.

(16-ㄴ)에 있는 open의 뜻은 <열려 있는>이고 (16-ㄷ)에 있는 open의 뜻은 <열다>이다. 다시 말하면 (16-ㄴ)에 있는 open은 형용사이고 (16-ㄷ)에 있는 open은 동사이다.

* by ~ing = ~함으로써

by teaching	가르침으로써	by loving	사랑함으로써
by helping	도와줌으로써	by giving	줌으로써

다음 문장을 눈여겨보아라.

(17-ㄱ)	Tom	said	that	the door	was	open.	문이 열려있는 것은 행위의 결과가 아님
(17-ㄴ)	I	remember	that	the door	was	open.	
(17-ㄷ)	Tom	told me	that	the door	was	open.	
(17-ㄹ)	Tom	knew	that	the door	was	open.	
(17-ㅁ)	Tom	broke		the door		open.	문이 열려있는 것은 행위의 결과임
(17-ㅂ)	Tom	flung		the door		open.	
(17-ㅅ)	Tom	kicked		the door		open.	
(17-ㅇ)	Tom	pulled		the door		open.	

(17-ㄱ)= 톰은 그 문이 열려 있다고 말했다.
(17-ㄴ)= 나는 그 문이 열려 있었던 일이 생각난다.
(17-ㄷ)= 톰은 나에게 그 문이 열려 있다고 말했다.
(17-ㄹ)= 톰은 그 문이 열려 있는 것을 알고 있었다.
(17-ㅁ)= 톰은 그 문을 부수어(또는 비틀어) 열었다. (= Tom opened the door by breaking)
(17-ㅂ)= 톰은 그 문을 거칠게 열었다. (= Tom opened the door by flinging.)
(17-ㅅ)= 톰은 그 문을 발로 차서 열었다. (= Tom opened the door by kicking.)
(17-ㅇ)= 톰은 그 문을 당기어 열었다. (= Tom opened the door by pulling.)

* break [breik] <broke, broken> 부수다, 꺾다   * fling <flung, flung> 내던지다, 팽개치다
* kick 발로 차다   * pull [pul] 잡아당기다, 끌다, 뽑다

-self를 사용하는 경우   04

A₁과 B₁이 동일인물(同一人物)이면 B₁에는 -self나 -selves를 사용해야 한다.

	A₁	B₁		
(18-ㄱ)	나는	너를	행복하게	해줄 수 있다.
(18-ㄴ)	너는	너 자신을	행복하게	만들 수 있다.

	A₁		B₁	
(18-ㄱ)=	I	can make	you	happy.
(18-ㄴ)=	You	can make	yourself	happy.

아래의 문장은 (18-ㄴ)과 유사한 문형에 속한다.

(19-ㄱ)	I	overate	myself	sick.
(19-ㄴ)	He	overate	himself	sick.
(19-ㄷ)	She	overate	herself	sick.
(19-ㄹ)	We	overate	ourselves	sick.
(19-ㅁ)	They	overate	themselves	sick.

(19-ㄱ)= 나는 과식하여 발병했었다. (지금은 괜찮다는 언외의 뜻이 있음)
(19-ㄴ)= 그는 과식하여 발병했었다.
(19-ㄷ)= 그녀는 과식하여 발병했었다.
(19-ㄹ)= 우리들은 과식하여 발병했었다.
(19-ㅁ)= 그들은 과식하여 발병했었다.

* overeat [ouvərí:t] 과식하다   * overate [ouvəréit]는 overeat의 과거임

≫ 잠깐 샛길로 갑니다

과거의 어떤 행동의 결과나 영향이 현재 남아있으면 「have 또는 has + 과거분사」로 나타낸다. 아래의 예문에서 b, d, f.가 이것에 해당한다.

a. 나는 3일전에 과식하여 탈이 났었다. (지금은 괜찮음)
b. 나는 (며칠 전에) 과식한 것이 원인이 되어 지금 탈이 났다. } 의 비교

		과거, 과거분사	나 자신	탈이 난	3일 전에
a.=	I	(over)ate	myself	sick.	three days ago.
b.=	I have	(over)eaten	myself	sick.	과식한 것은 과거의 일이고 과식한 결과 현재 몸이 아프다.

현재	과거	과거분사	뜻	
eat	ate	eaten	먹다	b. 문장은 나중에 현재완료라는 항목에서 배우게 됨
overeat	overate	overeaten	과식하다	

예문 하나 더!

c. 톰은 어제 과음하여 곤드레만드레 되었었다. (지금은 술이 깼음) ⎫
d. 톰은 과음하여 곤드레만드레 되어 있다.   ⎬ 의 비교
                                                        ⎭

		마시다	자기 자신이(을)	바보스런	어제
c.=	Tom		drank	himself	silly	yesterday.
d.=	Tom	has	drunk	himself	silly.	술을 먹은 것은 얼마 전 일이고 그 결과 현재 곤드레 만드레 되어 있다.

* drunk [drʌŋk]는 drink의 과거분사임. (궁금하지요? 곧 배우게 됩니다)

(20-ㄱ) 나는 그녀가 감기로 목소리가 쉬어 있다고 말했다. ⎫
(20-ㄴ) 그녀는 고래고래 소리 질러 목소리가 쉬어 있었다. ⎬ 의 비교
                                                    ⎭

| (20-ㄱ)= | I | said | that | she | was | hoarse from a cold. |
| (20-ㄴ)= | She | shouted | | herself | | hoarse. |

e. 그녀는 일주일 전에 고래고래 외쳐 목이 쉬었었다. (지금은 괜찮음) ⎫
f. 그녀는 고래고래 소리 지른 것이 원인이 되어 지금 목이 쉬어있다. ⎬ 의 비교
                                                              ⎭

			외치다	그녀 자신이(을)	목이 쉰	일주일 전에
e.=	She		shouted	herself	hoarse	a week ago.
f.=	She	has	shouted	herself	hoarse.	고래고래 외친 것은 얼마 전 일이고 그 결과 지금 목이 쉬어있다.

※ b, d, f에 해당하는 문장은 4권에서 배우게 된다.

(A) (13-ㄴ)에서 배운 I painted the wall white.와 같은 문장을 만들 수 있는 동사들:

1	wash	씻다, (물로) 빨다	2	sweep	쓸다, 청소하다
3	wipe	닦다, 문지르다	4	make	만들다
5	render	~한 상태가 되게 하다	6	paint	칠하다
7	color	채색하다, 색, 색깔	8	dye	염색하다
9	beat	치다, 연달아 치다	10	turn	변화시키다, 돌다
11	drive	~한 상태로 몰아 부치다	12	leave	~이 되게 하다, 떠나다
13	cut	자르다, 깎다	14	boil	삶다, 끓이다
15	burn	태우다, 타다, 연소하다	16	bake	굽다
17	tear [tɛər]	찢다	18	rub	문지르다, 비비다
19	lick	핥다	20	open	열다
21	push	밀다	22	pull	당기다
23	break	부스다, 깨뜨리다	24	fling	내던지다, 동댕이치다
25	kick	발로 차다	26	set	~한 상태가 되게 하다

※ 비교 : tear [tiər] 눈물

(B) (19-ㄱ) I overate myself sick와 같은 문장을 만들 수 있는 동사들:

1	eat	먹다	2	overeat	과식하다
3	sleep	자다, 잠자다	4	sing	노래 부르다
5	shout	외치다	6	talk	말하다
7	work	일하다	8	overwork	과로하다
9	cry	울다, 외치다	10	drink	마시다

연·습·문·제 18

아래의 영문을 해석하시오.

(1-a)	Jane	said	that	the plate	was	clean.	* plate (납작한) 접시
(1-b)	Jane	washed		the plate		clean.	* clean 깨끗한
(1-c)	The dog	licked		the plate		clean.	* lick 핥다
(2-a)	He	said	that	she	was	pale.	* pale 창백한
(2-b)	The news	turned		her		pale.	* turn 변화시키다
(3-a)	They	say	that	he	is	mad.	* mad 미친, 실성한
(3-b)	The pain	drove		him		mad.	* pain [pein] 고통
(4-a)	I	hear	that	he	is	weak.	* weak 허약한
(4-b)	His illness	left		him		weak.	* illness 병(앓음), 발병
(5-a)	We	found	that	he	was	senseless.	* senseless 기절한
(5-b)	A gangster	beat		him		senseless.	* gangster 깡패

(6)	He	colored		the wall		white.	* shoot 쏘다, 발사하다
(7)	We	shot		the wolf		dead.	* wolf [wulf] 늑대
(8)		Keep	이곳에 'that'를 쓰면 안됨	this beer	이곳에 'be' 동사를 쓰면 안됨	cold.	* beer [biər] 맥주
(9)	She	boiled		the egg		hard.	* boil [bɔil] 끓이다, 삶다
(10)		Boil		this egg		soft.	* soft 부드러운
(11)	He	tore		it		open.	* tear - tore 찢다
(12)	She	baked		the cake		hard.	* bake 굽다
(13)	The boy	rubbed		his hands		sore.	* sore 피부가 까진
(14)	Jane	burned		the meat		black.	* locust 메뚜기
(15)	The locusts	ate		the fields		clean.	* field 밭, 논, 들판

(16)	She	cried	that	it	was	dangerous.	* cry 외치다, 울다
(17)	She	cried		herself		blind.	* blind 눈먼, 맹인의
(18)	She	cried		herself		to sleep.	* sleep<잠>은 명사임

(19)	They	appointed	In-su	captain.	* captain 주장, 대위
(20)	We	called	him	a traitor.	* traitor 반역자, 배신자
(21)	The hot sun	baked	the ground	hard.	* declare 선언하다
(22)	The judges	declared	her	the winner.	* judges 심판들 * winner 승자

(23)	The sunset	dyed	the sky	red.	* sunset 일몰, 해질 때
(24)	They	elected	Obama	president.	* president 대통령, 총재

(25)	I	found	him	a true friend.	* true 참된, 진실한
(26)	We	found	him	guilty.	* guilty 죄가 있는, 유죄의
(27)	He	held	the audience	spellbound.	* audience 청중
(28)	You	must keep	yourself	warm.	* spellbound 매료된, 주문에 걸린

(29)		Don't leave	the door	open.	* leave ~한 상태로 두다
(30)		Don't let	your dog	loose.	* loose 풀려있는, 느슨한
(31)	She	made	this song	a great hit.	* hit 성공, 적중, 안타
(32)	They	set	the prisoners	free.	* prisoner 죄수, 포로
(33)	They	named	the baby	Ye-sun.	* 이름 짓다
(34)	He	thought	her	attractive.	* attractive 매력적인

연·습·문·제 19

다음 문장 중에서 옳은 것은 어느 것인가?

(1-a)	He	said	that	the dress		was	clean.
(1-b)	He	said		the dress	to	be	clean.
(1-c)	He	said		the dress			clean.
(2-a)	She	washed	that	the dress		was	clean.
(2-b)	She	washed		the dress	to	be	clean.
(2-c)	She	washed		the dress			clean.
(3-a)	He	shot	that	the wolf		was	dead.
(3-b)	He	shot		the wolf	to	be	dead.
(3-c)	He	shot		the wolf			dead.
(4-a)	She	dyed	that	her hair		was	black.
(4-b)	She	dyed		her hair	to	be	black.
(4-c)	She	dyed		her hair			black.
(5-a)	I	consider	that	he		is	a fool.
(5-b)	I	consider		him	to	be	a fool.
(5-c)	I	consider		him			a fool.
(6-a)	They	chose	that	he		was	their leader.
(6-b)	They	chose		him	to	be	their leader.
(6-c)	They	chose		him	as		their leader.
(6-d)	They	chose		him	for		their leader.
(7-a)	She	burned	that	the meat		was	black.
(7-b)	She	burned		the meat	to	be	black.
(7-c)	She	burned		the meat			black.
(8-a)	I	know	that	he		is	a liar.
(8-b)	I	know		him	to	be	a liar.
(8-c)	I	know		him			a liar.

연·습·문·제 20

다음의 우리말을 영어로 말하시오.

(1-a) 그 연필은 뾰쪽하다. (sharp 뾰쪽한)
(1-b) 톰은 그 연필이 뾰쪽하다고 말했다.
(1-c) 너는 그 연필을 뾰쪽하게 깎는 게 낫다. (cut 깎다)

(2-a) 나는 그녀가 행복하다는 것을 들어 알고 있다. (hear)
(2-b) 나는 그녀가 행복하다고 생각한다.
(2-c) 나는 그녀를 행복하게 해주고 싶다. (wish to make)

(3-a) 그 문은 열려 있다.
(3-b) 나는 그 문이 열려 있는 것을 발견했다.
(3-c) 나는 그 문을 밀어서 열었다. (push)
(3-d) 그 문을 밀어 여시오.
(3-e) 그 문을 부수어(또는 비틀어) 열지 마시오. (break)
(3-f) 그는 그 문을 발로 차서 열었다.
(3-g) 그는 나에게 그 문이 열려 있다고 말했다.
(3-h) 그는 나에게 그 문을 밀어 열라고 말했다.

(4-a) 그녀는 화가 나있다.
(4-b) 나는 그녀가 화가 나있다는 것을 알고 있다.
(4-c) 나의 대답이 그녀를 화나게 했다. (화나게 만들었다)
(4-d) 그녀는 나의 대답이 그녀를 화나게 했다고 말했다.

(5-a) 그녀의 머리카락은 검다.
(5-b) 나는 그녀의 머리카락이 검다고 말했다.
(5-c) 그녀는 자기의 머리카락을 검게 염색했다. (dye)

(6-a) 우리가 그 산에 오르는 것은 불가능한 일이다.
(6-b) 나는 우리가 그 산에 오르는 것은 불가능한 일이라고 생각한다.
(6-c) 나는 우리가 그 산에 오르는 것은 불가능한 일이라는 것을 깨달았다.
(6-d) 그 폭풍우는 우리가 그 산에 오르는 것을 불가능하게 만들었다. (storm)

연·습·문·제 21

옳은 문장에는 ○표를 하고 틀린 문장에는 ×표하시오.

(1-a) I think that he is honest.   * honest 정직한
(1-b) I think him to be honest.
(1-c) I think him honest.
(1-d) I think him as honest.
(2-a) We elected that he was chairman.   * chairman 의장
(2-b) We elected him to be chairman.   * elect 선출하다
(2-c) We elected him as chairman.
(2-d) We elected him chairman.
(3-a) They called that he was Tom.   * call 부르다
(3-b) They called him to be Tom.
(3-c) They called him as Tom.
(3-d) They called him Tom.
(4-a) Industry made that he was rich.   * industry 근면, 산업
(4-b) Industry made him to be rich.
(4-c) Industry made him rich.
(4-d) Industry made him as rich.   * appoint 임명하다
(5-a) He appointed that I was professor.   * professor 교수
(5-b) He appointed me to be professor.
(5-c) He appointed me as professor.
(5-d) He appointed me professor.
(6-a) Imagine that you are in my place.   * imagine 상상하다
(6-b) Imagine yourself to be in my place.
(6-c) Imagine yourself are in my place.
(7-a) The insult left that I was speechless.   * speechless 말이 없는, 말 못하는
(7-b) The insult left me speechless.   * insult 모욕(侮辱)
(8)   He made the girl to be happy.   * empty 공허한, 텅 빈
(9)   Drink your glass to be empty.   * effort [éfərt] 노력, 애씀
(10)   They named their child Jarang.   * futile [fjúːtil, fjúːtail] 무익한
(11)   The heavy rain rendered my efforts futile.   * render 만들다, ~되게 하다
(12)   The sun keeps that we are warm.   * warm 따뜻한, 좀 더운

연·습·문·제 22

다음의 우리말을 영어로 말하시오.

(1-a) 그이는 우리들의 지도자(leader)이다.
(1-b) 우리들은 그이를 우리들의 지도자로 뽑았다(chose). (4가지로)
(1-c) 우리들은 그이가 우리들의 지도자라고 말했다.
(1-d) 나는 그이가 우리들의 지도자가 되기를 바란다(want).

(2-a) 그 집은 비어 있다. (empty 비어있는)
(2-b) 나는 그 집이 비어 있는 것을 발견했다. (비어있다는 것을 깨달았다) (found)
(2-c) 나는 그 집이 비어 있다는 말을 들어 알고 있다. (hear)

(3-a) 그이는 믿을 수 있는 사람이다. (a trustworthy man, a reliable man)
(3-b) 나는 그이가 믿을 수 있는 사람이라는 사실을 발견했다. (found)
(3-c) 그는 자기가 믿을 수 있는 사람이라는 것을 보여주었다.(=증명해 보였다)
(3-d) 나는 그이가 믿을 수 있는 사람이라고 말했다.
(3-e) 나는 그에게 믿을 수 있는 사람이 되라고 말했다.

(4-a) 서로서로 이해한다는 매우 어려운 일이다. (understand one another)
(4-b) 나는 서로 이해한다는 것이 어려운 일이라는 것을 깨달았다. (found)
(4-c) 나는 서로 이해한다는 것이 얼마나 어려운 일인지 알고 있다. (how hard)

(5-a) 그이는 천재이다. (genius 천재)
(5-b) 나는 그이가 천재라고 생각한다. (consider)
(5-c) 그는 자신이 천재라고 생각했다.
(5-d) 톰은 나에게 자기가 천재라고 말했다.

(6-a) 그는 그 늑대를 사살했다.
(6-b) 너는 그 벽을 녹색으로(green) 칠하는 게 낫다.
(6-c) 이 계란을 반숙해(soft) 주세요.
(6-d) 이 계란을 완숙해(hard) 주세요.
(6-e) 그녀는 그 고기(meat)를 검게 태웠다.
(6-f) 운동(exercise)은 몸(the body)을 튼튼하게 (strong) 만든다.

연·습·문·제 23

다음 문장을 해석하시오. (배운 문형만으로 만든 글임)

(1) I hear that you told Tom that it would be of great use for the students to choose Mr Park their leader. I think that it was of no use for you to mean it. Tom told me that he wanted them to elect Mr Lee their leader. Tom was sure that Mr Lee would make the students happy, optimistic and full of self-confidence. Don't you agree with me?

* of great use = very useful 매우 유익한
* mean it 진담으로 말하다
* optimistic 낙천적인, 낙관적인
* self-confidence 자신감, 자기과신
* full of self-confidence 자신감이 넘치는
* agree with ~ 와 생각이 일치하다

(2) My husband said that he wanted me to dye my hair black. But I don't want to dye my hair black. I am going to dye my hair brown. Maybe he will get angry with me. He doesn't imagine how beautiful I will look if I have brown hair. I am sure that my brown hair will strike him dumb.

* husband 남편
* brown 갈색
* maybe 아마, 어쩌면
* get angry with ~에게 화를 내다
* strike 때려서 ~하게 만들다
* dumb [dʌm] 말 못하는, 말이 안 나오는 / strike him dumb 어안이 벙벙하여 말이 안 나오다

(3) I can't understand why some people eat themselves sick, some drink themselves silly, some make themselves unhappy, some cry themselves blind, some shout themselves hoarse, others overwork themselves exhausted. Do you know why? If you insist you know why, it is no way.

* people 사람들
* some 어떤
* some people 어떤 사람들
* unhappy 불행한
* blind 눈먼, 눈이 안 보이는, 장님의
* exhausted [igzɔ́ːstid] 기진맥진한, 녹초가 된
* why 이유
* no way 말도 안 돼
* if 만일 ~하다면

LESSON 4

LESSON 4

01. 능동태와 수동태

능동태	수동태
그 문을 열어야한다	그 문이 열려야한다
그 나무를 자를 것이다	그 나무가 잘릴 것이다
그 건물을 헐었다	그 건물이 헐렸다.

더 자세히 설명하면 아래와 같다.

	능동태			수동태	
	목적어	동사		주어	동사
(1)	문을	열다	⇨	문이	열리다
(2)	문을	연다	⇨	문이	열린다
(3)	문을	열었다	⇨	문이	열렸다
(4)	문을	열 것이다.	⇨	문이	열릴 것이다
(5)	문을	열어야한다	⇨	문이	열려야한다
(6)	문을	열 수 있다	⇨	문이	열릴 수 있다
(7)	문을	열고 있다	⇨	문이	열리고 있다
(8)	문을	여는 게 낫다	⇨	문이	열리는 게 낫다
(9)	가지를	꺾었다	⇨	가지가	꺾였다
(10)	문제를	풀었다	⇨	문제가	풀렸다
(11)	도둑을	잡았다	⇨	도둑이	잡혔다
(12)	영희를	사랑한다	⇨	영희가	사랑 받는다
(13)	풀을	뽑는다	⇨	풀이	뽑힌다
(14)	영어를	가르친다	⇨	영어가	가르쳐 진다
(15)	시계를	분해한다	⇨	시계가	분해된다
(16)	편지를	배달한다	⇨	편지가	배달된다
(17)	차를	팔았다	⇨	차가	팔렸다
(18)	범인을	체포해야한다	⇨	범인이	체포되어야한다

수동태의 형식   02

be, am, is, are, was, were, being 중에서 어느 하나를 택한 다음 과거분사를 사용하면 수동태가 된다. 규칙적으로 변하는 동사의 과거분사는 과거와 같다. 불규칙동사의 과거분사는 대부분 -d/ -t/ -en으로 끝난다.

능동태	연다		open(s) (현재)	open이 현재이기 때문에 is를 사용해야 한다. is대신에 are를 사용하는 경우도 있다.
수동태	열린다	is (현재)	opened (과거분사)	

능동태	열었다		opened (과거)	opened가 과거이기 때문에 was를 사용해야 한다. was 뒤에 있는 opened는 과거가 아닌 과거분사다.
수동태	열렸다	was (과거)	opened(과거분사)	

능동태	열 것이다	will		open (원형)	open이 원형이기 때문에 원형인 be를 사용해야 한다. be 뒤에 있는 opened는 과거분사이다.
수동태	열릴 것이다	will	be (원형)	opened	

능동태	열어야한다	must		open (원형)	open이 원형이기 때문에 be를 사용해야 한다. be는 is, are, am의 원형이다.
수동태	열려야한다	must	be (원형)	opened	

능동태	열 수 있다	can		open	open이 원형이기 때문에 be를 사용해야한다.
수동태	열릴 수 있다	can	be	opened	

능동태	열 예정이다	is going to		open	open이 원형이기 때문에 be를 사용해야한다.
수동태	열릴 예정이다	is going to	be	opened	

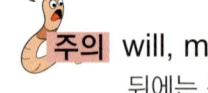 will, must, can, should, may, have to, used to, is going to, had better 뒤에는 동사의 원형을 사용해야한다.

능동태	열어야 한다	has to		open	to 뒤에 있는 open은 원형이다. 따라서 수동태에서도
수동태	열려야 한다	has to	be	opened	to 뒤에 원형인 be를 사용해야 한다.

능동태	여는 게 낫다	had better		open	had better 뒤에는 원형을 사용해야한다.
수동태	열리는 게 낫다	had better	be	opened	open과 be는 원형이다.

능동태	열고 있다	is		opening (현재분사)	능동태의 is~ing는 수동태에서는『is being + 과거분사』이다.
수동태	열리고 있다	is	being (현재분사)	opened	

능동태	열고 있었다	was		opening	능동태의 동사가 was ~ing이면 수동태에서는『was being + 과거분사』이다.
수동태	열리고 있었다	was	being	opened	

• 동사에 ing를 붙이면 <~하고 있는>이라는 뜻이 되는데 이것을 현재분사라 부른다.
  즉, opening과 being은 현재분사이다.

능동태	열지 않는다	do	not	open	『do not ~』를『is not + 과거분사』로 고쳐야한다.
수동태	열리지 않는다	is	not	opened	

능동태	열지 않았다	did	not	open	『did not ~』를『was not + 과거분사』로 고쳐야 한다.
수동태	열리지 않았다	was	not	opened	

부정문 만들기 :

긍 정		부 정	뜻
open(s) (능동태)	⇒	do(es) not open	열지 않는다
is opened (수동태)	⇒	is not opened	열리지 않는다
opened (능동태)	⇒	did not open	열지 않았다
was opened (수동태)	⇒	was not opened	열리지 않았다

arrest<체포하다>를 가지고 능동태와 수동태를 짝지어 보면 아래와 같다.

수동태로 전환하려면 본동사 앞에 be동사를 사용해야한다. is, am, are, was, were, being, been, be를 be동사라 부른다. 이 중에서 be는 be 동사의 원형이다. 아래의 보기에서는 arrest가 본동사이다.

능동태	체포한다			arrest(s)
수동태	체포된다		is	arrested
능동태	체포했다			arrested
수동태	체포되었다		was	arrested
능동태	체포할 것이다	will		arrest
수동태	체포될 것이다	will	be	arrested
능동태	체포하고 있다	is		arresting
수동태	체포되고 있다	is	being	arrested
능동태	체포하고 있었다	was		arresting
수동태	체포되고 있었다	was	being	arrested
능동태	체포할 수 있다	can		arrest
수동태	체포될 수 있다	can	be	arrested
능동태	체포해야 한다	must		arrest
수동태	체포되어야 한다	must	be	arrested
능동태	체포하는 게 낫다	had better		arrest
수동태	체포되는 게 낫다	had better	be	arrested
능동태	체포하지 않는다	does	not	arrest
수동태	체포되지 않는다		is not	arrested
능동태	체포하지 않았다	did	not	arrest
수동태	체포되지 않았다		was not	arrested
능동태	체포할 필요 없다	need not		arrest
수동태	체포될 필요 없다	need not	be	arrested
능동태	방금 체포했다	has		arrested
수동태	방금 체포되었다	has	been	arrested
능동태	곧 체포할 것이다	is going to		arrest
수동태	곧 체포될 것이다	is going to	be	arrested

연·습·문·제 24

다음 동사의 수동태는 무엇인가? 국어로 쓰시오.

(1) 먹는다
(2) 먹었다
(3) 먹을 것이다
(4) 먹고 있다
(5) 먹고 있었다
(6) 먹지 않았다
(7) 닫아야 한다
(8) 닫는 게 낫다
(9) 닫을 수 있다
(10) 닫을 필요 없다
(11) 돕는다
(12) 도왔다
(13) 도와줄 것이다
(14) 도와주어야 한다
(15) 도와주곤 했다
(16) 도와주고 있었다
(17) 칭찬한다
(18) 칭찬할 것이다
(19) (편지를) 썼다
(20) (편지를) 쓰지 않았다

(21) 꾸짖었다
(22) 꾸짖고 있다
(23) 때린다
(24) 때려야 한다
(25) 그렸다
(26) 존경한다
(27) 죽일 것이다
(28) (선물을) 보낸다
(29) (방금) 요청했다
(30) (아들을) 낳았다
(31) 잘라야 한다
(32) 운반하고 있다
(33) 발견했다
(34) (발로) 찼다
(35) 사랑한다
(36) 공격할 것이다
(37) 보았다
(38) 풀어야 한다
(39) 샀다
(40) 끝내야 한다

연·습·문·제 25

다음의 능동태를 수동태로 전환하시오.

(능동태)	(능동태)	(수동태)	(수동태: 영어로 씀)
(1) make	만든다	만들어진다	
(2) made	만들었다	만들어졌다	
(3) is making	만들고 있다	만들어지고 있다	
(4) was making	만들고 있었다	만들어지고 있었다	
(5) will make	만들 것이다	만들어질 것이다	
(6) can make	만들 수 있다	만들어질 수 있다	
(7) must make	만들어야 한다	만들어져야 한다	
(8) have to make	만들어야 한다	만들어져야 한다	
(9) used to make	만들곤 했다	만들어지곤 했다	

(10) had better make	만드는 게 낫다	만들어지는 게 낫다	
(11) should make	만들어야 한다	만들어져야 한다	
(12) do not make	만들지 않는다	만들어지지 않는다	
(13) did not make	만들지 않았다	만들어지지 않았다	
(14) is going to make	만들 예정이다	만들어질 예정이다	
(15) praise	칭찬한다	칭찬 받는다	
(16) praised	칭찬했다	칭찬 받았다	
(17) will praise	칭찬할 것이다	칭찬 받을 것이다	
(18) must praise	칭찬해야 한다	칭찬 받아야 한다	
(19) is praising	칭찬하고 있다	칭찬 받고 있다	

* make - made <과거> - made <과거분사>

(20) discovered	발견했다	발견되었다	
(21) invented	발명했다	발명되었다	
(22) is painting	그리고 있다	그려지고 있다	
(23) will paint	그릴 것이다	그려질 것이다	
(24) does not paint	그리지 않는다	그려지지 않는다	
(25) did not paint	그리지 않았다	그려지지 않았다	
(26) must paint	그려야 한다	그려져야 한다	
(27) printed	인쇄했다	인쇄되었다	
(28) can print	인쇄할 수 있다	인쇄될 수 있다	

연·습·문·제 26

다음의 국어를 영어로 말하시오.

능 동 태	수 동 태
(1-a) 운반한다 (carry)	(1-b) 운반된다
(2-a) 운반했다	(2-b) 운반되었다
(3-a) 운반할 것이다	(3-b) 운반될 것이다
(4-a) 운반할 수 있다	(4-b) 운반될 수 있다
(5-a) 운반해야 한다	(5-b) 운반되어야 한다
(6-a) 운반하고 있다	(6-b) 운반되고 있다
(7-a) 운반하고 있었다	(7-b) 운반되고 있었다
(8-a) 운반할 예정이다	(8-b) 운반될 예정이다
(9-a) 운반하곤 했다	(9-b) 운반되곤 했다

능 동 태	수 동 태
(10-a) 운반하는 것이 낫다	(10-b) 운반되는 것이 낫다
(11-a) 운반하지 않는다	(11-b) 운반되지 않는다
(12-a) 운반하지 않았다	(12-b) 운반되지 않았다
(13-a) 운반할 수 없다	(13-b) 운반될 수 없다
(14-a) 운반할 필요 없다	(14-b) 운반될 필요 없다
(15-a) 파괴한다 (destroy)	(15-b) 파괴된다
(16-a) 파괴했다	(16-b) 파괴되었다
(17-a) 파괴해야 한다	(17-b) 파괴되어야 한다
(18-a) 파괴하지 않는다	(18-b) 파괴되지 않는다
(19-a) 파괴하지 않았다	(19-b) 파괴되지 않았다
(20-a) 파괴할 것이다	(20-b) 파괴될 것이다

(21-a) 파괴하고 있다	(21-b) 파괴되고 있다
(22-a) 파괴할 필요 없다	(22-b) 파괴될 필요 없다
(23-a) 파괴하고 있었다	(23-b) 파괴되고 있었다
(24-a) 파괴하는 게 낫다	(24-b) 파괴되는 게 낫다
(25-a) 돕는다	(25-b) 도움 받는다
(26-a) 돕지 않는다	(26-b) 도움 받지 않는다
(27-a) 돕지 않았다	(27-b) 도움 받지 않았다
(28-a) 돕고 있다	(28-b) 도움 받고 있다
(29-a) 도와줄 것이다	(29-b) 도움 받게 될 것이다

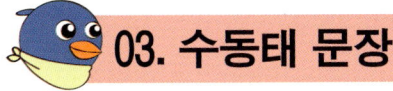
03. 수동태 문장

(1-ㄱ) 콜럼버스가 아메리카대륙을 발견했다.
(1-ㄴ) 아메리카대륙은 콜럼버스에 의하여 발견되었다. } 의 비교

(1-ㄱ)=	Columbus		discovered		America.
(1-ㄴ)=	America	was	discovered	by	Columbus.

* by =~에 의하여 (예를 들면 다음과 같다.)

(1) by me	나에 의하여	(5) by us	우리들에 의하여
(2) by you	너에 의하여	(6) by him	그이에 의하여
(3) by her	그녀에 의하여	(7) by them	그들에 의하여
(4) by Tom	톰에 의하여	(8) by wind	바람에 의하여

(2-ㄱ) 지진이 그 도시를 파괴할 것이다.
(2-ㄴ) 그 도시는 지진에 의하여 파괴될 것이다. } 의 비교

(2-ㄱ)=	An earthquake		will	destroy		the city.
(2-ㄴ)=	The city	will	be	destroyed	by	an earthquake.

(3-ㄱ) 톰은 이 차를 수리하지 않았다.
(3-ㄴ) 이 차는 톰에 의하여 수리되지 않았다. } 의 비교

(3-ㄱ)=	Tom	did not	repair		this car.
(3-ㄴ)=	This car	was not	repaired	by	Tom.

연·습·문·제 27

아래의 우리말을 영어로 말하고 또 쓰시오.

(1-a) 해마다 많은 나무가 심어진다.   ※ many trees가 주어 * every year
(1-b) 해마다 많은 나무가 심어집니까?   ※ (1-a)를 의문문으로
(1-c) 해마다 얼마나 많은 나무가 심어집니까?   ※ How many trees ~ ?
(1-d) 이 나무는 오래 전에 심어졌다.   ※ long ago 오래 전에
(1-e) 이 나무는 오래 전에 심어졌습니까?   ※ (1-d)를 의문문으로 하려면?
(1-f) 이 나무는 언제 심어졌습니까?   ※ (1- e)에서 long ago 대신에 When을 씀
(1-g) 이 나무는 오래 전에 심어진 것은 아니다.   ※ was not인가 did not인가?
(1-h) 해마다 많은 나무가 심어져야 한다.
(1-i) 금년에는 많은 나무가 심어질 것이다.
(1-j) 그 산에 지금 많은 나무가 심어지고 있다.

(2-a) 이 집은 10년 전에 지어졌다.   ※ build - built<과거> - built<과거분사>
(2-b) 이 집은 10년 전에 지어졌습니까?   ※ (2-a)를 의문문으로
(2-c) 이 집은 언제 지어졌습니까?   ※ ten years ago 대신에 When
(2-d) 이 집은 10년 전에 지어지지 않았다.   ※ was not인가 did not인가?
(2-e) 해마다 많은 집이 지어진다.
(2-f) 해마다 많은 집이 지어집니까?
(2-g) 해마다 집이 몇 채 지어집니까?   ※ How many houses ~?
(2-h) 이 집은 누구에 의하여 지어졌습니까?   ※ By whom ~?

(3-a) 제인은 어제 톰의 초대를 받았다.　　　　　　* invite 초대하다
(3-b) 제인은 어제 누구의 초대를 받았느냐?　　　　※ By whom ~?
(3-c) 누가 어제 톰의 초대를 받았느냐?　　　　　　※ Who ~ ?
(3-d) 제인은 톰의 초대를 받지 않았다.
(3-e) 제인은 톰의 초대를 받게 될 것이다.

(4-a) 제인은 누구의 도움을 받게 될까요?　　　　※ By whom ~?
(4-b) 누가 톰의 도움을 받게 될까요?　　　　　　※ Who ~ ?
(4-c) 제인은 톰의 도움을 받곤 했다.　　　　　　※ used to

(5-a) 불경기 때문에 많은 노동자가 해고되었다.　* worker 노동자
　　　　　　　　　　　　　　　　　　　　　　　* because of hard times 불경기 때문에
　　　　　　　　　　　　　　　　　　　　　　　* dismiss 해고하다
(5-b) 불경기로 많은 노동자가 직장에서 해고될 것이다. ※ from work 직장에서
(5-c) 얼마나 많은 노동자가 해고될까요?　　　　　※ How many workers ~?
(5-d) 나의 아버지는 해고되지 않았다.
(5-e) 왜 많은 노동자가 해고되었습니까?　　　　　※ Did ~ 인가? 아니면 Were ~ 인가?
(5-f) 그들은 언제 해고되었습니까?
(5-g) 당신은 곧 해고될 것이다.　　　　　　　　　* before long 곧
(5-h) 불경기에도 불구하고 그는 해고되면 안 된다. ※ in spite of ~에도 불구하고

연·습·문·제 28

아래 문장을 수동태로 전환하시오.

(1-a) John wrote this letter.
(1-b) John wrote these letters.
(1-c) John did not write this letter.
(1-d) Did John write this letter?
(1-e) Who wrote this letter?
(1-f) When did John write this letter?
(1-g) How many letters did John write?
(2-a) My uncle delivers the mail.
(2-b) Does my uncle deliver the mail?
(2-c) Who delivers the mail?
(2-d) When did you deliver the mail?
(2-e) My uncle did not deliver the mail.
(2-f) You must deliver the mail.

(3-a) She sometimes laughs at me without any reason.
(3-b) She will laugh at me.
(3-c) She used to laugh at me.
(3-d) She laughed at me to my face for the idle talk.
(3-e) She did not laugh at me in spite of the idle talk.
(3-f) Did she laugh at you for the idle talk ?
(3-g) Who laughed at you ?
(3-h) Who did she laugh at ?
(3-i) She is laughing at you.
(4)   My answer made her angry.
(5)   We elected him president.
(6)   Mother told me to study hard.

* write - wrote - written (과거분사)

* mail [meil] 우편물
* deliver 배달하다

* laugh at 비웃다
* without any reason 까닭 없이
* for the idle talk 쓸데없는 잡담 때문에
* to my face 맞대놓고

연·습·문·제 29

능동태는 수동태로, 수동태는 능동태로 전환하시오.

(1) The letter was written by my sister.   * write의 과거분사는
(2) Was the letter written by your sister ?   written임
(3) By whom was the letter written ?
(4) When was the letter written by your sister ?
(5) The letter was not written by Jane.
(6) Your car is being fixed by Tom.   * fix 수리하다, 고치다
(7) His speech moved me to study hard.   * speech 연설
(8) Jane asked me to go to the movies.   * ask 요구하다
(9) They saw him crossing the street.   * cross 건너다
(10) The setting sun painted the waves red.   * wave 파도

(11) I was beaten senseless by Tom.   * beat 때리다
(12) Why were you beaten senseless by them ?   * senseless 의식이 없는
(13) By whom was the telephone invented ?   * invent [invént] 발명하다
(14) How many books were published by the company ?   * publish 출판하다
(15) Was Tom bitten by the dog ?   * company 회사
(16) Five hundred people were employed by the company.
    * bite - bit - bitten 물다
(17) The house was washed away by the flood.   * wash away 씻어가다
(18) Fog sometimes holds up airplanes.   * hold up 멈추게 하다, 막다
(19) The wind blew out the candle.   * blew out 불어서 끄다
(20) What caused the accident ?   * candle 촛불

was의 생략   04

『was + 과거분사』에서 was를 생략하면 뜻이 변한다.

(4-ㄱ) 그 편지는 톰에 의하여 쓰여졌다.
(4-ㄴ) 톰에 의하여 쓰여진 그 편지 ⎬ 의 비교

| (4-ㄱ)= | The | letter | was | written | by Tom. |
| (4-ㄴ)= | the | letter | | written | by Tom |

(4-ㄴ)을 이용하여 아래의 작문을 쉽게 할 수 있다.

| (5-ㄱ) | | 그 편지가 | 그녀를 행복하게 해주었다. |
| (5-ㄴ) | 톰에 의하여 쓰여진 그 편지가 (4-ㄴ) | | 그녀를 행복하게 해주었다. |

| (5-ㄱ)= | The letter | made her happy. |
| (5-ㄴ)= | The letter written by Tom (4-ㄴ) | made her happy. |

또 (4-ㄴ)을 이용하여 아래 (6-ㄴ)을 영작할 수 있다.

| (6-ㄱ) | 너는 | | 그 편지를 | 읽을 필요가 있다. |
| (6-ㄴ) | 너는 | 톰에 의하여 쓰여진 그 편지를 | | 읽을 필요가 있다. |

| (6-ㄱ)= | You need to read | the letter. |
| (6-ㄴ)= | You need to read | the letter written by Tom. (4-ㄴ) |

• "나는 톰에 의하여 쓰여진 그 편지를 읽을까 말까 망설였다"의 영작문:
I hesitated to read the letter written by Tom.

(7-ㄱ)에서 was를 버리면 무슨 뜻이 되는지 눈여겨보세요.

(7-ㄱ)	The tree	was planted	long ago by me.
(7-ㄴ)	the tree	planted	long ago by me

(7-ㄱ)= 그 나무는 오래 전에 나에 의하여 심어졌다.
(7-ㄴ)= 　　　 오래 전에 나에 의하여 심어진 　 그 나무

▲ (7-ㄴ)을 다음과 같이 활용할 수 있다.

(8-ㄱ)	The tree	is very beautiful.
(8-ㄴ)	The tree planted long ago by me (7-ㄴ)	is very beautiful.
(8-ㄱ)=	그 나무는	매우 아름답다.
(8-ㄴ)=	나에 의하여 오래 전에 심어진 그 나무는 (7-ㄴ)	매우 아름답다.

진행형에서도 be동사를 버리면 뜻이 변한다.

(9-ㄱ) 그 소년은 대문에 서있다.
(9-ㄴ) 대문에 서 있는 그 소년 ⎫ 의 비교

(9-ㄱ)=	The boy	is	standing	at the gate.
(9-ㄴ)=	the boy		standing	at the gate

(9-ㄴ)을 이용하여 (10-ㄴ)을 영작할 수 있다.

(10-ㄱ)	그 소년은	나의 동생이다.
(10-ㄴ)	대문에 서 있는 그 소년은 (9-ㄴ)	나의 동생이다.
(10-ㄱ)=	The boy	is my younger brother.
(10-ㄴ)=	The boy standing at the gate (9-ㄴ)	is my younger brother.

(7-ㄴ)과 (9-ㄴ)을 이용하여 아래 (11-ㄴ)을 영작할 수 있다.

(11-ㄱ)	그 소년은		그 나무를	좋아한다.
(11-ㄴ)	대문에 서있는 그 소년은 (9-ㄴ)		나에 의하여 오래 전에 심어진 그 나무를 (7-ㄴ)	좋아한다.
(11-ㄱ)=	The boy	likes	the tree.	
(11-ㄴ)=	The boy standing at the gate (9-ㄴ)	likes	the tree planted long ago by me. (7-ㄴ)	

「~은 ~에 있다」라는 문장에서도 be동사를 버리면 뜻이 변한다.

(12-ㄱ) 그 개는 탁자 밑에 있다.
(12-ㄴ) 탁자 밑에 있는 개 ⎫ 의 비교

(12-ㄱ)=	The dog	is	under the table.
(12-ㄴ)=	the dog		under the table.

(12-ㄴ)을 활용하여 (13-ㄴ)을 영작할 수 있다.

(13-ㄱ)   그 개는 영리하다
(13-ㄴ) 탁자 밑에 있는 그 개는 영리하다.
              (12-ㄴ)

(13-ㄱ)=	The dog	is clever.
(13-ㄴ)=	The dog under the table (12-ㄴ)	is clever.

「벽에 있는 그 그림은 피아노를 치고 있는 그 소녀에 의하여 그려졌다」를 영작하려면 아래에 있는 (14-ㄴ)과 (14-ㄹ)을 알아야 한다.

(14-ㄱ) 그 그림은 벽에 있다.
(14-ㄴ) 벽에 있는 그 그림
} 의 비교

(14-ㄱ)=	The picture	is	on the wall.
(14-ㄴ)=	the picture		on the wall

(14-ㄷ) 그 소녀는 피아노를 치고 있다.
(14-ㄹ) 피아노를 치고 있는 그 소녀
} 의 비교

(14-ㄷ)=	The girl	is	playing the piano.
(14-ㄹ)=	the girl		playing the piano

(14-ㄴ)과 (14-ㄹ)을 이용하여 아래 (14-ㅂ)을 영작할 수 있다.

(14-ㅁ)   그 그림은   그 소녀에 의하여 그려졌다.
(14-ㅂ) <u>벽에 있는 그 그림</u>은 <u>피아노를 치고 있는 그 소녀</u>에 의하여 그려졌다.
                    (14-ㄴ)   (14-ㄹ)
} 의 비교

(14-ㅁ)=	The picture	was painted	by the girl.
(14-ㅂ)=	The picture on the wall	was painted	by the girl playing the piano.
	(14-ㄴ)		(14-ㄹ)

연·습·문·제 30

아래의 영문을 해석하시오. (단어의 뜻은 다음 쪽에 있음)

(1-a) The boy was scolded by his mother just now.

(1-b) the boy scolded by his mother just now

(1-c) The boy scolded by his mother just now is doing his homework.

(2-a) A farewell party was held yesterday in honor of the teacher.

(2-b) a farewell party   held yesterday in honor of the teacher

(2-c) The lady is playing the piano.

(2-d) the lady   playing the piano.

(2-e) <u>The lady playing the piano</u> wanted to be invited to
         <small>(2-d)</small>
    <u>the farewell party held yesterday in honor of the teacher</u>.
         <small>(2-b)</small>

(3-a) The doctor is talking with a heavy smoker.

(3-b) the doctor   talking with a heavy smoker

(3-c) The heavy smoker is leaning on your car.

(3-d) the heavy smoker   leaning on your car

(3-e) The car is in front of your house.

(3-f) the car   in front of your house.

(3-g) <u>The doctor talking with a heavy smoker</u> leaning on <u>the car in front of your house</u>
         <small>(3-b)</small>   <small>(3-f)</small>
    likes to advise young smokers to give up smoking.

---

* scold [skould] 꾸짖다   * just now 방금, 방금 전에   * do 하다
* farewell [féərwel] 작별   * party (사교상의) 모임, 파티, 일행   * farewell party 송별회
* hold - held - held 개최하다, 잡다   * heavy [hévi] 심한, 지독한, 무거운
* smoker [smóukər] 흡연자, 담배 피우는 사람   * heavy smoker 골초
* lean [li:n] 기대다 / 수직면에 기대면 lean against ~이고, 수평면에 기대거나 의존한다는 뜻이면 lean on ~을 사용한다.   보기) He leaned against the wall. He leaned on the desk. He leaned on his stick.
* in honor of ~을 존경하는 마음으로, ~을 기리는 뜻으로   * in front of ~의 앞에
* advise [ədváiz] 충고하다   * smoking 흡연, 담배 피우기

연·습·문·제 31

다음의 우리말을 영어로 말하시오.

(1-a) 그 그림은 어제 도둑맞았다. <steal -stole - stolen>
(1-b) 어제 도둑맞은 그 그림
(1-c) 어제 도둑맞은 그 그림은 유명한 화가에 의하여 그려졌다. <a famous artist>

(2-a) 그 도시는 폭격으로 파괴되었다. <폭격 = bombing/ 파괴하다 = destroy>
(2-b) 폭격으로 파괴된 그 도시
(2-c) 그들은 폭격으로 파괴된 그 도시를 떠나기로 결심했다.

(3-a) 그 선생님은 정원에 나무를 심고 있다.
(3-b) 정원에 나무를 심고 있는 그 선생님
(3-c) 그 선생님은 우리들의 존경을 받는다. <존경하다 = respect, look up to>
(3-d) 정원에 나무를 심고 있는 그 선생님은 우리들의 존경을 받고 있다.

(4-a) 그 책은 너의 책상위에 있다.
(4-b) 너의 책상위에 있는 그 책
(4-c) 그 작가는 너의 아버지와 테니스를 치고 있다. (play tennis)
(4-d) 너의 아버지와 테니스를 치고 있는 그 작가
(4-e) 너의 책상위에 있는 책은 너의 아버지와 테니스를 치고 있는 작가에 의하여 써졌다.

(5-a) 그 소녀는 저쪽에서 울고 있다.
(5-b) 저쪽에서 울고 있는 그 소녀
(5-c) 저쪽에서 울고 있는 소녀는 방금 자기의 어머니한테 꾸중을 들었다.

(6-a) 그 어린이들은 그 집에서 숨바꼭질을 하고 있다. <play hide-and-seek>
(6-b) 그 집에서 숨바꼭질을 하고 있는 어린이들 <children>
(6-c) 그 집에서 숨바꼭질을 하고 있는 어린이들은 세상의 근심걱정이 없다.
　　　※ be free from the cares and worries of life

(7-a) 그 집은 고아들을 위하여 1990년에 지어졌다. <고아 = orphan>
(7-b) 1990년에 고아들을 위하여 지어진 그 집
(7-c) 우리들은 1990년에 고아들을 위하여 지어진 그 집을 어제 방문했다.
(7-d) 1990년에 고아들을 위하여 지어진 그 집은 개축이(remodel) 필요하다.

(8-a) 그 연사는 국민의 추앙을 받고 있다. (hold the speaker in esteem)
(8-b) 국민의 추앙을 받고 있는 그 연사 (연사 = speaker) (국민 = all the citizens)
(8-c) 그 연사는 공원에서 연설하고 있다. (연설하다 = make a speech)
(8-d) 공원에서 연설하고 있는 그 연사
(8-e) 그 공원은 우람한(grand) 나무로 둘러싸여 있다. (둘러싸다 = surround)
(8-f) 우람한 나무로 둘러싸여있는 그 공원 (park)
(8-g) 그 우람한 나무들은 100년 전에 어느 예술가에 의하여 심어졌다. (~years ago)
(8-h) 100년 전에 어느 예술가(an artist)에 의하여 심어진 그 우람한 나무들
(8-i) 100년 전에 어느 예술가에 의하여 심어진 우람한 나무들로 둘러싸여 있는 공원에서 연설하고 있는 그 연사는 국민의 추앙을 받고 있습니다.

연·습·문·제 32

다음 문장을 해석하시오. (배운 내용만 가지고 만든 글임)

(1) The governor born in 1960 in the village ruined by communist invaders was elected president.

* governor 도지사, 총독
* ruin [rú:in] 파괴하다, 못 쓰게 만들다 / 멸망
* invader 침략자
* bear - bore - born <낳다>
* communist 공산주의자
* president 대통령, 총재

(2) The gambler found dead in the villa near the lake was suspected to be the murderer by all the people living in the neighborhood.

* gamble 도박하다
* villa [vílə] 별장
* neighborhood [néibərhud] 인근, 근처, 부근
* murderer 살인자, 살인범
* gambler 도박꾼
* suspect 혐의를 두다, ~이 아닐까 하고 생각하다
* murder 살인하다

(3) The passengers wounded in the traffic accident had to be sent to the nearest hospital at once. Many of them were given first aid at the spot.

* passenger 승객, 여객
* accident 사고, 사건
* hospital 병원
* wound [wu:nd] 상처를 입히다, 해치다 / 상처
* traffic accident 교통사고
* first aid 응급조치
* traffic 교통
* nearest 가장 가까운
* spot 현장, 얼룩
* at the spot 현장에서

(4) The soldiers killed in the battle fought at the risk of their nation's existence were trained day and night in the training field for their country.

* soldier [sóuldʒər] 병사, 군인
* fight [fait] 싸우다 - fought [fɔ:t] -fought 싸우다
* risk 모험
* at the risk of ~ 을 걸고
* train 훈련하다
* day and night 밤낮으로
* battle 전투
* fight a battle 전투를 벌이다
* existence [igzístəns] 생존, 존망
* training field 훈련장
* field 들, 논, 밭

LESSON 5

LESSON 5

He looks happy

look(appear, seem) + 형용사 01

(1-ㄱ) 그는 피곤하다.
(1-ㄴ) 그는 피곤한 것 같다. } 의 비교

	주어	동사	형용사	주목해야할 사실
(1-ㄱ)=	He	is	tired.	그는 피곤하다.
(1-ㄴ)=	He	looks	tired.	그는 피곤한 모습이다. (모습이 그렇게 보인다)
=	He	appears	tired.	위와 같음, 단, 보기만 그렇지 피곤하지 않을 수도 있다.
=	He	seems	tired.	그는 피곤한 것 같다. (여러가지 정황으로 보아 그렇게 생각된다)

「look + 형용사」 더 보기:

	주어	동사	형용사(보어)		
1a.	He	looks	young	for his age.	그는 나이에 비해 젊어 보인다.
1b.	He	looks	very ill.		그는 매우 편찮아 보인다. 편찮은 모습이다.
1c.	It	looks	better	at a distance.	그것은 좀 떨어져 보면 더 좋게 보인다.
1d.	He	looks	carefree.		그는 느긋한 표정이다. 느긋해 보인다.
1e.	You	look	happy.		너는 행복한 것 같다. 행복한 표정이다.
1f.	He	looked	shabby.		그는 꼴이 초라해 보였다.
1g.	He	looked	astonished.		그는 놀랜 표정이었다. 놀란 것처럼 보였다.

* for his age 나이에 비하여   * at a distance 좀 떨어진 곳에서
* shabby 오래 써서 낡은, 초라한   * carefree 근심 걱정이 없는, 태평한
* astonish 놀라게 하다

위의 문형에서 보어의 자리에 명사가 있으면 명사 앞에 **like**를 사용한다.

	주어	동사	명사 (보어)	뜻
2a.	It	looked	like a bird.	그것은 새처럼 보였다.
2b.	You	look	like your father.	너는 (모습이) 너의 아버지 같다.
2c.	He	looked	like a beggar.	그는 거지처럼 보였다. 거지 행색이었다.
2d.	She	looked	like another person.	그녀는 딴 사람(인물)처럼 보였다.

• 위의 문장에서 like 의 뜻은 「좋아하다」가 아니라 「~와 같은」이다.

(A) appear의 뜻과 예문:

(1) 외형, 외모가 그렇게 보인다   (2) 외형이나 외모로 보아 그렇게 생각된다.

1. C의 자리에 「be + 형용사」가 오면 to be를 생략하는 것이 좋다. 생략하지 않아도 된다.
2. C의 자리에 「be + 명사」가 오면 to be를 생략하지 않는다.

	주어 (A)	동사 (B)	보 어 (C)			
			to be	형용사	명사	
1a.	He	appears	(to be)	rich.		
1d.	The apple	appears	(to be)	rotten		inside.
2a.	The plan	appears	to be	a good	one.	
2b.	He	appears	to be	a well-bred	person.	

* rotten 썩은, 부패한   * plan 계획   * well-bred 품위 있는, 예의 바른
* person 인물   * inside 내부, 안쪽

2a. 문의 one은 plan대신 쓴 대명사(代名詞)이다. 즉, one = plan이다.

　보기) [문]: Do you have a dog?   [대답]: Yes, I have a very clever one. (one = dog)
　　　　[문]: 너 개 가지고 있니?   [대답]: 그래, 매우 영리한 개 가지고 있어.

My village is a very snug one. (one = village) 나의 마을은 매우 아늑한 마을이다.
I don't like this tie. Show me a better one. 이 넥타이는 마음에 안 들어요. 더 좋은 걸로 보여주세요.

1a.= 그는 부자처럼 보인다. (외모가)   1b.= 그 사과는 속이 썩은 같다. (그렇게 생각된다)
2a.= 그 계획은 좋은 계획인 것 같다.   2b.= 그는 예의 바른 사람처럼 보인다.

1a. 와 1b.를 아래와 같이 고칠 수 있다.

1a. He appears (to be) rich. = It appears that he is rich.
1b. The apple appears (to be) rotten inside. = It appears that the apple is rotten inside.

appear 뒤에 to be가 있느냐 없느냐에 따라 의미가 완전히 달라진다.

				전치사 + 명사	appear의 뜻
3a.	He	appeared	to be	on the stage.	~인 것 같다. ~인 것처럼 생각된다.
3b.	He	appeared		on the stage.	나타났다. 등장했다. * stage 무대
4a.	She	appeared	to be	in despair.	~인 것 같다, ~인 것처럼 생각된다.
4b.	She	appeared		in despair.	나타났다, 등장했다. * despair 절망

3a.= 그는 무대 위에 있는 것 같았다.   3b.= 그는 무대 위에 나타났다. (무대에 등단했다)
4a.= 그녀는 절망에 빠져 있는 것 같았다. 4b.= 그녀는 절망한 모습으로 나타났다.

• 3a와 4a의 appeared 대신에 seemed를 사용할 수 있지만 3b. 4b.의 appeared 대신에 seemed를 사용할 수 없다.

3b. 4b.처럼 사용된 appear의 뜻은 「나타나다」이다.
   (이 경우에는 appear대신에 seem이나 look를 사용할 수 없다)

주어 (A)	나타났다	어디에? 어떻게?, 언제?	뜻
The moon	appeared	on the horizon.	지평선에 달이 떴다. (나타났다)
He	appeared	unexpectedly.	그는 느닷없이 나타났다.
He	appeared	in person.	그는 몸소 나타났다.
She	appeared	after he died.	그녀는 그이가 죽은 후에 나타났다.
A rainbow	appeared	after the rain.	비 온 뒤에 무지개가 떴다.(나타났다)

* horizon 수평선, 지평선   * unexpectedly 불시에, 느닷없이   * in person 몸소
* after ~뒤에, ~한 뒤에

(B) seem의 뜻과 예문:

아래 각 쌍의 문장을 비교해 보자.

	seem	to	be 동사	형용사, 명사, 기타	뜻
He			is	rich.	그는 부자다.
He	seems	to	be	rich.	그는 부자인 것 같다.
He			is	an honest man.	그는 정직한 사람이다.
He	seems	to	be	an honest man.	그는 정직한 사람인 것 같다.
He			is	in Busan.	그는 부산에 있다.
He	seems	to	be	in Busan.	그는 부산에 있는 것 같다.
			일반동사		
He			thinks	so.	그는 그렇게 생각해요.
He	seems	to	think	so.	그는 그렇게 생각하는 것 같소.
She			loves	Tom.	그녀는 톰을 사랑해요.
She	seems	to	love	Tom.	그녀는 톰을 사랑하는 것 같소.

A를 B로 전환할 수 있다.

	A					B		
He	seems	to	be	rich.	=	It seems	that	he is rich.
He	seems	to	be	in Busan.	=	It seems	that	he is in Busan.
He	seems	to	think	so.	=	It seems	that	he thinks so.
She	seems	to	love	Tom.	=	It seems	that	she loves Tom.

It seems that	he	is	in Busan.	그는 부산에 있는 것 같소.
It seems that	he	was	in Busan.	그는 부산에 있었던 것 같소.

연·습·문·제 33

다음 문장을 해석하시오.

(1-a) You   are   so tender   to me.
(1-b) You appear (to be) so tender   to me.

(2-a) It   is   wise for you to do so.
(2-b) It seems (to be)   wise for you to do so.

(3-a) There   is   a misunderstanding   between them.
(3-b) There seems to be   a misunderstanding   between them.

(4-a) Tom   thinks   it (to be) foolish to do so.
(4-b) Tom seems to think it (to be) foolish to do so.

(5-a) It   has   another benefit.
(5-b) It appears to have   another benefit.

* so 매우, 그렇게   *tender 연한, 부드러운, 다정한, 상냥한   * misunderstanding 오해
* between ~사이에 보기) between you and me 너와 나 사이에, between us 우리들 사이에
* another 또 하나의, 딴, // 또 하나, 또 한 사람   * benefit 이익, 은혜

(6-a) She is a kind and tender nurse.
(6-b) She seems (to be) a kind and tender nurse.
(7-a) I am unable to please her.
(7-b) I seem (to be) unable to please her.
(8-a) Nothing helps my headache.
(8-b) Nothing seems to help my headache.
(9-a) I hear someone calling me.
(9-b) I seem to hear someone calling me.

* unable [ʌnéibl] 할 수 없는, be unable to go 갈 수 없다   * please 기쁘게 해주다, 만족시키다
* nothing 아무것도 ~하지 않다   보기) I ate nothing. 나는 아무것도 먹지 않았다. Nothing pleases me. 내 맘에 드는 것은 아무것도 없다.   * headache [hedéik] 두통
* someone 누군가가, 누군가를   보기) Someone seems to help her. 누군가가 그녀를 돕는 것 같다.
* call 부르다

연·습·문·제 34

다음의 우리말을 영어로 말하시오.

(1-a) 그녀는 톰의 누나인 것 같다. (그렇게 생각된다)
(1-b) 그녀는 톰의 누나를 좋아하는 것 같다.
(2-a) 그들 사이에는 사랑이 없다. (There is ~/ between them)
(2-b) 그들 사이에는 사랑이 없는 것 같다. (seems)
(3-a) 나는 그이가 피아노 치는 것을 즐긴다고 말했다.
(3-b) 나는 그이가 피아노 치는 것을 즐기는 것 같다고 말했다.
(4-a) 그이는 중국어와 일본어를 말할 수 있다.
(4-b) 그이는 중국어와 일본어를 말할 수 있는 것 같다.
(5-a) 그녀는 나에게 화가 나있다. (angry, with me)
(5-b) 그녀는 나에게 화가 나있는 것 같다.

(6-a) 제인은 아름답다.
(6-b) 제인은 하얀 옷을 입고 있으면(in white) 아름답게 보인다. (look)
(7-a) 그들을 구한다는 것은 불가능하다. (구하다 = save)
(7-b) 그들을 구한다는 것은 불가능한 것 같다.
(8-a) 그녀는 외롭고(lonely) 슬펐다. (슬픈 = sad)
(8-b) 그녀는 외롭고 슬퍼보였다.
(9-a) 그녀가 너를 좋아하는 것은 당연하다. (당연한 = natural)
(9-b) 그녀가 너를 좋아하는 것은 당연한 것 같다. (seem)
(10-a) 그녀는 건강하고 활력이 넘친다. (healthy, energetic)
(10-b) 그녀는 건강하고 활력이 넘치는 것 같다. (seem, appear)

(11-a) 기다릴 필요 없다. (There is ~/ 필요 = need / 기다리다 = wait)
(11-b) 기다릴 필요가 없는 것 같다. (seem)
(12-a) 그는 그녀의 전화번호를 압니다. (telephone number)
(12-b) 그는 그녀의 전화번호를 아는 것 같다. (seem)
(13-a) 그는 나의 소원을 들어줄 마음의 자세가 되어 있다. (be ready to bend to my wishes)
(13-b) 그는 나의 소원을 들어줄 마음 자세가 되어 있는 것 같다. (seems to ~)
(14-a) 그 사과는 겉은 (on the outside) 멀쩡하다(perfect).
　　　그러나 속은 (inside) 썩었다 (rotten).
(14-b) 그 사과는 겉은 (on the outside) 멀쩡해 보였지만 속은 썩었었다.
(15-a) 그녀는 당신이 그이를 돕는 것은 무익한 일이라고 말했어요.
(15-b) 그녀는 당신이 그이를 돕는 것은 무익한 일 같다고 말했어요.

 prove와 turn out　02

(1-ㄱ) 그녀는 정직한 소녀입니다.
(1-ㄴ) 그녀는 정직한 소녀 같다.
(1-ㄷ) 그녀는 정직한 소녀라는 것이 밝혀졌다.

(1-ㄱ)=	She		is	an honest girl.
(1-ㄴ)=	She	seems	(to be)	an honest girl.
(1-ㄷ)=	She	proved	(to be)	an honest girl.

• seem을 써야할 자리에 prove나 turn out을 사용하면 "~라는 것이 밝혀지다"가 된다.

He proved (= turned out) to be a spy. = 그는 간첩이라는 것이 드러났다.
He turned out (= proved) to be a betrayer. = 그는 배신자라는 것이 밝혀졌다.

* spy [spai] 스파이, 간첩, 탐정 / play the spy 스파이노릇을 하다 / (동사) 감시하다
* betray [bitréi] 배반(배신)하다, (비밀을) 누설하다
* betray a secret to him 그에게 비밀을 누설하다
* betrayer 매국노(= traitor), 배반자(背反者), 배신자(背信者), 밀고자(密告者)

become〈되다〉의 뜻을 가지고 있는 동사들: 03

(A) make : 「~이 된다, 될 것이다, 되었다」라는 문장을 만들려면 become, became을 사용하면 된다. 그런데 make도 "되다"라는 뜻으로 사용되는 경우가 있다.

	A	~이 되다	C		
(가)	She	became	a good wife	for him.	그녀는 그이의 좋은 아내가 되었다.
(나)	She	made	a good wife	for him.	= She made him a good wife.

• make는 C의 자리에 명사가 있어야만 사용할 수 있고 become에는 그러한 제약이 없다.

	A		C			
(다)	She will	become	wiser	than before.	그녀는 과거보다 더 슬기로워 질것이다.	옳음
(라)	~~She~~ ~~will~~	make	wiser	~~than before.~~	※ C의 자리에 명사가 없음	틀림

※ 문장 (다)에서는 become대신에 be를 쓰는 것이 좋다.

(B) go: become은 좋게 되는 것에도 사용하고 나쁘게 되는 것에도 사용하지만 go는 나쁘게 되는 것에만 사용한다. come은 일이 잘 풀려나간다는 뜻을 나타내는 경우가 많다.

	되다	형용사	뜻
(1-ㄱ)	go	blind	장님이 되다, 눈이 멀다, 실명(失明)하다
(1-ㄴ)	go	mad	미치다, 정신이상이 되다
(1-ㄷ)	go	deaf	귀머거리가 되다
(1-ㄹ)	go	bad	썩다, 부패하다, 못쓰게 되다, 상하다
(1-ㅁ)	go	hungry	굶주리게 되다. 헐벗고 살다
(1-ㅂ)	go	dry	(우물, 강 따위가) 마르게 되다, 고갈되다
(1-ㅅ)	go	mouldy	곰팡이 피다, 곰팡이 슬다
(1-ㅇ)	go	bankrupt	파산하다, 빈 털털이가 되다 (= go broke)
(1-ㅈ)	come	true	실현되다, (일이) 현실화되다
(1-ㅊ)	come	loose	(손잡이, 매듭 따위가) 느슨해지다,
(1-ㅋ)	come	right	(일이) 잘되다. 제대로 풀리다

* blind 눈먼   * mad 미친   * deaf 죽은   * dry 건조한, 마른   * mouldy 곰팡이 핀
* bankrupt 파산한   * true 참된, 진실한   * loose (매듭, 조여 놓은 것 등이) 느슨해진, 풀어진

(C) fall : fall = 「떨어지다」이다. 무언가가 낙하하는 데는 시간이 걸리지 않는다.
그래서 갑자기 되는 것이면 fall을 사용하고 시간이 걸려서 되는 것에는 grow를 사용한다.

(2-ㄱ)	fall silent	조용해지다
(2-ㄴ)	fall lame	절름발이가 되다
(2-ㄷ)	fall asleep	잠들다
(2-ㄹ)	fall sick (ill)	병들다
(2-ㅁ)	fall unconscious	의식불명이 되다, 기절하다
(2-ㅂ)	fall a victim to ~	~의 제물이 되다

* fall [fɔːl] 떨어지다, 넘어지다, 되다 * lame [leim] 절름발이의, 불구의
* unconscious [ʌnkánʃəs] 의식을 잃은 * silent [sáilənt] 말없는, 조용한
* asleep [əslíːp] 잠든, 잠들어있는 * victim [víktim] 희생(자), 피해자, 살아있는 제물

(D) grow = 성장하다, 자라다. ※ 성장하듯이 서서히 되는 것에 사용한다.

	되다	형용사	뜻
(3-ㄱ)	grow	fat	(점점) 뚱뚱해지다 * be fat 뚱뚱하다
(3-ㄴ)	grow	cold	(점점) 추워지다, 차가워지다 * be cold 춥다
(3-ㄷ)	grow	angry	(서서히) 약이 오르다, 화를 내다, 화나다
(3-ㄹ)	grow	old	늙어지다, 늙어간다 * be old 나이가 많다
(3-ㅁ)	grow	sleepy	(차츰 차츰) 졸리다, 졸리게 되다
(3-ㅂ)	grow	happier	더 행복해지다 * be happier 더 행복하다

* grow [grou] 성장하다, 되다 * angry [ǽŋgri] 화를 낸, 노한 * fat [fæt] 살찐, 뚱뚱한
* sleepy [slíːpi] 졸리는, 잠이 오는

(E) get, turn, run등에도 「되다」라는 뜻이 있다.

(4-ㄱ)	get wet	젖다, 젖어버리다, 젖게 되다 * be wet 젖어 있다, 축축하다
(4-ㄴ)	get old	늙어지다, 늙어간다 * be old 나이가 많다, 낡았다, ~살이다
(4-ㄷ)	get angry	화를 내다, 노하다 * be angry 화가 나 있다
(4-ㄹ)	turn red	붉어지다, 단풍들다 * be red 빨갛다, 붉은 색이다
(4-ㅁ)	turn pale	창백해지다 * be pale 창백하다
(4-ㅂ)	turn gray	(머리가) 반백이 되다, 하얗게 되다 * be gray 회색이다, 반백이다
(4-ㅅ)	run dry	(강, 개천 따위가) 마르게 되다, 마르다, 건조해지다
(4-ㅇ)	run short	(생필품 따위가) 모자라게 되다, 달리다 * be short 짧다

- (a) get angry at (about) + 사물, 행동, 말, 사건 등 = ~에 화를 내다
- (b) get angry with (at) + 사람 = ~에게 화를 내다

He got angry at my words. 그는 나의 말에 분통을 터뜨렸다.
He was angry at my words. 그는 내말 때문에 화가 나있었다.
He got (was) angry at the incident. 그는 그 사건에 분통을 터뜨렸다.
He got (was) angry at your shameful conduct. 그는 너의 파렴치한 행동에 화를 냈다.
He got (was) angry with you for your laziness.
그는 너의 게으름 때문에 너에게 화가 나 있다.
She was angry with (at) him for coming so late.
그녀는 그가 매우 늦게 와서 그에게 분통을 터뜨렸다.

* wet [wet] 젖은, 축축한   * gray [grei] 회색의, 잿빛의   * short 짧은, 모자라는, 단기간의
* laziness 게으름, 나태 / lazy<게으른>의 명사임   * pale [peil] (안색이) 창백한
* dry [drai] 건조한, 물기 없는   * conduct 행위, 행실   * incident 사건, 부수적인 사건
* shameful 부끄러운, 면목 없는, 치욕적인   * come so late 그렇게 늦게 오다

전치사 뒤에는 동사를 쓸 수 없다. 전치사 뒤에 어쩔 수 없이 동사를 써야 할 경우에는 그 동사에 ing을 붙여야 한다. 그래서 for come 이라 하지 않고 for coming이라고 한 것이다.

* for ~ 때문에   보기) for the rain 비 때문에

연·습·문·제 35

다음 문장을 해석하시오.

(1) Ann fell silent, and rubbed her eyes.
(2) His black look made them fall silent.
(3) He fell asleep at once and did not wake up till nine in the morning.
(4) She fell unconscious on the floor at the news.
(5) The result fell short of our expectation.
(6) He worked too hard, and he fell sick.
(7) Food fell (or ran) short.
(8) We fell (or ran) short of food.

* rub 비비다, 문지르다   * black 험악한   * look 표정   * at once 즉시   * wake (잠이)깨다
* till nine 9시까지   * unconscious 의식이 없는   * floor 바닥   * result 결과
* expectation 기대, 예상   * food 식량, 음식   * fall short of ~이 부족하다, 바닥나다

(9) She is growing quite a pretty woman.
(10) He grew rich but his brother grew poor.
(11) His face grew (or turned, went) pale.
(12) At last the children grew tired and sleepy.
(13) Fashions grow old and die.
(14) His brother grew happier gradually.
(15) He got older, and his memory got worse.
(16) I'm getting colder - please close the window.

* quite [kwait] 아주, 꽤, 무척   * at last 마침내, 결국   * fashion 유행, 풍조, 패션
* die [dai] 죽다   * gradually 서서히, 점차   * memory 기억, 기억력, 추억
* get worse 더 나빠지다   * close [klouz] 닫다

(17) It was apple blossom time, and the days were getting warmer.
(18) She will make a good secretary.
(19) Wool makes good clothing.
(20) She will make him a good wife.
(21) People turn red, pale, or white with anger.
(22) The milk will go sour in a few days.
(23) His hair is turning gray.
(24) She turned pale at the news.
(25) The weather is turning colder.

* blossom (과수의) 꽃　　* day 날, 낮, 하루　　* secretary 비서　　* wool 양털
* clothing 의류　　* anger [ǽŋɡər] 노여움, 화　　* in a few days 2,3일 지나면
* sour [sáuər] 신, 시큼한　　* at the news 그 소식을 듣고　　* brown 갈색(의)

(26) The leaves are turning brown.
(27) The lightning came brilliant and white, flash after flash.
(28) English comes easy after plenty of practice.
(29) It will all come right in the end.
(30) The course of true love never did run smooth.
(31) The stone steps have worn smooth.
(32) Your dream seems to come true.

* lightning 번개　　* brilliant 찬란한　　* flash 번득임　　* flash after flash 번득일 때마다
* practice 연습(하다), 실습(하다)　　* in the end 결국에는　　* course 과정　　* steps 계단
* smooth 매끈한　　* wear smooth 매끈하게 닳다　　* worn은 wear의 과거분사임

※ "have worn"은 4권 현재완료를 참조할 것

연·습·문·제 36

아래의 우리말을 영어로 말하시오.

(1) 날씨가 더 추워지고 있다.
(2) 너는 반역자가 되어서는 안 된다. (turn, become)
(3) 그는 그 불교도에게 기독교인이 되라고 권유했다. (Buddhist, turn, invite)
(4) 그는 마침내 파산했고 설상가상으로 정신이상이 되었다. (at last, what is worse)
(5) 그는 악당이라는 것이 드러났다. (prove, turn out)
(6) 그녀는 좋은 아내가 될 것이다. (make, become)
(7) 그녀는 좋은 아내라는 것이 밝혀지게 될 것이다. (prove, turn out)
(8) 그는 사기꾼이라는 것이 드러났다. (prove, turn out)

* turn (become, get) colder   * traitor 반역자   * rascal 악당
* impostor 사기꾼, 협잡꾼

(9) 열심히 일하시오. 그러면 굶주리지 않을 것이오. (and, go hungry)
(10) 그는 50세에 실명했다. (go blind, become blind, at the age of fifty)
(11) 조만간 날씨가 추워지고 그 잎들은 단풍들 것이다. (sooner or later, get, turn)
(12) 그녀는 그 소식을 듣고 창백해졌다. (at the news, turn pale)
(13) 그 아기는 곧 잠들 것이다.
(14) 과로하지 마시오. 그렇지 않으면 병납니다. (overwork oneself, fall sick)
(15) 2더하기 2는 4다 (4가 된다). (Two and two, make 또는 are)
(16) 이 책은 좋은 읽을 거리가 될 것이다. (make)
(17) 이곳은 좋은 피서지가 될 것이다. (this place, a good summer resort)
(18) 이 김치는 2, 3일 지나면 시어질 것이다. (sour)
(19) 그는 더 늙어졌다. 그리고 그의 기억력은 더 나빠졌다. ※ get (grow) older, memory

* fall asleep 잠들다   * in no time 곧   * good reading 좋은 읽을거리
* in a few days 며칠 있으면

(20) 자네 덜 먹는 게 낫네. 그렇지 않으면 뚱뚱해지네. (eat less, otherwise)
(21) 너와 그녀는 좋은 배필이 될 것이다. (a good couple, make)
(22) 마침내 그 보도는 거짓이라는 것이 드러났다.
(23) 나는 그가 유명한 시인이 될 거라고 생각한다. (a famous poet, become)
(24) 나는 네가 곧 돈이 바닥날 것을 안다. (fall short of, before long)
(25) 그녀가 나에게 화를 내는 것은 당연하다. (get or grow or become angry)
(26) 그녀의 바가지는 더 이상 참을 수가 없게 되었다.
　　 (unbearable, complaints, came to be)(not ~any longer)
(27) 이 양말(socks)은 곧 닳아질 것 같다. (before long, wear, thin)
(28) 그들은 조만간 식량이 바닥날 거라고 말했다. (run short of ~, sooner or later)
(29) 그는 게을러졌다. 그리고 그는 빈 털털이가 되었다. (become lazy, go broke)

* report 보도　　* false 허위의

(30) 가을이구나. 곧 단풍이 들겠지. (will turn)
(31) 너는 우리들의 식량이 바닥날 거라고 생각하니? (run short)
(32) 나는 그 아기가 몇 분 후에는 잠들 거라고 확신합니다. (be sure, in a few minutes)
(33) 과로하지 마라, 그렇지 않으면 병날 것이다. (fall sick)
(34) 그 노파는 걷는 것이 싫어졌다. (old or senile woman, grow weary of)
(35) 그녀는 살이 빠지기를 원했지만 오히려 체중이 늘었다. (lose weight, gain weight)
(36) 그녀는 너무 많이 먹어서 뚱뚱해졌다. (grow fat by eating too much)

smell, taste, sound, feel   04

(1) be동사 대신에 **smell**을 사용하면 「~한 냄새가 난다」이고,
(2) be동사 대신에 **taste**를 사용하면 「~한 맛이 난다」이다.

주어	동사	보어 (형용사)	
This food	is	delicious.	이 음식은 맛있다.
This food	smells	delicious.	이 음식은 맛있는 냄새가 난다.
This food	tastes	delicious.	이 음식은 맛이 좋다.

(A) smell을 이용한 문장들: 보어의 자리에 명사가 오면 그 명사 앞에 **of**를 사용한다.

	주어	동사	보어 (형용사/ 명사)	뜻
(1-a)	The leather	smells	bad.	그 가죽은 고약한 냄새가 난다.
(1-b)	The soup	smells	good.	그 국물은 냄새가 구수하다.
(1-c)	You	smell	sweaty(= of sweat).	너에게서 땀내가 난다.
(1-d)	The food	smells	delicious.	그 음식에서는 맛있는 냄새가 난다.
(1-e)	The food	smells	nasty.	그 음식은 냄새가 고약하다.
(1-f)	Skunk	smells	terrible.	스컹크는 지독한 냄새가 난다.
(1-g)	He	smells	of wine.	그에게서 술 냄새가 난다.
(1-h)	The man	smells	of the rustic.	그 사람은 촌뜨기 티가 난다.
(1-i)	The garden	smells	of lilacs.	그 정원은 라일락 향기가 난다.
(1-j)	He	smells	of treachery.	그에게서 배신의 냄새가 난다.

* **nasty** 불결한   * **rustic** [rʌ́stik] 시골뜨기
* **treachery** [trétʃəri] 배신, 반역, 배반

(B) taste를 이용한 예문: C의 자리에 명사가 오면 그 명사 앞에 of를 사용한다.

	A (주어)	taste	C (형용사, 명사)	뜻
(2-a)	These grapes	taste	sweet and sour.	이 포도는 맛이 새콤달콤하다.
(2-b)	A good medicine	tastes	bitter.	양약은 입에 쓰다.
(2-c)	This kimchi	tastes	superb.	이 김치는 맛이 그만이다. 최고다.
(2-d)	Garlic (마늘)	tastes	sharp.	마늘은 맛이 아리다.
(2-e)	This clam soup	tastes	refreshing.	이 조개 국물은 맛이 개운하다.
(2-f)	This kimchi	tastes	too hot.	이 김치는 맛이 너무 맵다.
(2-g)	The drops (알사탕)	taste	of coffee.	그 알사탕은 커피 맛이다.
(2-h)	This candy	tastes	of ginseng. (인삼)	이 캔디는 인삼 맛이 (난)다.
(2-i)	This soup	tastes	of shrimp.	이 국물은 새우 맛이 (난)다.

- (2-d) = Garlic has a biting and burning taste.
 * bitter (맛이) 쓴, 쓰라린   * superb [supə́:rb] 최상(고)의
 * refteshing 기운을 돋우는, 개운한

PREMIUM 2. of ~

	~ 같은			뜻	
a	angel <천사>	of	a wife	천사 같은	아내
a	mountain <산>	of	a wave	산 같은	파도
a	boy	of	a CEO	소년 같은	CEO
a	beast <짐승>	of	a husband	짐승 같은	남편
a	monster <괴물>	of	a friend	괴물 같은	친구
a	jewel	of	a girl	보석같이 예쁜	소녀
that	fool	of	a man	저 바보같은	사나이

(C) sound를 이용한 예문: be 동사 대신에 **sound**를 사용하면 「~하게 들리다」라는 뜻이 되고 **feel**를 사용하면 「느낌이 ~하다, 또는 ~한 감촉을 준다」라는 뜻이 된다.

	A (주어)	sound	C (형용사)		뜻
(3-a)	The report	is	true.		그 보고서는 사실이다.
(3-b)	The report	seems	true.		그 보고서는 사실인 것 같다.
(3-c)	The report	sounds	true.		그 보고서는 사실처럼 들린다.
(3-d)	The story	sounds	plausible.		그 이야기는 그럴싸하게 들린다.
(3-e)	The story	is	false.		그 이야기는 거짓이다.
(3-f)	The story	sounds	false.		그 이야기는 거짓처럼 들린다.

	A (주어)	sound	C (형용사)		뜻
(3-g)	The bell	is	cracked.		그 종은 깨졌다.
(3-h)	The bell	sounds	cracked.		그 종은 깨진 소리가 난다.
(3-i)	The bell	seems	cracked.		그 종은 깨진 것 같다.
(3-j)	His voice	sounds	resentful.		그이의 목소리는 성난 것처럼 들린다.
(3-k)	Your remark	sounds	reasonable.		너의 단평은 그럴듯하게 들린다.
(3-l)	Her voice	sounded	husky.		그녀의 목소리는 목쉰 소리가 났다.
(3-m)	Her name	sounds	familiar	to me.	그녀의 이름이 귀에 익은 것 같다.

* **cracked** [krækt] 금이 간, 상한
* **resentful** 잔뜩 화가 난, 원망하는
* **reasonable** 이치에 맞는, 사리를 아는
* **familiar** 낯익은, 귀에 익은, 친(밀)한
* **voice** [vɔis] 목소리, 음성
* **remark** 비평, 단평
* **husky** 목쉰(hoarse)

(D) feel를 이용한 예문들: be동사대신에 feel을 사용하면 [느낌이 그렇다]는 것이다.

	동사	형용사	뜻
(4-a)	I was	happy.	나는 행복했다.
(4-b)	I felt	happy.	나는 행복을 느꼈다.

feel cold	한기를 느끼다	feel ashamed	부끄러움을 느끼다
feel sad	슬픔을 느끼다	feel uneasy	불안을 느끼다
feel hungry	공복을 느끼다	feel rough	감촉이 껄끄럽다
feel ill (sick)	몸이 안 좋은 것을 느끼다	feel soft	감촉이 부드럽다
feel angry	분노를 느끼다	feel smooth	감촉이 매끈하다

feel 뒤에 명사를 사용할 수도 있다. 아래의 유익한 표현들을 외워두자.

	명사			형용사	
feel	indignation	분노를 느끼다	feel	languid	나른해지다
feel	admiration	감탄하다(을 느끼다)	feel	heavy	울적하다
feel	hunger	허기를 느끼다	feel	awkward	어색해지다, 어색함을 느끼다
feel	pain	고통을 느끼다	feel	guilty	죄책감을 느끼다
feel	no fear	두려움을 안 갖다(안 느끼다)	feel	confident	자신감을 갖다(느끼다)
feel	hostility	적개심을 품다(느끼다)	feel	faint	어질어질하다
feel	nausea	울렁거리다, 메스껍다	feel	homesick	향수를 느끼다
feel	a chill	오한을 느끼다, 오싹오싹하다	feel	displeased	불쾌하다
feel	pride	자긍심을 갖다, 긍지를 느끼다	feel	mortified	굴욕감을 느끼다, 억울하다
feel	melancholy	우울해지다, 우울하다	feel	annoyed	귀찮다, 애먹다, 속이 타다

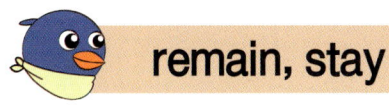
remain, stay 05

remain과 stay는 유사한 의미를 갖는 경우가 있다.
is의 자리에 remain, stay, keep등을 사용하면 뜻이 어떻게 변할까?

		동사	형용사	
(가)	He	is	awake.	그이는 깨어있다.
			silent.	그이는 말이 없다.
			single.	그이는 배우자가 없다.
			young.	그이는 젊다.
(나)	He	remained	single.	그는 여전히 독신으로 살았다.
			silent.	그는 여전히 무언이었다.
	He	stayed	young.	그는 여전히 젊었다.
			neutral.	그는 중립을 지켰다.
			still.	그는 가만히 (움직이지 않고) 있었다.
	He	kept	silent.	그는 침묵을 지켰다.
			cool	그는 침착하게 있었다.

* **remain** 남아 있다, 머물다, 여전히 ~이다
* **stay** 머물다, ~인 채로 있다
* **keep** 늘 ~하다, 유지하다
* **awake** 깨어 있는 (반대 말: **asleep** 잠들어 있는)
* **single** 독신인, 배우자가 없는, 일인용의
* **silent** 말이 없는, 무언의, 고요한

다음의 문장을 비교해보자.

He	was	fat.	그는 비대(뚱뚱)했다.
He	remained	fat.	그는 여전히 비대(뚱뚱)했다.
He	stayed	fat	그는 여전히 뚱뚱했다.
He	kept	fat.	그는 뚱뚱한 몸매를 유지했다.

※ **remained fat**에는 살을 빼기 위하여 무언가를 했음에도 불구하고 여전히 뚱뚱했다는 뜻이 숨어있다.

※ **remained fat**에서 **remained** 대신에 **kept**를 사용하면 뜻이 달라진다. **keep fat**는 뚱뚱한 상태를 유지하고 싶다는 의미가 내재(內在)해 있다. 비대(肥大)한 것이 좋아서 그냥 뚱뚱한 대로 있고 싶은 사람이라면 **kept fat**라고 말할 수 있다.

(A) remain과 keep를 이용한 문장:

A (주어)	동사	C (형용사)	부사	뜻
The congress	remains	idle.		국회는 여전히 공전 중이다.
The country	remained	neutral	in the war.	그 나라는 그 전쟁에서 중립을 지켰다.
He	remained	single	all his life.	그는 평생 혼자(미혼으로) 살았다.
The store	remained	open	until midnight.	그 가게는 자정까지 열려 있었다. (영업했다)
He	remained	firm	in his resolution.	그는 결심이 흔들리지 않았다.
The factory	remains	idle.		그 공장은 (파업으로) 가동을 멈추고 있다.
She	remained	optimistic	about it.	그녀는 그것에 대하여 여전히 낙관했다.

* congress [káŋgres] 국회, 의회
* neutral [njú:trəl] 중립의
* firm [fə:rm] ① 굳건한, 한결같은 ② 회사
* optimistic [àptimístik] 낙관적인, 낙천적인
* idle 놀고 있는, 할 일이 없는, 게으른, 근거 없는
* midnight 밤 12시, 한밤중
* resolution [rèzəlú:ʃən] 결심, 결의

A (주어)	동사	C (형용사)	뜻
Wheat price	remains	low.	밀 가격은 여전히 낮다.
He	remained	motionless.	그는 여전히 부동의 자세로 있었다.
The weather	keeps	fine.	날씨가 여전히 좋다.(쾌청하다)
He	kept	quiet.	그는 침묵을 지켰다.
She	kept	indoors.	그는 계속 집안에 틀어박혀 있었다.

* wheat [hwi:t] 밀
* motionless 움직이지 않는, 부동의
* quiet [kwáiət] 조용한
* low [lou] (온도, 위치, 지위, 가격 등이) 낮은
* weather [wéðər] 날씨   * fine [fain] 좋은, 맑은
* indoors 집안에(서)

 "indoors"는 부사이다.

128 • LESSON 5

(B) stay을 이용한 문장:

			C (형용사)	부사	뜻
Well, I	try to	stay	healthy.		글쎄, 나는 건강유지에 힘쓰거든.
You	have to	stay	calm and patient.		넌 진정하고 참을성이 있어야해.
The bookstore		stays	open	late tonight.	그 서점은 오늘 늦게까지 영업해.
I hope it		stays	fine	for the picnic.	소풍을 위하여 날씨가 맑았으면 좋겠어.
They	can	stay	alive	in the island.	그것들은 그 섬에는 살아 남을 수 있어.
The oil prices		stayed	firm	for two years.	유가가 2년간 흔들리지 않았어.

			C (형용사)	부사	뜻
Young boys	cannot	stay	organized.		소년들은 정돈할 줄 몰라.
	So	stay	tuned.		그러니 채널을 고정한 상태로 둬라.
	Let's	stay	friends.(명사임)		계속 친구로 지내자.
Her complexion		stayed	so beautiful.		그녀의 안색은 언제나 아름다웠다.

* calm [kɑːm] 고요한, 침착한
* alive 살아 있는
* tune [tjuːn] 조율하다, ~에 파장을 맞추다
* patient [péiʃənt] ① 인내심이 강한 ② 환자
* organized 정리된, 조직화된
* complexion [kəmplékʃən] 안색, 피부색

die, live, marry   06

be동사 자리에 die, live, marry, sit, stand, lie, part, come back 따위를 사용하면 뜻이 어떻게 변하는지 눈 여겨 보아라   ※ 모르는 단어는 다음 쪽에 있음

	주어	동사 (be, 일반동사)	보어 (형용사, 명사)	뜻
1)	He	is	young.	그는 젊다.
2)	He	died	young.	그는 요절했다.
3)	He	died	a beggar.	그는 거지로 죽었다.
4)	He	lived	poor.	그는 가난하게 살았다.
5)	He	lived	single.	그는 미혼(혼자 몸으로) 살았다.
6)	He	lived	a bachelor.	그는 총각으로 살았다.
7)	He	married	quite young.	그는 꽤 어린 나이에 결혼했다.
8)	He	sat	motionless.	그는 꼼짝 않고 (부동의 자세로) 앉아 있었다.

	주어	동사 (be, 일반동사)	보어 (형용사, 명사)	
9)	He	stood	motionless.	그는 꼼짝않고 (부동의 자세로) 서 있었다.
10)	He	lay	motionless.	그는 꼼짝않고 (부동의 자세로) 누워 있었다.
11)	He	slept	curled up.	그는 웅크리고 (새우잠을) 잤다.
12)	He	stood	reading.	그는 서서 독서하고 있었다.
13)	He	sat	reading	그는 앉아서 독서하고 있었다.
14)	He	lay	reading.	그는 누워서 독서하고 있었다.

	주어	동사 (be, 일반동사)	보어 (형용사, 명사)	
15)	He	was born	a beggar.	그는 거지로 태어났다.
16)	He	died	a millionaire.	그는 백만장자로 죽었다.
17)	They	parted	friends.	그들은 친구로 헤어졌다.
18)	They	came back	friends.	그들은 친구가 되어 돌아왔다.
19)	He	came back	a humbled boy.	그는 얌전한 소년이 되어 돌아왔다.

* bachelor [bǽtʃələr] 미혼남자   * quite [kwait] 꽤, 제법
* motionless 움직이지 않는, 정지하고 있는, 가만히 있는
* curl [kəːrl] ~를 뒤틀다, 비틀다, 꼬다, curl up 몸을 둥글게 웅크리다
* lie [lai] 과거는 lay [lei] 눕다, ~한 상태에 있다, ~인 채로 있다
* beggar [bégər] 거지   * millionaire [miljənέər] 백만장자
* humble [hʌmbl] ① (자신의 품위, 자존심 따위를) 낮추다   ② 겸손한, 초라한, 보잘 것 없는
* rope [roup] 밧줄   * activity [æktíviti] 활동
* part ① 일부분, 부품   ② 갈라지다, 끊어지다, 갈라놓다, 떼어 놓다

part를 이용한 문장들:

Nothing shall part us. 세상의 그 어느 것도 우리를 갈라놓지 못한다.
The Han River parts at Yangsuri. 한강은 양수리에서 갈라진다.
He parted from his friends. 그는 친구들과 헤어졌다.
The rope parted. 그 밧줄이 끊어졌다.
He takes part in many school activities. 그는 여러 가지 학교 활동에 참가하고 있다.
   ~에 참가하다

take part in과 유사한 말에 want in<~에 끼다>이 있다.

- We go on a picnic tomorrow. Do you want in ?
- 우리 내일 소풍 간다. 너 끼고 싶으냐?

연·습·문·제 37

다음 문장을 해석하시오.

(1) She will make him a good wife.
(2) Oak makes good building material.
(3) She looked (felt) lonely.
(4) She looks melancholy.
(5) They began to talk, but he kept silent.
(6) Vegetables keep fresh in the fridge.
(7) He sat asleep at the desk.
(8) He lay asleep in the straw.
(9) I used to lie awake at night.
(10) He stayed a student all his life.

* oak [ouk] 참나무
* material [mətí(ə)riəl] 재료, 소재
* lonely [lóunli] 쓸쓸한, 외로운
* melancholy [mélənkəli] 우울한
* silent 조용한, 말없는
* vegetable [védʒitəbl] 채소, 야채
* asleep 잠든
* straw [strɔː] 지푸라기, 밀짚, 빨대
* lie awake (잠을 안자고) 깨어 있다
* student 학도, 탐구가, 연구자

(11) We stayed roommates for three years.
(12) The wall stood firm.
(13) He stood loyal to his firm.
(14) He was standing idle.
(15) She sat silent for a moment.
(16) Let us part good friends.
(17) My mouth felt as dry as a bone.
(18) She felt hungry and sad.
(19) I felt happy and comfortable.
(20) Good advice sounds harsh to the ear.

* roommate [rúːmmeit] 동숙인, 합숙자
* firm [fəːrm] 굳건한, 굳센, 공고한
* loyal [lɔ́iəl] 충실한, 성실한
* idle [áidl] 일하지 않는, 빈둥거리는
* for a moment 잠시 동안
* part 헤어지다, 나누다, (머리를) 가르다
* as dry as a bone 목이 바싹 마른
* comfortable [kʌ́mfətəbl] 안락한, 편안한
* harsh 껄껄한, 귀에 거슬리는

(21) The story sounds false.
(22) The story sounds wonderful.
(23) The report sounds plausible.
(24) The song sounds harmonious.
(25) The song sounds very melodious.

* false [fɔːls] 옳지 않은, 그릇된
* wonderful 놀라운, 굉장한, 대단한
* plausible 그럴싸한, 정말 같은
* harmonious [haːrmóuniəs] 잘 조화된
* melodious [melóudiəs] 음악적인

아래 문장의 단어는 맨 밑에 있습니다.

(26) You sound more confident and full of energy.

(27) Well, you don't sound very enthusiastic.

(28) It smells terrible. Did somebody lay one ?

(29) I feel humble in the presence of him.

(30) His explanation sounds fairly plausible to me.

(31) The sound grew fainter and fainter in the distance. 희미해지다

(32) I felt queasy at the sight of a swarm of earthworm. 메스껍다, ~를 보고

(33) It may sound funny (strange, fantastic, great, perfect, interesting).

(34) The story of the adventure sounds great (wonderful, fine).

(35) The old man still remains hale and healthy. 정정하고 건강하다

(36) He remained sober after drinking a gallon of liquor. 맨숭맨숭하다

(37) What do you do to remain (or stay) young ?

(38) They remained faithful to him all the same. 변함없이

(39) My e-mail address will remain unchanged. 변함없다

(40) Subway train's doors are to stay open for 20 seconds at each stop.

(41) The unemployment rate stayed unchanged in June at 3.5%. 실업률

(42) To my surprise, the old cabin remained unchanged. 놀랍게도

(43) I felt a terrible letdown after the party. 지독한 허탈감을 느끼다

(26) confident 확신하는   (27) enthusiastic 열성적인   (28) terrible 무서운, lay (알을) 낳다
(29) humble 초라한, presence 출석, 면전, in the presence of ~의 면전에서
(30) explanation 설명, plausible 그럴 듯한
(31) faint (소리가) 약한, 희미한, in the distance 멀리서
(32) queasy 역겨운, 느글거리는, at the sight of ~를 보고, earthworm 지렁이, a swarm of ~한 떼의
(33) fantastic 환상적인, perfect 완벽한   (34) adventure 모험   (35) hale 정정한, 강건한
(36) sober 맑은 정신의, 술 취하지 않은, liquor 술, a gallon of ~ 한 되의   (38) faithful 충실한
(40) are to = must   (41) unemployment 실직, rate 비율, 율, unemployment rate 실업률
(42) to one's surprise 놀랍게도   (43) letdown 부진, 실망, 굴욕, 감퇴

연·습·문·제 38

다음의 우리말을 영어로 말하시오.

(1) 그 옷은 감촉이 부드럽다. ※ clothes, feel, soft
(2) 그이의 피부는 감촉이 껄끄럽다. ※ skin, rough [rʌf] 껄끄러운
(3) 너 입에서(입김에서) 고약한 냄새가 난다. ※ your breath, smell, nasty
(4) 그 수프는 양파냄새가 난다. ※ soup, onion
(5) 이 약은 맛이 쓰다. ※ medicine, bitter
(6) 이 김치는 맛이 시다. ※ sour
(7) 그이의 이야기는 이상하고 어마어마하게 들린다. ※ strange, wonderful
(8) 그 노래는 이국정취가 풍긴다. ※ sound, exotic 이국적인
(9) 그 노래는 매우 음악적으로 들린다. ※ melodious, song
(10) 그는 거지로 태어나 백만장자로 죽었다. ※ was born, millionaire
(11) 그는 끝까지 충성을 지켰다. ※ faithful, to the last
(12) 그 이야기는 무의미하게 들린다. ※ senseless
(13) 그는 매우 정직한 상인처럼 보였다. ※ merchant 상인
(14) 그는 일생동안 노동자로 살았다. (살았다 = 남아있었다) ※ laborer, all his life

(15) 이 꽃은 냄새가 아주 좋다. ※ sweet 향기로운
(16) 너의 입에서는 (입김에서는) 인삼냄새가 난다. ※ ginseng [dʒinseŋ] 인삼
(17) 그는 진짜 바보 같아 보인다. ※ a perfect fool
(18) 그 경찰관은 호인인 것 같다. ※ a good fellow 호인(好人)
(19) 그는 독신으로 살다 독신으로 죽었다. ※ single 또는 a bachelor
(20) 그는 어느 모로 보나 선생처럼 보인다. ※ every inch 어느 모로 보나
(21) 그는 꼼짝도 하지 않고 서 있었다. ※ motionless
(22) 그는 꼼짝도 하지 않고 앉아 있었다. ※ sit의 과거는 sat
(23) 그 벽은 굳건히 서 있었다. ※ firm 굳건한
(24) 그는 40세에 실명도 하고 귀머거리가 되었다. (deaf) ※ at the age of 40, blind
(25) 그는 젊은 나이에 세상을 떠났다. ※ die 죽다 ※ young

(26) 그는 그녀를 사랑하는 것 같다. ※ seem
(27) 그들의 대화는 과열된 것 같다. ※ conversation, overheated
(28) 이 편지는 여성에 의하여 쓰여진 것 같다. ※ 수동태
(29) 나는 간밤을 뜬 눈으로 새웠다. ※ stay ※ all night
(30) 내 귀에 그녀의 목소리가 들려오는 것 같다. ※ voices / I seem ~
(31) 그는 난데없이 나타났다. ※ from nowhere
(32) 그 옷은 제복처럼 보인다. (appear) ※ clothing, uniform
(33) 그는 부자인 것 같다. (It ~/ He ~) ※ 2가지로
(34) 그녀는 그 파티에 있는 것 같다. ※ at the party / seems
(35) 그녀는 그 파티에 나타났다. ※ appeared
(36) 그가 그 현장에 나타났을 때 꼴이 초라해보였다. ※ at the scene / shabby
(37) 그는 이따금 꼴이 가관이다. ※ terrible
(38) 그녀는 불안하고 핏기가 없어 보인다. ※ uneasy / pale

(39) 비가 올 것 같다. (It ~) ※ look like
(40) 그는 한국의 미래에 대하여 여전히 비관적이었다. ※ pessimistic / remain
(41) 내 핸드폰 번호는 변하지 않았어요. (mobile phone) ※ unchanged
(42) 지진이 발생하면 침착해야 합니다. (in an earthquake) ※ calm / people/ remain, keep
(43) 그들은 적으로 헤어졌으나 친구가 되어 돌아왔다. ※ part / come back
(44) 식사가 준비된 것 같네요. (dinner) ※ ready
(45) 그 부부는 기분이 언짢고 울적해보이네요. (couple) ※ out of sorts / heavy
(46) 오줌을 참는 것은 건강에 나쁜 것 같다. (hold your urine) ※ bad / seem
(47) 그 화장실은 지린내가 심하다. (terribly, water closet) ※ of urine
(48) 그이의 입에서 술내가 난다. 그는 취한 것 같다. ※ drunk / liquor
(49) 그 노래는 슬프고 애처롭게 들린다. ※ sad / pathetic
(50) 그 집에 귀신이 출몰한다는 소문은 그럴싸하게 들린다. ※ hanut/ plausible

LESSON 6

LESSON 6

01 접속사의 역할

문장의 앞에 when, before, after 등을 사용하면 뜻이 어떻게 변하는지 눈 여겨 보자. (1-ㄴ) (1-ㄷ) (1-ㄹ)에 사용된 when, before, after를 접속사라 부른다.

(1-ㄱ)		I got there.	<나는 그곳에 도착했다>
(1-ㄴ)	when	I got there	<내가 그곳에 도착했을 때>
(1-ㄷ)	before	I got there	<내가 그곳에 도착하기 전에>
(1-ㄹ)	after	I got there	<내가 그곳에 도착한 후에>

* when ~할 때   * before ~하기 전에   * after ~ 한 후에

다음의 우리말을 영어로 어떻게 말하는지 눈 여겨 보자.

	종속절	주절
(2-ㄱ)	내가 그곳에 도착했을 때	비가 오기 시작했다. (= It began raining.)
(2-ㄴ)	내가 그곳에 도착하기 전에	비는 그쳤다. (= It stopped raining.)
(2-ㄷ)	내가 그곳에 도착한 후에	비가 그쳤다. (= It stopped raining.)

반가운 영어

앞쪽에 있는 우리말을 다음과 같은 방법으로 영작한다.

	접속사	접속사와 연결할 문장	전하고자 하는 으뜸 정보
(2-ㄱ)=	when	내가 그곳에 도착했다.	비가오기 시작했다.
(2-ㄴ)=	before	내가 그곳에 도착했다.	비가 그쳤다.
(2-ㄷ)=	after	내가 그곳에 도착했다.	비가 그쳤다.

즉, 아래와 같이 영작한다.

	종속절		주절
(2-ㄱ)=	When	I got there,	it began raining.
(2-ㄴ)=	Before	I got there,	it stopped raining.
(2-ㄷ)=	After	I got there,	it stopped raining.

다시 예문을 보자.

한글	접속사	영어	
(1) 내가 그이를 만났을	때		
(2) 내가 그이를 만나기	전에		
(3) 내가 그이를 만난	후에		
(1)의 뜻을 영어로 나타낸 것 ⇨	when	I met him	
(2)의 뜻을 영어로 나타낸 것 ⇨	before	I met him	
(3)의 뜻을 영어로 나타낸 것 ⇨	after	I met him	

아래 문장에 사용된 접속사를 눈 여겨 보아라.

	접속사	나는 그곳에 도착했다.		뜻
(3-ㄱ)	as soon as	I got	there	내가 그곳에 도착하자 오자마자
(3-ㄴ)	because	I got	there	내가 그곳에 도착했기 때문에
(3-ㄷ)	as	I got	there	내가 그곳에 도착했기 때문에
(3-ㄹ)	since	I got	there	내가 그곳에 도착한 이래
(3-ㅁ)	though	I got	there	내가 그곳에 도착했지만
(3-ㅂ)	after	I got	there	내가 그곳에 도착한 후에
(3-ㅅ)	before	I got	there	내가 그곳에 도착하기 전에

	접속사			
(3-ㅇ)	if	he comes	here	그가 이곳에 온다면
(3-ㅈ)	unless	he comes	here	그가 이곳에 오지 않는 다면
(3-ㅊ)	until	he comes	here	그가 이곳에 올 때까지
(3-ㅋ)	in case	he comes	here	그가 이곳에 오는 경우에는
(3-ㅌ)	whether or not	he comes	here	그가 이곳에 오든 안 오든
(3-ㅍ)	while	he lives	here	그가 이곳에 사는 동안
(3-ㅎ)	as long as	he lives	here	그가 이곳에 사는 한

* because [bikɔ́ːz] (1) ~하기(~이기) 때문에, (2) 왜냐하면
* though [ðou] 비록 ~일지라도, 비록 ~할지라도   * after [ǽftər] ~한 후에
* before [bifɔ́ːr] ~하기 전에   * unless [ənlés] ~하지 않는다면
* whether ~하든 안 하든   * while [hwail]~하는 동안

until = till 이다. until은 문어(文語)적이고 till은 구어(口語)적이다.

	주절	종속절	
(4)	Wait here	until	Mother comes back.
=	Wait here	till	Mother comes back.

my mother 또는 your mother 대신에 Mother 라고 쓸 수 있다.

<어머니가 돌아올 때까지 여기서 기다려라>

	종속절		주절	
(5)	Though	he was tired,	he worked hard.	구어체
=	Although	he was tired,	he worked hard.	문어체

<그는 피곤했지만 열심히 일했다>

위의 문장을 아래와 같이 주절을 먼저 쓰고 종속절을 나중에 써도 된다.
He worked hard though he was tired.
　　주절　　　　　　　　　종속절

	주절	종속절		
(6)	He will go	unless	it	rains.
=	He will go	if	it	does not rain.

<비가 안 내리면 그는 갈 것이다>

	주절	종속절		
(7)	You must do it	whether or not	you like it.	
=	You must do it	whether	you like it	or not.

<너는 좋든 싫든 그것을 해야 한다>　　■ or not를 생략해도 된다.

 **주의** 주절에 있는 동사가 ask, know, tell, see, doubt, wonder이면 whether를
「① ~인지 ~아닌지 ② ~하는지 ~안 하는지」로 해석해야 한다.
「~이든, ~이 아니든 또는 ~하든, ~하지 않든」이 아니다.

	주 절	종 속 절
(8-ㄱ)	He will fail in the exam	whether he studies hard or not.
(8-ㄴ)	Please tell me	whether he studies hard or not.

(8-ㄱ)= 그는 열심히 공부하든 안 하든 그 시험에 떨어질 것이다.
(8-ㄴ)= 그가 열심히 공부하는지 안 하는지 나에게 말해다오.

	주 절	종 속 절
(9-ㄱ)	I will not marry him	whether he is rich or not.
(9-ㄴ)	I want to know	whether he is rich or not.

(9-ㄱ)= 나는 그이가 부자이든 아니든 그이와 결혼하지 않겠어요.
(9-ㄴ)= 나는 그이가 부자인지 아닌지 알고 싶다.

또, ask, know, tell, see, doubt, wonder 뒤에 오는 if는 「①~인지 ~아닌지
②~하는지 ~안 하는지」라고 해석해야 한다. 즉, if = whether or not이다.

	주 절	종 속 절	
(10-ㄱ)	She can do it	if	Tom helps her.
(10-ㄴ)	Do you know	if	Tom helps her?
(10-ㄷ)	Do you know	whether or not	Tom helps her?
(10-ㄹ)	I wonder	if	Tom is rich.
(10-ㅁ)	I wonder	whether or not	Tom is rich.

(10-ㄱ)= 톰이 그녀를 돕는다면 그녀는 그것을 할 수 있다.
(10-ㄴ) (10-ㄷ)= 톰이 그녀를 돕는지 안 돕는지 너는 아느냐?
(10-ㄹ) (10-ㅁ)= 나는 톰이 부자인지 아닌지 궁금하다.

* see ~를 알다   * doubt 의심하다   * wonder ~이 궁금하다

will을 써야할까 안 써야할까? 02

① **when의 경우:**

a) when의 뜻이 (1)~하면 (2) ~할 때 (3) ~하거든 (4) ~하면 그때인 경우에는 will을 사용하지 않는다. (이런 뜻을 가지면 부사절이다)

b) when의 뜻이 『언제 ~할지』이면 will을 사용해야한다. 『언제 ~했는지』이면 will을 사용할 수 없다. 왜냐하면 과거이니까. (이런 뜻을 가지면 명사절이다)

| (11-ㄱ) | Stop | writing | when | the bell | | rings. (부사절) |
| (11-ㄴ) | Ask | him | when | the bell | will | ring. (명사절) |

(11-ㄱ)= 종이 울리면, (울리면 그때에는) 쓰기를 멈추시오.
(11-ㄴ)= 종이 언제 울릴지 그에게 물어보세요.

예문 추가	Come in	when	the bell		rings.	종이 울리거든 (울리면 그때) 들어오너라.
	Tell me	when	the bell	will	ring.	종이 언제 울릴지 나에게 말해라.
	Tell me	when	the bell		rang.	종이 언제 울렸는지 나에게 말해라.

will대신에 would를 사용해야 하는 경우:

주절의 동사 (아래 문장에서는 ask가 주절의 동사임)가 과거이면 종속절에서 will을 사용할 수 없다. would를 사용해야한다.

		주절의 동사		종속절의 동사	
(12-ㄱ)		Ask (현재)	him when the bell	will	ring
(12-ㄴ)	I	asked (과거)	him when the bell	would	ring.

(12-ㄴ)= 나는 종이 언제 울릴지 그에게 물어보았다.

will 대신에 would를 사용한 문장 더 보기:

• I knew that he would help you.   <나는 그이가 너를 도와줄 거라는 것을 알고 있었다.>
• I expected that she would pass the exam. <나는 그녀가 그 시험에 합격할 거라고 예상했다.>

아래에 또 하나의 예문이 있다.

(13-ㄱ) I will see him   when he   comes back.
(13-ㄴ) I wonder   when he will come back.

(13-ㄱ)= 그가 돌아오면 그때 나는 그를 만나볼 겁니다.
(13-ㄴ)= 그이 언제 돌아올까? (=나는 그이가 언제 돌아올지 궁금하다)

wonder + wh-에 관한 예문 더 보기 :

I wonder	who	he is.	그가 누구일까? (궁금하다)
I wonder	what	happened.	무슨 일이 일어났을까? (과거)
I wonder	what	will happen.	무슨 일이 일어날까? (미래)
I wonder	why	he came back.	왜 그가 돌아왔을까?
I wonder	where	I am.	여기가 어디일까?
I wonder	how	he escaped.	그가 어떻게 도망했을까?
I wonder	that	you were able to escape.	네가 도망갈 수 있었다니 놀랍다.

2 if 의 경우

a) if의 뜻이 「~한다면」이면 will을 사용할 수 없다.
b) if의 뜻이 「~할지 ~하지 않을지」이면 will을 사용해야한다.

(14-ㄱ) He'll succeed   if he   studies   hard. 미래지만 will 안 씀
(14-ㄴ) Tell me   if he   studies   hard. 현재
(14-ㄷ) Tell me   if he   studied   hard. 과거
(14-ㄹ) Tell me   if he will study   hard. 미래이므로 will 씀

(14-ㄱ)의 뜻 : 그가 열심히 공부하면 그는 성공할 것이다. (부사절)
(14-ㄴ)의 뜻 : 그가 열심히 공부하는지 나에게 말해라. (현재이므로 will 사용할 수 없음)
(14-ㄷ)의 뜻 : 그가 열심히 공부했는지 나에게 말해라. (과거이므로 will을 사용할 수 없음)
(14-ㄹ)의 뜻 : 그가 열심히 공부할건지 나에게 말해라. (미래이므로 will을 사용해야 함)

3 whether의 경우

will을 사용할 수 없는 경우	~하든 ~안 하든	보기: 가든 안 가든
will을 사용해야 하는 경우	~할지 ~하지 않을지	보기: 갈지 안 갈지

(15-ㄱ) We shall go   whether she   goes   or not.
(15-ㄴ) I want to know whether she will go   or not.

(15-ㄱ)= 그녀가 가든 안 가든 우리는 갈 겁니다.
(15-ㄴ)= 나는 그녀가 갈 건지 안 갈 건지 알고 싶다.

예문 추가 :

Whether he goes or not (부사절임), the result will be the same.
<그가 가든 안 가든 결과는 같아 질 것이다.>

Whether she will go to him or he will come to her will not matter much.
          주어 (주어이므로 명사절임)   크게 문제가 된다
<그녀가 그이한테 가든 그이가 그녀한테 오든 별로 문제되지 않을 것이다>

위의 문장을 아래와 같이 고쳐도 된다.

It will not matter much whether she will go to him or he will come to her.
가주어   진주어
<그녀가 그이한테 가든 그이가 그녀한테 오든 그것은(It) 별로 문제 되지 않을 것이다.>

주어와 be동사의 생략   03

다음의 각 쌍의 문장은 동일한 뜻을 가지고 있다.

	종속절			주절	
(16)	Whether	he is	sick or well,	he	is always cheerful.
=	Whether		sick or well,	he	is always cheerful.

<그는 몸이 불편하든 편하든 늘 쾌활하다.>

• 주절의 주어와 종속절의 주어가 동일인물(同一人物)이고 종속절의 동사가 be동사이면 종속절의 주어와 be동사는 생략할 수 있다.

	주 절		종 속 절		
(17)	Tom	was rather weak	when	he was	a boy.
=	Tom	was rather weak	when		a boy.

<톰은 소년시절에는 약간 허약한 편이었다.> (Tom = he)

	종 속 절			주 절	
(18)	Although	Jane is	poor,	she	is happy.
=	Although		poor,	she	is happy.

<제인은 가난하지만 행복하다.> (Jane = she)

	주 절			종 속 절	
(19)	The two boys	fell asleep	while	they were	doing their homework.
=	The two boys	fell asleep	while		doing their homework.

<그 두 소년은 숙제를 하다가 (하는 동안에) 잠이 들었다.> (the two boys = they)

	주어	주 절	종 속 절
(20)	주어는?	Stay here until	you are called for.
=	주어는?	Stay here until	called for.

<부를 때까지 이곳에 머물러 있어라.>

명령문의 주어는 **you**다. 그러나 일반적으로 생략한다. 즉, **stay** 의 주어는 **You**이다.

		주 절	종 속 절
(21)	My father	works till late at night unless	he is too tired.
=	My father	works till late at night unless	too tired.

<나의 아버지는 지나치게 피곤하지만 않으면 밤 늦게 까지 일한다.> (my father = he)

(22)	We	are safe while we are	in his care.
=	We	are safe while	in his care.

<우리들이 그이의 보호를 받고 있는 동안은 우리는 안전하다.>

연·습·문·제 39

다음 문장을 해석하시오.

(1) He exclaimed when he saw me.   * exclaim 외치다
(2) It is cold when it snows.   * get married 결혼하다
(3) He got married when he was quite young.   * quite 완전히, 제법
(4) She blushes when you praise her.   * blush (얼굴이) 붉어지다
(5) I don't know whether he is able to come.   * praise 칭찬하다
(6) Whether he helps you or not, you will fail.   * fail [feil] 실패하다
(7) Whether rich or poor, all must die.   * must 틀림없이 ~한다
(8) It is not clear whether he is able to come or not.   * clear 명백한, 맑은
(9) As soon as he was out of sight, she entered the house.   * out of sight 안 보이는
(10) He started as soon as he received the news.   * receive 받다

(11) As soon as he saw me, he ran away.   * run away 달아나다
(12) Walk on until you come to a bridge.   * on 계속하여
(13) There is an hour till the plane takes off.   * take off 이륙하다
(14) I will wait here until the concert is over.   * is over 끝나다
(15) She waved her hand until his train was out of sight.   * wave (손을) 흔들다
(16) We do not know the value of health until we lose it.   * value 값어치
(17) Tom cleans his teeth before he goes to bed.   * clean 청소하다
(18) He died before I was born.   * teeth 치아들 <tooth>
(19) It will not be long before spring comes.   * long 오랜 시간
(20) I must finish my work before I go home.   * finish 끝내다

(21) I told them after you left.   * left 떠났다 \<leave\>
(22) I shall arrive after you leave.   * arrive 도착하다
(23) After he goes, we shall eat.   * shall ~할 것이다
(24) He didn't go because it rained hard.   * late 늦은, 늦게
(25) Because we were late, we hurried.   * hurry 서두르다
(26) We didn't stay long because it was too cold.   * stay 머물다
(27) It is true because I say it is true.   * true [tru:] 진실한, 참된
(28) If you are hungry, it is because you didn't eat.   * ready [rédi] 준비가 된
(29) As he wasn't ready in time, we went without him.   * without ~없이
(30) As it was getting dark, we had to go home.   * get dark 어두워지다

(31) As you are sorry, I'll forgive you.   * forgive 용서하다
(32) As I am ill, I will not go.   * be sorry 미안하게 생각하다
(33) The thought occurred to me as I was coming here.   * occur to (마음에) 떠오르다
(34) All the way he prayed (to God) as he walked.   * pray (신에게) 기원하다
(35) As it grew darker, it became colder.   * as ~함에 따라, ~하면서
(36) I sang as I went along.   * along 앞으로, 전방으로
(37) It is just a year since he died.   * just 꼭
(38) How long is it since I first met you ?   * first 맨 처음에, 처음으로
(39) Since it was raining, she took an umbrella.   * umbrella 우산
(40) Since we have no money, we can't buy it.   * since ~하기 때문에

(41) While there is life, there is hope.　　* hope 희망
(42) Strike while the iron is hot.　　* strike 치다　* iron 쇠
(43) Make hay while the sun shines.　　* hay 건초, 말린 풀
(44) While (I was) napping, I had a strange dream.　　* nap 선잠 자다, 졸다
(45) I will not go unless the weather is fine.　　* dream 꿈　* strange 이상한
(46) You will fail unless you work hard.　　* fail 실패하다
(47) We shall leave tomorrow unless it rains.　　* rain 비, 비 내리다
(48) He did not speak unless (he was) spoken to.　　* speak to ~에게 말을 걸다
(49) Let me know in case you are not coming.　　* happen 발생하다
(50) In case anything happens, call me at once.　　* at once 즉시, 당장
(51) In case I forget, remind me of my promise.　　* remind 생각나게 하다

(52) The game is easy, once you learn the basic rules.　　* basic 기본적인　* rule 규칙
(53) Once you show any fear, he will attack you.　　* fear 공포심　* attack 공격하다
(54) Once you hesitate, you are lost.　　* hesitate 망설이다
(55) Once (you go) across the river, you are safe.　　* safe 안전한
(56) Though it was very late, he went on reading.　　* go on -ing 계속해서 ~하다
(57) Though he said so, you need not believe him.　　* him 그이의 말
(58) Although it rained, they went on the hike.　　* hike 도보여행
(59) Although it sounds strange, yet it is true.　　* yet 그래도, 그러나

(60) I will stay here as long as I like.
(61) I will help you as long as I live.
(62) I don't care what happens so long as you are here.
(63) You can stay here so long as you are quiet.
(64) Now that you know his mind, what will you do?
(65) I like it better now that I'm used to it.
(66) Now that he is over seventy, he is going to retire.
(67) Now that we have nothing to do, let's go.

* don't care 상관없다, 알게 뭐야
* happen 발생하다
* quiet 정숙한, 고요한
* mind 마음
* be used to ~에 익숙하다
* retire 은퇴하다, 물러가다
* nothing 영, 무(無)

(68) I fasted and wept while he was still alive. I thought that the Lord might be merciful to me and not let the child die. But now that he is dead, why should I fast? Could I bring the child back to life? I will some day go to where he is, but he can never come back to me. <2 Samuel 12:22-23>

* fast 단식하다   * wept 울었다
* still 아직도   * alive 살아있는
* Lord 주님   * merciful 자비로운
* bring 가져오다
* bring ~back to life 소생시키다
* some day 언젠가
* where he is 그가 있는 곳에

(69) If you are lazy, you will never get what you are after, but if you work hard, you will get a fortune. Righteousness is the road to life; wickedness is the road to death.
<Proverb 12:27-28>

* lazy 게으른
* be after ~을 추구하다
* fortune 큰 재산, 운(수)
* righteousness 정의
* road 길   * life 생명
* wickedness 악

PRACTICE

150 • LESSON 6

반가운 영어

연·습·문·제 40

다음의 우리말을 영어로 말하시오.

(1) 그가 죽었을 때
(2) 그가 죽었기 때문에
(3) 그가 죽은 후에 (그는 죽었음)
(4) 그가 죽은 후에 (그가 아직 살아있다면)
(5) 그가 죽기 전에 (그가 현재 살아있다면)
(6) 그가 죽자마자 (그는 죽었음)
(7) 그가 죽자마자 (그가 아직 살아있다면)
(8) 그가 죽는다면 (그는 현재 살아있음)
(9) 그가 죽지 않는다면 (그는 현재 살아있음)
(10) 그는 죽었지만

(11) 그가 죽든 안 죽든 (그가 아직 살아있다면)
(12) 그가 죽을 때까지 (현재 살아있음)
(13) 그가 죽을 경우에는 (현재 살아있음)
(14) 나는 네가 떠난 후에 도착했다.　　　　　※ leave / arrive
(15) 나는 그녀에게 음악을 좋아하는지 물어보았다.　　※ music
(16) 모든 것은 우리가 충분한 돈을 가지고 있느냐에 달려있다.　※ depend on / enough
(17) 나는 그이가 부자인지 부자가 아닌지 모른다.
(18) 나는 그가 부자이든 부자가 아니든 결혼하지 않겠어요.　※ marry
(19) 나는 그이가 부자이기 때문에 결혼하지 않겠어요.　※ will not marry
(20) 너는 열심히 공부하니까 그 시험에 합격할 것이다.　※ exam/ pass

(21) 네가 열심히 공부하면 그 시험에 합격할 것이다.　　※ pass/ succeed in
(22) 그는 열심히 공부했지만 그 시험에서 낙방했다.　　※ fail (in)
(23) 내가 정거장에 도착하자마자 기차가 출발했다.　　※ started
(24) 너는 어머니가 돌아올 때까지 여기서 기다려야한다.　　※ wait/ come back
(25) 그는 과업을 완수하기 전에 죽었다.　　※ accomplish/ task
(26) 그이의 아버지는 그이가 태어나기 전에 죽었다.　　※ was born
(27) 잠자리에 들기 전에 이를 닦으시오.　　※ clean/ teeth/ go to bed
(28) 목숨이 있는 동안은 희망이 있다.　　※ life / hope / while
(29) 그는 숙제하다가(숙제하는 동안) 잠이 들었다.　　※ fall asleep
　　※ do -'s homework
(30) 비가 올 것에 대비하여 우산을 가지고 가라.　　※ in case / take an umbrella

(31) 펑크날것에 대비하여 나는 스페어타이어를 가지고 다닌다.　　※ in case / a spare tire
　　(have a flat tire, have a puncture)　　* carry 휴대하다
(32) 어머니는 일하시면서 노래한다.　　※ as ~하면서
(33) 나는 지니고 나온 돈이 없었기 때문에 그것을 살 수 없었다.　　* have money with me
　　몸에 돈을 지니다
(34) 나는 비가 올 때는 집에 머문다.　　※ stay at home / it rains
(35) 나는 가난하지만 행복하다.　　※ though
(36) 열심히 공부하는 한 너는 그 시험을 걱정할 필요 없다.　　※ as long as / worry about
(37) 곧 봄이 올 것이다.　　※ it will not be long ~
(38) 열심히 공부하지 않으면 너는 실패할 것이다.　　※ if나 unless
(39) 그녀는 나를 보자마자 왈칵 울어버렸다.　　※ as soon as
　　※ burst into tears
(40) 필요하다면 제가 다시 오겠습니다.　　※ if (it is) necessary

(41) 우리가 그들을 구한다는 것은 불가능한 것 같다.　　　※ seem impossible
(42) 그들은 원수로 헤어져 친구로 돌아왔다.　　　　　　　※ part enemies
(43) 그는 40세에 파산했고 50세에 실명했다.　　　　　　 ※ go bankrupt / go blind
(44) 나는 그에게 열심히 공부하라고 말했다.　　　　　　 ※ told를 사용함
(45) 나는 그이가 열심히 공부한다고 말했다.　　　　　　 ※ said that를 사용함
(46) 나는 그녀가 피아노 치는 소리를 들었다.　　　　　　 ※ her play
(47) 나는 그녀가 피아노를 치고 있는 소리를 들었다.　　　 ※ her playing
(48) 나는 그녀가 피아노를 치고 있다는 말을 들었다.　　　 ※ that she was ~
(49) 그것은 비린내가 난다.　　　　　　　　　　　　　　※ smell fishy
(50) 그녀는 피아노 치기를 끝냈을 때 쉬고 싶다고 말했다.　 ※ finish ~ing / have a rest

Bonus　festival (축제)에 관련된 영어

big (huge)	festival	대 축제	annual	festival	1년에 한 번인 축제
three-day	festival	3일간의 축제	spring	festival	봄 축제
local	festival	지방(지역) 축제	dance	festival	무답(舞踏)제
village	festival	마을축제	art	festival	예술제
outdoor	festival	야외축제	theater	festival	연극제
cultural	festival	문화축제	Hindu	festival	힌두교의 축하행사
film	festival	영화제	flower	festival	꽃 축제
music	festival	음악제	wine	festival	포도주 축제

* have (hold) a festival 축제를 열다
* host a festival 축제를 주최하다
* run a festival 축제를 운영하다
* sponsor a festival 축제를 후원하다

연·습·문·제 41

(a) (b) 중에서 어느 것이 옳은가요?

(1) (a) You will miss the bus unless you **walk** more quickly.
(b) You will miss the bus unless you will walk more quickly.

(2) (a) I will go if it **is** fine tomorrow.
(b) I will go if it will be fine tomorrow.

(3) (a) Do you know if he **comes** ? (올 건지 안 올 건지)
(b) Do you know if he will come ?

(4) (a) I will tell him so if he **comes**.
(b) I will tell him so if he will come.

(5) (a) Can you tell me when Mother **comes** back ? (언제 돌아올 건지)
(b) Can you tell me when Mother will come back ?

(6) (a) We will eat when he **comes**.
(b) We will eat when he will come.

(7) (a) I don't know whether he **succeeds** or not.
(b) I don't know whether he will succeed or not.

(8) (a) Whether we **win** or lose, we must play fair.
(b) Whether we shall win or lose, we must play fair.

* miss 빗나가다, 보고도 놓치다, 그리워하다, ~이 없음을 알아채다 / They will miss each other. <그들은 헤어지면 서로 그리워할 것이다.>, I suddenly missed my purse. <나는 문득 지갑이 없어졌음을 깨달았다.>
* quickly [kwíkli] 서둘러, 빨리   * fine [fain] 맑게 갠, 멋진, 우수한, 미세한
* so [sou] 그렇게, 그래서, 매우   * succeed [səksíːd] 성공하다
* fair [fɛər] 공정한, 공정하게 / play fair 공정하게 경기하다, 정정당당하게 경기하다
* I shall, we shall에서는 shall을 <~할 것이다>로 해석한다. / We shall succeed. <우리는 성공할 것이다>, I shall miss you. <나는 너를 그리워하게 될 것이다, 네가 보고 싶어질 것이다>

and, but, or   04

(A) and의 용법

> (1) ~과 ~, ~와 ~, ~랑 ~, 그리고, 또

(1-a) He and I are good friends. <명사 and 명사>
(1-b) They are man and wife. <명사 and 명사>
(1-c) He drove slowly and carefully. <부사 and 부사>
(1-d) There are many temples in and around the city. <전치사 and 전치사>
(1-e) Two and two make(s) four. = Two and two are (is) four.
(1-f) We knocked and knocked. <동사 and 동사>

(1-a)= 그이와 나는 사이좋은 친구다.
(1-b)= 그들은 부부간이다.
(1-c)= 그이는 천천히 그리고 조심조심 운전했다.
(1-d)= 그 도시 안에 또 주변에 많은 사찰이 있다.
(1-e)= 2 더하기 2는 4다.
(1-f)= 우리들은 노크하고 또 노크했다 (계속해서 노크했다).

> (2) both A and B = at once A and B = A 와 B 둘 다

(2-a) He can speak both English and French.
(2-b) The book is at once interesting and instructive.

(2-a)= 그이는 영어와 프랑스어 둘 다 말할 수 있다.
(2-b)= 그 책은 재미있고 게다가 유익하다.

(3) 「명령문 + and」에서는 and = 「그러면」이다.

(3-a) Work hard, and you will pass the exam.
   <열심히 공부해라, 그러면 너는 그 시험에 합격할 것이다.>
   ※ 비교) If you work hard, you will pass the exam..
     <너 열심히 공부하면 그 시험에 합격할 것이다.>
(3-b) Talk of the devil, and he will appear.
(3-c) A little more capital, and you will succeed.
(3-d) One step farther, and you are a dead man.

 (3-b)= 악마에 대하여 말해보아라. 그러면 악마가 나타날 것이다.
   (호랑이도 제 말하면 나타난다)
 (3-c)= 자본이 조금만 더 있어봐라, 그러면 너는 성공할 것이다.
 (3-d)= 한 발걸음만 더 앞으로 나아가 보아라. 그러면 너는 죽는다.

(4) nice (fine, good, rare) and + 형용사」에서
 nice (fine, good, rare) and = very

(4-a) It is nice and (= very) warm. <nice and [náisn]>
(4-b) He is fine and healthy. (= He is very healthy.)
(4-c) He works good and hard. (= He works very hard.)
(4-d) I am rare and hungry. (= I am very hungry.)

 (4-a)= 이곳은 매우(기분 좋을 정도로) 따뜻하다.
 (4-b)= 그이는 매우 건강하다.
 (4-c)= 그는 매우 열심히 일한다.
 (4-d)= 나는 매우 배가 고프다.

(5) try and + 동사 = try to + 동사

(5-a) Come and see me. = Come to see me.
(5-b) Send and fetch it. = Send to fetch it.
(5-c) Try and shoot it. = Try to shoot it. * shoot it 그것에 명중하다
(5-d) Mind and write to me. = Remember to write to me.

(5-a)= 나를 보러 오세요.
(5-b)= 그것을 가져오기 위하여 사람을 보내세요.
(5-c)= 그것을 명중(命中)시켜보세요.   * shoot at it 그것을 겨냥해 쏘다 (안 맞았음)
(5-d)= 기억하고 있다가 (잊지 말고) 나에게 편지를 쓰세요.

(6) and = 별의별, 가지가지 (명사의 복수 and 명사의 복수)

(6-a) There are books and books. 책에는 별의별 책이 다 있는 거야.
(6-b) There are lies and lies. 거짓말에는 별의별 거짓말이 있는 거야.
(6-c) There are teachers and teachers. 별의별 선생이 다 있는 거야.

(7) 「A and B」에서 B가 A의 일부인 경우가 있다.

이 경우 「A and B」전체를 단수 취급한다.

(7-a) Bread and butter 버터 바른 빵 <이 경우 butter는 bread의 일부에 지나지 않음>
(7-b) brandy and water 물 탄 브랜디 <이 경우 water는 brandy의 일부에 지나지 않음>
(7-c) a watch and chain 줄 달린 시계 <줄은 시계의 일부다>
(7-d) a carriage and four 네 마리가 끄는 마차 (4두 마차)

(8) and를 「그러나」로 해석할 수 있는 경우

(8-a) He promised to come, and didn't. 그는 오겠다고 약속했으나 오지 않았다.
(8-b) He tried hard and he failed. 그는 피나는 노력을 했으나 실패했다.

(B) but의 용법

(1) 그러나, 그런데도

(9-a) He is rich, but he is not happy.
(9-b) He may be right, but I don't think so.
(9-c) He works hard, but he is very poor.
(9-d) He worked fast, but he seldom made mistakes.

(9-a)= 그는 부자다. 그러나 그는 행복하지 않다.
(9-b)= 그의 말이 옳을지도 모른다. 그러나 나는 그렇게 생각하지 않는다.
(9-c)= 그는 열심히 일한다. 그러나 (그런데도) 그는 매우 가난하다.
(9-d)= 그는 일솜씨가 빨랐다. 그러나 (그런데도) 그는 실수하는 일이 거의 없었다.

(2) ㉠ ~를 제외하고(= except, save)   ㉡ 오직, ~뿐, 단지 (only)

(10-a) All but Tom helped me. <톰을 제외하고>
(10-b) Nobody else went but me. <나를 제외하고>
(10-c) He is the last but one in the class. <한 사람을 제외하고>
(10-d) Busan is the largest city but one in Korea. <하나를 제외하고>
(10-e) He is but (= only) a child.
(10-f) I spoke but in jest.

(10-a)= 톰을 제외하고 모든 사람들이 나를 도와주었다.
(10-b)= 나를 제외하고는 아무도 가지 않았다.
(10-c)= 그이는 그 반에서 꼴찌에서 두 번째다. <하나를 제외하면 꼴찌다>
(10-d)= 부산은 한국에서 두 번째로 큰 도시이다. <하나를 제외하면 제일 크다>
(10-e)= 그는 단지 아이에 불과하다.
(10-f)= 나는 다만 농담으로 말한 것입니다.   * in jest 농담으로

(3) not A but B = A가 아니라 B

		not	A	but	B
(11-a)	He is	not	a singer	but	a talent.
(11-b)	It is	not	red	but	black.

(11-a)= 그이는 가수가 아니라 탤런트이다.
(11-b)= 그것은 붉지 않고 검다.

(4) not only A but also B = A뿐만 아니라 B도 (동사는 B와 호응함)

		A		B	
(12-a)	Not only	you	but also	Tom	likes her.
(12-b)	Not only	he	but also	I	am from Busan.

(12-a)= 너뿐만 아니라 톰도 그녀를 좋아한다.
(12-b)= 그이뿐만 아니라 나도 부산출신이다.

※ 동사를 A에 맞추지 않고 B에 맞추어야한다. 즉, Tom likes ~, I am ~에 주목할 것

(5) nothing but A = ① only A = A에 지나지 않는 ② A외에는 아무 것도 하지 않는다
    anything but A = 결코(절대로) A가 아닌

			A	
(13-a)	He is	nothing but	a student.	
(13-b)	She did	nothing but	complain.	※ complain 불평하다
(13-c)	He is	anything but	a genius.	※ genius 천재

(13-a)= 그는 학생에 지나지 않는다.
(13-b)= 그녀는 불평만 했다. (=불평 외에는 아무 것도 하지 않았다)
(13-c)= 그이는 절대로 (결코) 천재가 아니다.

> (6) all but = ① 거의 (=almost) ② 하마터면 (= nearly)

(14-a) He is all but (almost) dead. <그는 거의 죽은 상태이다, 죽은 거나 다름없다>
(14-b) He was all but run over by a car. <그는 하마터면 차에 치일 뻔했다>

* run over (차가) ~를 치다

(C) or의 용법.

> (1) 혹은, 그렇지 않으면, 또는, 아니면

(15-a) He is in the garden or at the back of the house.
(15-b) He will come in a day or two.
(15-c) You can go or stay.
(15-d) Five or six boys went there.

 (15-a)= 그는 정원에 있지 않으면 그 집 뒤에 있다. (정원 안이나 혹은 그 집 뒤에)
 (15-b)= 그는 하루나 이틀 후에는 올 것이다. (하루 또는 이틀 후에)
 (15-c)= 너는 가도 되고 있어도 된다. (가도 된다. 혹은 있어도 된다)
 (15-d)= 다섯 아니면 여섯 명의 소년이 그곳에 갔다. (다섯이나 혹은 여섯)

* in a day 하루 있으면, 하루 후에   ※「하루 안에」가 아님   * can = may = ~해도 된다

> (2) 명령문 + or에서 or의 뜻은「그렇지 않으면」이다

(16-a) Work hard, or you will fail (in) the exam.
        ※ 비교: Work hard, and you will pass the exam.
(16-b) Hurry up, or you will be late.
        ※ 비교 : Hurry up, and you will be there in time.

 (16-a)= 열심히 공부해라. 그렇지 않으면 너는 그 시험에서 실패할 것이다.
        ※ 비교: 열심히 공부해라. 그러면 너는 그 시험에 합격할 것이다.

(16-b)= 서두르시오. 그렇지 않으면 당신은 늦을 겁니다.
　　　　※ 비교: 서두르시오. 그러면 당신은 시간 안에 그곳에 도착할겁니다.

(3)　either A　or B = A아니면 B가(를, 에~등등) / neither A nor B = A도 B도 아닌

(17-a) He is drunk. <그는 술에 취해있다>
(17-b) He is mad. <그는 미쳤다. 또는 그는 정신병자다>

이 두 문장을 다음과 같이 결합할 수 있다.

		B		A
(17-c)	He is	either	drunk	or	mad.
(17-d)	He is	neither	drunk	nor	mad.

(17-c)= 그는 취한 게 아니면 미친 겁니다.
(17-d)= 그는 취한 것도 아니고 미친것도 아닙니다.

(18-a) You are to blame for it. <네가 그것에 대한 책임을 져야 마땅하다 >
(18-b) Tom is to blame for it. <톰이 그것에 대한 책임을 져야 마땅하다>

위의 두 문장을 either ~or나 neither ~nor로 다음과 같이 결합할 수 있다.

	A		B		
(18-c)	Either	you	or	Tom	is	to blame for it.
(18-d)	Neither	you	nor	Tom	is	to blame for it.

(18-c)= 너 아니면 톰이 마땅히 그것에 대한 책임을 져야한다.
(18-d)= 너 도　 톰도　 그것에 대한 책임을 질 필요 없다.

* blame [bleim] 비난하다, 죄를 ~에게 씌우다　　* be to blame 마땅히 책임을 져야 한다

(19-a) 그이는 술을 마시지 않는다.
(19-b) 그이는 담배를 피우지 않는다. ⎫ 의 비교
(19-c) 그이는 술도 마시지 않고 담배도 피우지 않는다. ⎭

(19-a)= He does not drink.
(19-b)= He does not smoke.

			A			B
(a) + (b)	He	does not	drink	. He	does not	smoke .
(19-c)=	He	neither	drinks		nor	smokes.

(20-a) She is <u>in the garden</u>. <그녀는 정원에 있다.>
　　　　　　　　A
(20-b) She is <u>at the back of the house</u>. <그녀는 그 집 뒤에 있다.>
　　　　　　　　B

위의 두 문장을 either ~ or나 neither ~ nor로 다음과 같이 결합할 수 있다.

			A		B
(21-a)	She is	either	in the garden	or	at the back of the house.
(21-b)	She is	neither	in the garden	nor	at the back of the house.

(21-a)= 그녀는 정원에 있거나 그렇지 않으면 그 집 뒤에 있다.
(21-b)= 그녀는 정원에 있지도 않고 그 집 뒤에 있지도 않다.

[warming up] 이것을 영작할 수 있다면 그대는 이미 star!

나는 그녀가 군산출신 아니면 익산출신임에 틀림없다고 생각합니다.
I think that she must be either from Gunsan or from Iksan.
나는 그녀가 군산출신도 아니고 익산출신도 아니라고 확신합니다.
I'm sure that she is neither from Gunsan nor from Iksan.

(D) for는 다음과 같이 사용된다.

> (1) 왜냐하면, 그 이유는

(22-a) We took a taxi, for it was wet.
(22-b) We came to a halt, for we got a flat tire.
(22-c) It is morning, for the birds are singing.

(22-a)= 우리들은 택시를 잡아탔다. 왜냐하면 비가 내리고 있었기 때문에.
(22-b)= 우리들은 멈추어 섰다. 왜냐하면 우리들의 차가 펑크 났기 때문에.
(22-c)= 아침이로구나. 왜냐하면 새들이 지저귀고 있으니까.

※ (22-a)과 (22-b)에 있는 for대신에 because를 사용해도 된다.
그러나 (22-c)에 있는 for대신에는 because를 사용할 수 없다.

* take a taxi 택시를 잡아타다   * wet 비오는, 젖은   * halt [hɔːlt] 정지, 중지, 멈춤
* come to a halt 멈추다, 멈추어 서다   * flat 납작한, 평평한
* get (or have) a flat tire 펑크 나다

ⓐ because와 for의 의미상의 차이

객관적으로 충분한 이유가 성립되면 because를 사용한다. 그러나 주관적 이유에 지나지 않으면 for를 사용해야한다. 새가 지저귀는 것만을 가지고 아침이라고 판단한다는 것은 이치에 맞지 않다. 그러므로 because를 사용하면 안 된다.

(23-a) Because the oil was out, the light went out.
(23-b) The oil must be out, for the light is out.

(23-a)= 기름이 떨어졌기 때문에 불이 꺼졌다.
(23-b)= 기름이 떨어진 게 틀림없다. 왜냐하면 불이 꺼졌으니까.

■ 기름이 떨어지면 불은 당연히 꺼진다. 그러나 불이 꺼져있다는 사실만으로 기름이 떨어졌다고 속단할 수는 없다. 왜냐하면 바람이 불어서 꺼질 수도 있고 누군가가 껐을 수도 있으니까. 그러므로 (23-b)에 있는 for대신에 because를 사용하면 안 된다. 그러나 대부분의 경우 because와 for는 구별 없이 사용된다. for는 여러 가지 제한을 받고 있으므로 because를 사용하는 것이 for를 사용하는 것보다 안전하다. ■

(24-a) I went to bed early, because (= for) I was tired.
(24-b) We hurried, because (= for) it was getting dark.

(24-a)= 나는 피곤해서 일찍 잤다.
(24-b)= 어두워지고 있어서 우리는 서둘러 갔다.

ⓑ because 와 for의 기능상의 차이

① for 가 이끄는 절을 앞쪽에 쓸 수 없다.

| (25-a) | I took a taxi, | because | it was wet. | (이유를 강조하는 문장임) |
| (25-b) | I took a taxi, | for | it was wet. | |

| Because | it was wet, | I took a taxi. | (택시를 탔다는 것을 강조하는 문장임) |
| ~~For~~ | ~~it was wet,~~ | ~~I took a taxi.~~ | |

② 물음에 대한 대답에서는 for를 사용할 수 없다.

[물음]: Why did you do it? <너 왜 그런 짓을 했느냐?>
[대답]: (I did it) Because I was hungry. (옳음) <나는 배가 고파서 그 짓을 했어요.>
    ~~(I did it) For I was hungry.~~ (틀림)

[물음]: Why do you love him ?
[대답]: Because he is humane and intelligent. <왜냐하면 그는 정이 많고 지성적이니까.>
    ~~For he is humane and intelligent.~~

③ not because ~ but because는 옳고
~~not for ~ but for~~는 옳지 않다.

(26-a)　He stole, **not because** he wanted the money **but because** he liked stealing.
(26-b)　He stole, ~~not for~~ he wanted the money ~~but for~~ he liked stealing.

(26-a)= 그가 도둑질한 것은 그 돈을 원했기 때문이 아니고 도둑질을 좋아했기 때문이다.

* steal [stiːl] 도둑질하다 <과거는 stole>　　* stealing 도둑질

(2) ① ~동안에　② ~때문에　③ ~에 비하여　④ ~와 교환으로 <모두 전치사임>

(27-a) Wait here **for** an hour.　<여기서 한 시간 동안 기다려라>
(27-b) She cried **for** joy.　<그녀는 기뻐서 (기쁘기 때문에) 울었다>
(27-c) He is tall **for** his age.　<그는 나이에 비하여 키가 크다>
(27-d) He sold the car **for** 1,000 dollars. <그는 그 차를 천 달러에(천 달러 받고) 팔았다>
(27-e) He paid 100 dollars **for** the shoes. <그는 그 신발값으로 100달러를 지불했다>

* joy 기쁨　　* age 나이　　* pay [pei] 지불하다 <과거는 paid>　　* shoes [ʃuːz] 신발

PREMIUM 3. joy, pay, shoe를 이용한 문장

(1) She jumped **for joy**.	<그녀는 기뻐서 펄쩍 뛰었다>
(2) **To my joy**, she came back.	<기쁘게도 그녀가 돌아왔단 말이거든>
(3) We should share joys and sorrows **with joy**.	<우리는 기쁨과 슬픔을 기꺼이 함께 해야 한다>
(4) The **joy** of **joys** is the **joy** that **joys** in the **joys** of others.	<기쁨 중에 진짜기쁨은 남의 기쁨을 함께하는 기쁨이다> * joy in ~을 기뻐하다
(5) Put yourself in my **shoes**.	<내 입장(처지) 돼 봐. = 역지사지(易地思之) 해 보세요.>
(6) Only the wearer knows where the **shoe** pinches.	<경험해 본 사람만이 안다 / 신발이 어디가 죄는지 아는 사람은 그 신발을 신는 사람뿐이다>
(7) * **pay** toilet 유료 화장실 　　* **pay** telescope 유료 망원경	* **pay** telephone 돈을 넣으면서 하는 전화 * **pay** day 봉급날
(8) He is a good **pay**.	a) 그는 셈이 깨끗한 사람이다. b) 그는 제 밥값 하는 사람이다.

연·습·문·제 42

다음 문장을 해석하시오.

(1) We stayed indoors, for (= because) it was stormy.
(2) It will rain, for the barometer is falling. (because는 불가[不可])
(3) It will probably rain, because there is a dark cloud approaching.
(4) He is loved by all, because he is honest.
(5) He must be honest, for he is loved by all.
(6) He felt no fear, for he was a brave man.
(7) Mother will be fine and joyful.
(8) He works fast but (or and) accurately.

* **stormy** 폭풍(우)의, 거세어진
* **approach** 접근하다, 다가오다
* **fear** [fíər] 두려움, 공포, 걱정
* **barometer** 기압계, 청우계
* **all** 모든 사람
* **fine and** = very
* **probably** 아마도
* **must** ~임에 틀림없다
* **accurately** 정확하게, 정밀하게

(9) I'm right-handed but my brother is left-handed.
(10) She can (both) sing and dance.
(11) She can neither sing nor dance.
(12) He is both strong and healthy.
(13) He is neither strong nor healthy.
(14) We can either walk up or take the cable car.
(15) He can neither read nor write.
(16) He can speak not only English but also French.
(17) We lost our way, so we were late.

* **right-handed** 오른손잡이의
* **walk up** 걸어 올라가다
* **lose** [lu:z] 잃다
* **both** 둘 다
* **take a cable car** 케이블카를 타다
* **so** 그래서
* **sing** 노래하다
* **healthy** [hélθi] 건강한
* **French** 프랑스 말

(18) The days were short, for it was December.
(19) A needle and thread was found on the floor.
(20) There are doctors and doctors.
(21) There are lies and lies.
(22) Go straight on, and you will find a post office.
(23) Both Tom and Jane are careful.
(24) I didn't like the speech, but at least it was nice and short.
(25) He was good and angry with her.

* **day** 낮, 날 * **needle** 바늘 * **thread** 실 * **lie** 거짓말 * **straight** 똑바로
* **on** 계속해서 * **careful** 조심스러운, 주의 깊은 * **speech** 연설 * **at least** 적어도
* **nice and short** 매우 짧은 * **good and angry** 매우 화가 난

(26) Bread and butter is a healthful food.
(27) Mind and bring the guitar.
(28) Try and be patient.
(29) He is not a novelist but a poet.
(30) He is a novelist and poet. (소설가이자 시인)
(31) He is nothing but a second-rate writer.
(32) He is anything but rude.
(33) He is but four years old.
(34) No one replied but me.

* **healthful** 건강에 좋은 * **bring** 가져오다 * **guitar** 기타 * **mind and** 잊지 않고 ~하다
* **try and** ~하려고 노력하다 * **patient** [péiʃənt] 참을성 있는 * **novelist** [návəlist] 소설가
* **poet** [póuit] 시인 * **second-rate** 이류(二流)의, 평범한 * **rude** [rú:d] 버릇없는, 미개한
* **but = only** 겨우, 오직 * **but** ~를 제외하고

(35) She was all but nude.
(36) Not only he but also I am responsible for it.
(37) Don't go out in the rain, or you'll catch cold.
(38) Susan is both intelligent and beautiful.
(39) He jumped off(,) but (= and) (he) survived.
(40) We can take a taxi or (we can) wait for a bus.
(41) He went up to the sixtieth. And he jumped off.
(42) He jumped. But then something amazing happened.
(43) You can go either right or left.

* all but 거의　　* nude [nu:d / nju:d] 벌거벗은　　* be responsible for ~에 대하여 책임을 지다
* catch (a) cold 감기에 걸리다　　* intelligent 총명한, 재치 있는　　* survive [sərváiv] 살아남다
* can = may ~ 해도 된다　　* jump off 뛰어내리다　　* amazing 놀라운, 굉장한

(44) The road is closed. I can go neither right nor left.
(45) Neither the post office nor the bank was open.
(46) I'd like to lie down and go to sleep.
(47) Do you want to eat now or wait till late ?
(48) I'll do anything but work on a farm.
(49) She is not pretty but graceful.
(50) There was widespread destruction, yet (= but) only five people died.

* road 길　　* closed 봉쇄된　　* post office 우체국　　* bank 은행
* lie down 눕다　　* go to sleep 자다　　* till late 늦게까지, 늦도록　　* but ~을 제외하고는
* graceful [gréisfəl] 우아한　　* widespread 광범위한, 대대적인
* destruction [distrʌ́kʃən] 파괴

연·습·문·제 43

다음의 우리말을 영어로 말하시오.

(1) 나는 술도 안 마시고 담배도 안 피운다. ※ drink, smoke
(2) 톰은 꼼꼼할 필요가 있다. ※ be careful 꼼꼼하다, need
(3) 톰은 말할 것도 없고 제인도 꼼꼼할 필요가 있다. ※ A as well as B = B는 물론 A도
(4) 톰도 제인도 꼼꼼하지 않다. ※ neither A nor B/ careful 꼼꼼한
(5) 톰뿐만 아니라 제인도 꼼꼼할 필요가 있다. ※ not only A but also B
(6) 나가시오, 그렇지 않으면 경찰을 부르겠습니다. ※ call in A = A를 불러오다
(7) 네가 그 사고에 대한 책임이 있다. ※ be responsible (be to blame) for
(8) 너 아니면 톰이 그 사고에 대한 책임 있다. ※ either A or B/ accident 사고

(9) 너도 톰도 그 사고에 대한 책임이 없다. ※ neither A nor B
(10) 너는 말할 것도 없고 톰도 그 사고에 대한 책임이 있다. ※ A as well as B
(11) 너뿐만 아니라 톰도 그 사고에 대한 책임이 있다.
(12) 너와 톰 둘 다 그 사고에 대한 책임이 있다. ※ both A and B
(13) 그녀는 서울에 있는 것도 아니고 부산에 있는 것도 아니다. ※ neither in A nor in B
(She is in Seoul.)
(14) 나는 고전음악뿐만 아니라 팝도 좋아한다. ※ classical music, pops
(15) 나는 고전음악과 팝 둘 다 좋아한다. ※ both A and B
(16) 그이는 장님이나 다름없다. ※ blind, all but
(17) 그녀는 나체나 다름없다. ※ nude, all but

(18) 그는 절대로 우리의 적이 아니다. ※ enemy, anything but
(19) 그 나무는 꽃으로 뒤덮여 있다. ※ be in flower
(20) 그 나무는 거의 꽃으로 뒤덮여 있다. ※ all but
(21) 그것은 모조품에 지나지 않는다. ※ imitation, nothing but
(22) 오른쪽으로 돌아가시오. 그러면 그 은행이 나옵니다. ※ turn to the right, find the bank
(23) 별의별 개가 다 있다. ※ dogs and dogs
(24) 그녀는 그 학급에서 두 번째로 키가 크다. ※ -est but one
(25) 그이는 미국인 아니면 영국인이다. ※ American, English

(26) 너는 버터 바른 빵을 원하느냐?
(27) 그는 열심히 노력했으나 실패했다. ※ try / and나 but
(28) 나는 다만 농담으로 그렇게 말한 것 뿐입니다. ※ but in jest
(29) 그는 그녀를 좋아한다. 왜냐하면 그녀는 친절하고 아름다우니까. ※ because
(30) 그녀는 친절하고 아름다운 게 틀림없다. 그가 그녀를 좋아하는 것으로 보아. ※ for / must ~임에 틀림없다
(31) 한국인은 틀림없이 근면하다. 왜냐하면 한국은 번영을 누리고 있는 나라이니까. ※ industrious, 근면한
※ prosperous 번영을 누리고 있는
(32) 그는 열심히 일한다. 그런데도 그는 가난하다. ※ and 나 but
(33) 톰을 제외하고 모두 그곳에 가기로 동의했다. ※ all but Tom, go there

(34) 잊지 말고 나에게 전화하세요.
　　(mind and ~, remember) ※ phone, give me a ring
(35) 그이는 지극히 경솔하다. (careless) ※ rare and, very, extremely
(36) 오늘은 알맞게 따뜻하다. ※ nice and warm
(37) 나는 의사이면서 교수인 사람을 방문했다. ※ a doctor and professor
(38) 나는 의사 한 분과 교수 한 분을 방문했다. ※ a doctor and a professor
(39) 너 왜 결석했느냐? 비가 와서요. ※ be absent, because
(40) 그녀는 나이에 비하여 젊어 보인다. ※ for her age, look young
(41) 그이는 그녀와 결혼했다. 그러나 그녀를 사랑하지는 않았다. ※ marry him
(42) 그가 그녀와 결혼한 것은 사랑해서가 아니라 돈 때문이었다. ※ not for A but for B

(43) 그가 그녀와 결혼한 것은 사랑해서가 아니라 그녀가 부자였기 때문이었다. ※ not because ~ but because

(44) 이집트는 피라미드로 유명하다. (Pyramid) ※ be noted for, Egypt

(45) 너는 그것을 거저 가져도 된다. ※ for nothing

(46) 나는 나의 중고차를 1,000 달러에 팔았다. ※ used car, for 1,000 dollars

(47) 나는 그 중고차 값으로 1,000 달러를 지불했다. ※ paid

(48) 나는 안개 때문에 아무 것도 볼 수 없었다. ※ for the fog

(49) 너는 운동을 위해 매일 걸어야한다. ※ for excercise

(50) 잠시 동안 이곳에서 기다리세요. ※ for a while

Bonus 여러가지 movie (미), film (영) 〈영화〉

violent	movie	폭력영화	comic-book	movie	만화를 영화화한 영화
war	movie	전쟁영화	black-and-white	movie	흑백영화
gangster	movie	갱영화	entertaining	movie	오락영화
horror	movie	공포영화	blockbuster	movie	크게 히트한 영화
sci [sai]	movie	SF(공상과학)영화	romance	movie	로맨스영화
fun	movie	재미있는 영화	successful	movie	히트한 영화
silent	movie	무성영화	funny	movie	웃기는 영화
action	movie	액션영화	in-flight	movie	기내영화
animated	movie	애니메이션영화	monster	movie	괴물(괴수)영화
teen	movie	10대 영화	classic	movie	명작영화
bad	movie	저질 영화	sappy	movie	눈물 나게 하는 영화

* see (watch) a movie 영화를 보다
* produce a movie 영화를 제작하다
* show (air) a movie 영화를 상영하다
* release a movie 영화를 공개하다
* direct a movie 영화를 감독하다
* write a movie 영화의 시나리오를 쓰다
* review a movie 영화를 비평하다
* shoot a movie 영화를 촬영하다

연·습·문·제 44

다음 문장을 해석하시오.

(1) A good reputation is better than expensive perfume. Sorrow is better than laughter; it may sadden your face, but it sharpens your understanding. - 전도서 8장 -

* reputation [repjutéiʃən] 평판, 세평, 명성　　* perfume [pə́:rfjum] 향기, 향수　　* sorrow 슬픔
* laughter [lǽftər] 웃음(소리)　　* sadden 슬프게 하다
* sharpen 날카롭게 하다, 예리하게 하다　　* understanding 이해(력)

(2) You may be wise, but if you cheat someone, you are acting like a fool. If you take a bribe, you ruin your character.

* cheat 속이다　　* someone 누군가(가, 를)　　* act 행동하다, 처신하다, (극을) 맡아 하다
* take (물품을) 받다, (휴식을) 취하다　　* bribe 뇌물　　* ruin 못 쓰게 만들다, 망치다, 멸망하다
* character 성격, 인격, 등장인물

(3) Everyone ought to be wise; it is as good as receiving an inheritance and will give you as much security as money can. Wisdom keeps you safe.

* ought to ~ 해야 한다　　* receive [risí:v] (물품을) 받다　　* inhéritance 상속
* secúrity 안심(감), 안전, (위험, 나쁜 일 등을) 막아주는 것. 그래서 보험, 증권이라는 뜻이 있음
* wisdom 지혜　　* keep 지키다, 유지하다

(4) Think about what God did. How can anyone straighten out what God made crooked. When things are going well for you, be glad, and when troubles comes, just remember: God sends both happiness and trouble; you never know what is going to happen next. - 전도서 8장 -

* anyone 누가 되었건, 누구든　　* straighten 곧게 펴다　　* crooked [krúkid] 구부러진
* go well for ~ 에게 일이 잘 풀리다　　* trouble [trʌbl] 근심, 걱정, 고민, 싸움, 분쟁
* happiness 행복　　* happen (일이) 일어나다

(5) Why do people commit crimes so readily? Because crime is not punished quickly enough. A sinner may commit a hundred crimes and still live. Oh yes, I know that they say: "If you obey God, everything will be all right, but it will not go well for the wicked. Their life is like a shadow and they die young, because they do not obey God." But this is nonsense. Look at what happens in the world; sometimes the righteous get the punishment of the wicked, and the wicked get the reward of the righteous. I say it is useless. - 전도서 8장 -

(6) (A) Remember what I say and never forget what I tell you to do. Do what I say, and you will live. Be as careful to follow my teaching as you are to protect your eyes. Keep my teaching with you all the time; write it on your heart. Treat wisdom as your sister, and insight as your closest friend.

(B) Listen to me. Pay attention to what I say. Do not let such a woman win your heart; don't go wandering after her. She is the ruin of many men and cause the death of too many to count. If you go to her house, you are on the way to the world of the dead. It is a shortcut to death.

(7) A MAN AND A SATYR (어떤 사나이와 새터이야기)

A man and a <u>Satyr</u> once sat down to eat on a very cold day. <u>As</u> they talked, the
     半人半神   ~할 때
man <u>put his fingers to his mouth</u> and <u>blew on them</u>. The Satyr <u>inquired the reason</u> for
  손가락을 입 쪽에 가져갔다   손가락에 입김을 불다   그 이유를 물었다
this and <u>was told</u> that it was to <u>warm</u> the man's hands. <u>Later</u>, as <u>hot food was set before</u>
   (답변을)들었다   데우다   나중에 뜨거운 음식이 나왔다(차려졌다)
<u>them</u>, the man <u>raised</u> <u>one of the dishes</u> towards his mouth and blew on this <u>porridge</u>.
      올리다 그 요리들 중 한 가지   죽
When the Satyr again inquired the reason for this, the man said that he did it to

<u>cool the soup</u>. "I can <u>no longer</u> consider you a friend," said the Satyr, "for I will <u>have</u>
국물을 식히다   이제는 ~하지 않다
<u>nothing to do with</u> you. Because you <u>blow hot and cold</u> with the <u>same mouth</u>."
~와는 상대를 하지 않다   불어서 뜨겁게도 하고 차게도 하다 한 입 가지고

* Satyr [sǽtər]: 반은 사람이고 반은 짐승인 숲의 신이다. Bacchus<술의 신>신의 몸종인데 음탕함과 모주꾼으로 유명하다.

(8) THE TWO BAGS

<u>According to</u> <u>an ancient legend</u>, every man is born into the world <u>with two bags suspended</u>
 ~에 따르면   고대 전설   두 개의 가방을 가지고
<u>from his neck</u>- <u>a small bag kept in front</u>, <u>full of his neighbors' faults</u>, and <u>a large bag</u>
 목에 걸린   앞 쪽에 지닌 작은 가방 주변 사람들의 결점이 가득 찬 등 뒤에 지닌 큰 가방
<u>held behind</u>, filled with his own. Hence it is that men <u>are quick to see</u> the faults of others
                   ~을 보는 데는 잽싸다
and yet <u>are often blind to</u> <u>their own more numerous failings</u>.
   ~을 못 보다   더 많은 자기의 결점

LESSON 7

LESSON 7

I study hard to pass the exam

01 목적을 나타내는 부정사

「to + 동사의 원형」을 to 부정사라 부르고 이것을 「~하기 위하여」라고 해석하는 경우가 있다. 또 이것을 목적을 나타내는 부정사라 부른다.

(1-a) 나는　　　　　　　　영어를 열심히 공부합니다.
(1-b) 나는 시험에 합격하기 위하여 영어를 열심히 공부합니다. 의 비교

(1-a)=	I study English hard.	
(1-b)=	I study English hard	to pass the exam.

아래에 있는 3개의 문장은 모두 동일한 뜻을 가지고 있다.

(1-b)	I study English hard		to	pass	the exam.
(1-c)	I study English hard	in order	to	pass	the exam.
(1-d)	I study English hard	so as	to	pass	the exam.

아래의 문장도 (1-b)와 동일한 뜻을 가지고 있다.

(1-f)	I study English hard		that	I may pass the exam.
(1-g)	I study English hard	so	that	I may pass the exam.
(1-h)	I study English hard	in order	that	I may pass the exam.

(2-a) 그녀는   매일 일광욕을 했다.
(2-b) 그녀는 살갗을 태우기 위하여 매일 일광욕을 했다. } 의 비교

(2-a)=	She	sunbathed every day.	
(2-b)=	She	sunbathed every day	to get a tan.

* sunbathe [sʌ́nbeið] 일광욕하다
* tan ① 볕에 탄 빛깔, 황갈색 ② (살갗을) 햇볕에 태우다 / get a tan 살갗을 햇볕에 태우다

아래의 3개의 문장도 동일한 뜻을 가지고 있다.

(2-b)	She	sunbathed every day	to	get	a tan.
(2-c)	She	sunbathed every day	so as to	get	a tan.
(2-d)	She	sunbathed every day	in order to	get	a tan.

* **so as to** + 동사의 원형 = ~하기 위하여   * **in order to** + 동사의 원형 = ~하기 위하여

아래의 3개의 문장도 (2-b)와 동일한 뜻을 가지고있다.

(2-e)	She sunbathed every day		that	she could get a tan.
(2-f)	She sunbathed every day	so	that	she could get a tan.
(2-g)	She sunbathed every day	in order	that	she could get a tan.

※ (2-f)은 날마다 일광욕을 하면 살갗이 타게 될 거라는 결과 쪽에 관심을 둔 표현이고
   (2-g)는 처음부터 살갗을 태우려는 목적의식을 가지고 일광욕을 했다는 미묘한 차이가 있다.

• **so   that** 주어 + may (or can) + 동사의 원형 = ~하기 위하여
• **in order that** 주어 + may (or can) + 동사의 원형 = ~하기 위하여

may (might), will (would), can (could) 중에서 어느 것을 사용하는 것이 좋을까?

(2-e) 에서는 **might**를 사용하지 않고 **could**를 사용하는 것이 이치에 맞다. 왜냐하면 일광욕을 하면 살갗이 탈 수 있으니까.

아래의 예문에서 may(might)대신에 can(could), will (would)를 사용한 이유를 생각해보자.

He worked hard (so) that (or in order that) he might earn his living.
<그는 생활비를 벌기위하여 열심히 일했다.>

He built a fire so (that) he would not be cold. <그는 춥지 않으려고 불을 피웠다>

Let's sit nearer the front so (that) we can hear better.
<더 잘 듣기 위하여 더 앞쪽 가까이에 앉읍시다.>

It would be foolish to have the house open so that thieves might get in.
<도둑이 들어가도록 그 집을 열어놓는다면 어리석은 일이다.>

They are hurrying so that they will (or may) not miss the train.
<그들은 기차를 놓치지 않으려고 허둥지둥 가고 있다.>

They rose early in order that they might catch the first train.
<그들은 첫 차를 타기 위하여 일찍 일어났다.>

We go to school so that we can learn. <우리는 배우기 위하여 학교에 다닌다.>

(3-a) 나는 그 시험에 합격하기 위하여 열심히 공부했다.
(3-b) 나는 그 시험에 떨어지지 않기 위하여 열심히 공부했다. } 의 비교

| (3-a)= | I studied hard | in order | | to pass | the exam. |
| (3-b)= | I studied hard | so as | not | to fail | (in) the exam. |

아래의 문장은 모두 (3-b)와 동일한 뜻을 가지고 있다.

I studied hard not to fail in the exam.
I studied hard in order not to fail in the exam.
I studied hard for fear of failing in the exam.
I studied hard that I might not fail in the exam.
I studied hard so that I might not fail in the exam.
I studied hard in order that I might not fail in the exam.
I studied hard for fear that I should fail in the exam.
I studied hard lest I should fail in the exam.

「하지 않기 위하여」라는 뜻을 가진 말들 :
아래의 문장들은 모두「그는 첫차를 놓치지 않기 위하여 일찍 일어났다」를 영작한 글이다.

He got up early	in order not		to miss	the first train.
He got up early	so as	not	to miss	the first train.
He got up early		not	to miss	the first train.

He got up early	in order	that	he	might not	miss	the first train.
He got up early	so	that	he	might not	miss	the first train.
He got up early		that	he	might not	miss	the first train.
He got up early	for fear	that	he	should	miss	the first train.
He got up early	lest		he	should	miss	the first train.
He got up early	for fear of				miss**ing** the first train.

so as to 와 in order to 의 차이

절대적인 차이는 없다. 대개의 경우 어느 것을 써도 무방하나 다음의 미묘한 차이가 있다.

(1) **so as to**는 결과에 중점을 두고 **in order to**는 목적에 중점을 둔다.
(2) **in order to**에는 능동적 의미가 있고 **so as to**에는 수동적 의미가 강하다.
  ※ 하는 게 아니고 되는 것은 수동적이다.

예문 :　We go to school in order to learn. <우리는 배우기 위해 학교에 다닌다.>
　　　　☞ 배우는 행위는 능동적, 적극적이다.
　　　I spoke clearly so as to be heard by everybody.
　　　　<나는 모든 사람들이 들을 수 있도록 (들리게 하기 위하여) 똑똑하게 말했다.>
　　　　☞ 들리도록 말했지만, 안 들렸으면 헛수고다. 들린다는 결과에 중점을 두어야 하므로
　　　　　so as to를 사용한다.

연·습·문·제 45

다음의 문장을 해석하시오.

(1) I told him to go to the bookstore to buy a book.
(2) He opened his lips to make some remarks.   * remark 소견, 단평(短評)
(3) He came here to speak to me, not to you.
(4) The car is waiting at the gate to take you out.   * take out 데리고 나가다, 꺼내다
(5) He stood up so as to see better.
(6) I got up early so as to be able to catch the first train.
(7) We picked apples so as to make a pie.   * pick (과일을) 따다
(8) I listened carefully so as not to miss what he said.   * miss 놓치다
(9) I shall go on working late today so as to be free tomorrow.
(10) The test questions are kept secret so as to prevent cheating.   * secret 비밀, 비결
(11) Someone entered the room to take something out of a cupboard.
(12) A farmer fixed a net in his field to catch the cranes.   * crane 두루미
(13) You must be of one mind and unite to assist each other.   * assist 돕다
(14) They went to America to get some weapons.   * weapon 무기
(15) I would gladly give up the bull to secure my own escape.   * bull (거세하지 않은) 황소
(16) Father said that it is good to stoop to conquer.   * stoop 웅크리다
(17) Artists arrived from all parts to claim the prize.   * prize 경품, 상(품)
(18) I will eat enough to last me both today and tomorrow.   * last 지속하다
(19) You should learn to leave well enough alone.
(20) I advised him not to blow hot and cold.
(21) The whole town gathered to do him honor.   * honor 명예, 영예

* pie 파이   * prevent 예방하다   * cheating 부정행위   * be kept secret 보안이 유지되다
* cupboard 찬장   * fix 고치다, (모기장, 그물 따위를) 치다   * be of one mind 한 마음이다, 마음이 같다   * unite 결합하다   * secure 확보하다 / 안전한, 확보된 Your promotion is secure. 너의 승진은 틀림없다.   * secure my own escape 나 자신이 도망갈 길을 확보하다   * conquer 정복하다   * claim 요구하다, 청구하다   * last me a week 일주일을 버티어 (견디어) 나가다   * leave well enough alone 이미 잘 되어있는 것은 그대로 두다, 지나치게 욕심 부리지 않다   * blow hot and cold (with the same mouth) 태도를 늘 바꾸다, 변덕스럽다   * do him honor 그에게 경의를 표하다

연·습·문·제 46

다음의 우리말을 영어로 말하시오.

(1) 나는 어제 나의 아들을 만나기 위하여 서울에 갔다.　　※ 단문과 복문 2가지로
(2) 그녀는 어머니를 기쁘게 해드리기 위하여 열심히 공부했다.　※ please
(3) 그이는 많은 돈을 벌기 위하여 열심히 일했다.　　※ make (earn) much money
(4) 톰은 너를 돕기 위하여 이곳에 왔다.　　※ 단문과 복문 2가지로
(5) 그는 차를 사기 위하여 어제 서울에 갔다.　　※ in order to/ so as to
(6) 우리들은 먹기 위하여 사는 게 아니다.　　※ 단문과 복문 2가지로
(7) 그녀는 시험에 떨어지지 않기 위하여 열심히 공부한다.　※ 단문과 복문 2가지로
(8) 우리들은 배우기 위하여 학교에 다닌다.　　※ learn things
(9) 그녀는 질문하기 위하여 오른 손을 들었다.　　※ ask a question/ raise 들다
(10) 그는 가족을 부양하기 위하여 열심히 일했다.　※ support 부양하다

(11) 우리들은 한 잔 하기 위하여 그 술집에 갔다.　※ have a drink　※ pub
(12) 나는 쉬기 위하여 그 나무 밑에 앉았다.　※ take a rest
(13) 그녀는 공부하러 이곳에 온 것이지 놀러온 것이 아니다.　※ have a good time
(14) 그녀는 첫 차를 타기 위하여 일찍 떠났다 .　※ catch the first train
(15) 나는 너를 만나러 온 것이 아니다.　※ did not ~/ meet you
(16) 나는 강의 후에 그녀에게 말하기 위하여 멈추어 섰다.　※ after lecture/ talk to ~
(17) 그는 음악을 공부하러 미국에 갔다.　※ study music
(18) 나는 그녀를 전송하기 위하여 정거장에 갔다.　※ see her off
(19) 나는 그이에게 열심히 공부하라고 말했다.　※ told her to ~
(20) 나는 그이가 열심히 공부한다고 말했다.　※ said that ~

(21) 나는 그녀가 올드 랭 사인을 부르는 소리를 들었다.　※ Auld Lang Syne
(22) 나는 그녀가 올드 랭 사인을 부르고 있는 소리를 들었다.　※ heard her ~ing
(23) 나는 그녀가 올드 랭 사인을 부르고 있다는 말을 들었다.　※ heard that ~
(24) 나는 그이가 그 차를 고치게 했다.　※ made him + 원형
(25) 나는 그이가 그 차를 고치고 있는 것을 보았다.　※ saw him ~ing

02. 적용의 범위를 나타냄

「to 부정사」를 「~하기가, ~하기에는」이라고 해석하는 경우가 있다.

(6-a) 영어는　　　　어렵다.
(6-b) 영어는 말하기가 어렵다. 의 비교

| (6-a)= | English is | difficult. | |
| (6-b)= | English is | difficult | to speak. |

다음의 문장을 비교해 보자.

(6-b)	English is difficult	to speak.	
(6-c)	English is difficult	to read.	<영어는 읽기가 어렵다>
(6-d)	English is difficult	to write.	<영어는 쓰기가 어렵다>
(6-e)	English is difficult	to understand.	<영어는 이해하기가 어렵다>

Bonus   live + 부사의 활용 / 전치사 + 명사

live	peacefully	평화롭게 살다	live	together	함께 살다
live	forever	영원히 살다	live	abroad	해외에서 살다
live	cheaply	적은 생활비로 살다	live	independently	독립해서 살다
live	quietly	조용하게 살다	live	communally	공동체에서 살다
live	well	유복하게 살다	live	modestly	겸손하게 살다
live	fully	열정적으로 살다	live	frugally	알뜰하게 살다
live	happily	행복하게 살다	live	at home	부모슬하에서 살다
live	comfortably	안락하게 살다	live	in peace	태평성세에서 살다
live	apart	따로 살다	live	among natives	원주민 속에서 살다
live	alone	혼자 살다	live	with ~	~와 함께 살다

아래의 우리말을 영어로는 어떻게 말할까?

(7-a) 이 책은　　　　　　매우 어렵다.
(7-b) 이 책은 나에게는　　너무 어렵다. ⎫ 의 비교
(7-c) 이 책은 내가 읽기에는 너무 어렵다. ⎭

(7-a)=　This book is　very　difficult.
(7-b)=　This book is　too　difficult　for me.
(7-c)=　This book is　too　difficult　for me to read.

※ 영문 (7-c)를 「이 책은 너무 어려워서 나는 읽을 수가 없다」라고 해석해도 된다.

* too = 너무

(7-c)와 유사한 문장들:

He is	too poor		to go	to college.	그는 너무 가난해서 대학에 진학할 수 없다.
I am	too tired		to work.		나는 너무 피곤해서 일할 수 없다.
He runs	too fast	for me	to outrace	him.	그는 너무 빨리 달려서 나는 앞지를 수 없다.
It is	too sour	for you	to eat.		그것은 너무 시어서 너는 먹을 수 없다.

(7-c)를 아래와 같이 고쳐도 같은 뜻을 가지게 된다.

This book	is	too	difficult		for me	to	read.	
This book	is	so	difficult	that	I	cannot read	it.
이　　책은		매우	어렵다	(뜻 없음)	나는	읽을 수 없다	그것

또 다음과 같이 말할 수도 있다.

I cannot read this book	because	it is (too) difficult.
I cannot read this book	as	it is (too) difficult.
I cannot read this book	since	it is (too) difficult.
I cannot read this book,	for	it is (too) difficult.

아래의 우리말을 영어로는 어떻게 말할까?

(8-a) 이 김치는　　　　　　상당히 매운 편이다.
(8-b) 이 김치는 너에게는　　상당히 매운 편이다. } 의 비교
(8-c) 이 김치는 네가 먹기에는 너무 맵다.

(8-a)=	This kimchi is	rather	hot.		
(8-b)=	This kimchi is	rather	hot	for you.	
(8-c)=	This kimchi is	too	hot	for you	to eat.

* rather 상당히

※ (8-c)를 「이 김치는 너무 매워서 너는 먹을 수 없다」라고 해석해도 된다.

아래의 5개의 문장의 뜻은 (8-c)의 뜻과 같다.

This kimchi is	too	hot		for you	to	eat.	
This kimchi is	so	hot	that	you	cannot	eat	it.
이 김치는	무척	맵다	뜻 없음	너는	먹을 수 없다	그것을	

You cannot eat this kimchi	because	it is too hot.
You cannot eat this kimchi	as	it is too hot.
You cannot eat this kimchi	since	it is too hot.
You cannot eat this kimchi,	for	it is too hot.

too + 형용사, 부사 + to 동사의 원형 과
형용사, 부사 + enough to 동사의 원형   03

(9-a) 이 책은 내가 읽기에는 너무 어렵다.
(9-b) 이 책은 내가 읽을 수 있을 정도로 쉽다. } 의 비교

| (9-a)= | This book is | too | difficult | | for me to read. |
| (9-b)= | This book is | | easy | enough | for me to read. |

| ~하기에는 너무 ~하다 ⇨
= 너무 ~해서 ~할 수 없다 ⇨ | too + 형용사/부사 + to + 동사의 원형 |
| ~할 수 있을 정도로 ~하다 ⇨ | 형용사/ 부사 + enough to + 동사의 원형 |

(10-a) 그는 가족을 부양하기에는 너무 늙었다.
(10-b) 그는 가족을 부양할 수 있을 만큼 나이가 들었다. } 의 비교

| (10-a)= | He is | too | old | | to support | his family. |
| (10-b)= | He is | | old | enough | to support | his family. |

(10-a)= He is so old that he cannot support his family (any longer).

※ not ~ any longer를 no longer로 고칠 수 있다. "종전까지는 ~했지만 이제는 아니다"
또는 "이제는 ~할 수 없다'라고 하려면 not ~any longer나 no longer를 사용한다.

- She does not love him any longer. = She loves him no longer.
 <그녀는 이제는 그이를 사랑하지 않습니다.>

- I am not rich any longer. = I am no longer rich. = I am rich no longer.
 <나는 이제는 부자가 아닙니다.>

	A			B					C
(11-a)	The box	is	so	heavy	that	I	can't	lift	it.
(11-b)	He	ran	so	quickly	that	I	couldn't	catch	him.

위의 문장을 「too ~ for B + to ~」로 전환할 때 다음의 사실에 주의해야한다.

1. A = B이면 B를 생략한다. ※ (10-a)가 이것에 해당한다.
2. A ≠ B 이면 B를 「for + B의 목적격」으로 전환해야한다.
   보기) I ⇨ for me / he ⇨ for him / they ⇨ for them
3. A = C인 경우 A와 C가 사물이면 C를 버리고 A와 C가 사람이면 C를 버리지 않는다.

그러므로 다음과 같이 전환할 수 있다.

(11-a)= The box is too heavy for me to lift (it).   ※ it를 안 씀
(11-b)= He ran too quickly for me to catch him.

(11-a)의 뜻: 그 상자는 너무 무거워서 나는 들 수 없다.
(11-b)의 뜻: 그는 너무 빨리 달렸기 때문에 나는 그를 잡을 수 (체포할 수) 없었다.

Bonus food (식품, 음식)에 관련된 영어

delicious	food	맛있는 음식	quality	food	양질의 식품
good, great	food	좋은 음식	cheap	food	값싼 음식
tasty	food	맛있는 음식	bad	food	나쁜 음식(식품)
favourite	food	좋아하는 음식	poor	food	변변찮은 음식
basic	food	기본적인 음식	healthy	food	건강에 좋은 음식
everyday	food	일상적인 음식	nourishing	food	영양가 있는 음식
staple	food	주식(主食)	wholesome	food	건강에 좋은 음식
plain (simple)	food	소박한 음식	diet	food	다이어트 식품
exotic	food	진기한 음식	fast	food	인스턴트 식품
specialty	food	고급 음식	snack	food	스낵식품

연·습·문·제 47

다음 문장을 so ~ that로 결합하시오. (that를 생략할 수 있다)

(1) This car is very expensive. I cannot buy it. (very대신에 so를 사용한다)
(2) I am very tired. I cannot walk any more. (not ~any more 이제는 ~할 수 없다)
(3) The station is fairly near. I can walk over. (fairly대신에 so를 사용한다)
(4) The watch is fairly cheap. I can buy it. (fairly 아주, 정말로, 공평하게)
(5) This book is very difficult. I cannot understand it.
(6) The weather is very hot. I cannot study.
(7) She is very kind. We like her.
(8) She studies very hard. She will pass the exam.
(9) The car drove very fast. We could not catch up with it.
(10) The speech was very long and dull. We were bored to death.

* catch up with ~를 따라잡다
* be bored to death 지루해 죽을 지경이다
* dull 지루한, 둔한
* death [deθ] 죽음 <die 죽다, dead 죽은>

연·습·문·제 48

다음 문장을 too ~ to 나 enough to로 전환하시오.

(1) He is so young that he cannot go to school.
(2) The story is so fantastic that I cannot believe it.
(3) The sea is so rough that his ship cannot sail.
(4) The camera is so cheap that I can buy it.
(5) This baggage is so light that I can carry it.
(6) He is so tall that he can touch the ceiling.

(7) The insect was so small (that) he couldn't see it.
(8) He was so tired that he could not go any farther.
(9) Mr. Kim was so busy (that) he could not leave his office.
(10) They walk so fast that I cannot catch up with them.
(11) She is so near that I cannot avoid her.
(12) He ran so quickly that I could not catch him.

* young 어린   * fantastic [fæntǽstik] 터무니없는, 근거 없는, 허황된
* rough [rʌf] 비바람 치는, 거친, 사나운, 꺼칠꺼칠한   * sail 항해하다
* baggage [bǽgidʒ] 수하물, 소하물 (영국에서는 luggage라 함)   * touch 만지다, 닿다, 접촉하다
* ceiling [síːliŋ] 천장   * insect 곤충   * cannot ~any farther 더 멀리 ~할 수 없다
* leave 떠나다   * office [ɔ́ːfis] 사무실, 사업소, 모든 종업원, 영업소, 관직
* avoid 피하다   * catch him 그를 체포하다, 그를 붙잡다

연·습·문·제 49

다음의 우리말을 영어로 말하시오.

(1-a) 그이를 가르치는 것은 쉬운(까다로운, 불가능한) 일이다.
(1-b) 그이는 가르치기 쉬운 (까다로운, 불가능한) 사람이다.   ※ easy, hard, impossible
(1-c) 네가 그이를 가르치는 것은 쉬운 (어려운) 일이다.   ※ It is ~
(2-a) 이 고기는 질기다. 너는 그것을 먹을 수 없다.   ※ tough, meat
(2-b) 이 고기는 너무 질기어서 너는 먹을 (씹을) 수 없다.   ※ too ~ to
(3-a) 나의 어머니를 기쁘게 해드리는 것은 쉬운 일이다.   ※ please 기쁘게 해드리다
(3-b) 나의 어머니는 기쁘게 해드리기 쉽다(까다롭다).   ※ My mother is ~
(4-a) 그이는 너무 피곤해서 더 이상 걸어갈 수 없었다.   ※ not ~any farther
(4-b) 그이는 너무 가난해서 대학에 진학할 수 없다.   ※ go to college / 2가지로

(5-a) 나는 한기가 들었다. 그래서 불을 피웠다. ※ feel cold/ built a fire
(5-b) 나는 무척 한기가 들어서 불을 피웠다. ※ too ~to/ so ~that
(6-a) 우리가 이 강을 헤엄쳐 건너는 것은 위험하다. ※ swim across
(6-b) 이 강은 우리가 헤엄쳐 건너가기에는 너무 위험하다. ※ dangerous
(7-a) 이 책은 이해하기(구입하기)가 어렵다. ※ difficult/ get
(7-b) 이 책을 이해한다는 것은 어려운 일이다. ※ it ~ to
(7-c) 이 책은 너무 어려워서 나는 이해할 수 없다. ※ too ~ to/ so ~that
(7-d) 이 책은 내가 충분히 이해할 수 있을 정도로 쉽다. ※ enough ~ to/ so ~ that
(8-a) 이 방에서 일하는 것은 즐거운 일이다. ※ pleasant/ it ~ to
(8-b) 이 방은 일하기가 즐거운 방(곳)이다. ※ pleasant

(9) 그 차는 운전하기 쉽다 (까다롭다). ※ easy, hard, drive
(10) 그는 너무 우둔해서 나는 그를 가르칠 수 없다. ※ silly
(11) 그 집은 너무 작아서 우리들은 그 집에서 살 수 없다. ※ small, too~to/ so ~that
(12) 그녀는 너무 까다로워서(particular) 나는 그녀를 가르칠 수 없다. ※ so ~that/ too ~ to
(13) 그이는 너무 빨리 달렸기 때문에 나는 그이를 앞지를 수 없었다. ※ outpace, outrace
(14) 그 질문은 매우 쉬워서 나는 대답할 수 있다. ※ question, answer
(15) 그는 매우 운이(팔자가) 좋아서 행복하고 부유했다. ※ lucky, happy, rich

원인을 나타내는 부정사 (to infinitive) 04

「to infinitive」가 행동의 원인, 또는 어떤 감정이 유발된 원인을 나타내는 경우가 있다.

		울게 된 원인	
(14-a)	그녀는	그 소식을 듣고	비통하게 울었다.

		화를 낸 원인	
(14-b)	그녀는	그가 가고 없는 것을 알고	화를 냈다.

- 「to + 동사의 원형」을 to infinitive라 한다.

		울게 된 원인	
(14-a)=	She wept bitterly	to hear	the news.

		화를 낸 원인	
(14-b)=	She got angry	to find	him gone.

- 울게 된 원인을 밝히는 자리에는 know, learn, find, hear와 같은 지각, 인식 등을 나타내는 동사가 온다.

(14-a)에서 wept를 will weep로 고치면 to hear를 <듣게 되면>이라고 해석해야한다. 다음의 문장을 비교해 보자.

(14-a)	She		wept	bitterly	to hear	the news. (과거)
(14-c)	She	will	weep	bitterly	to hear	the news. (미래)

(14-c)= 그녀는 그 소식을 듣게 되면 비통하게 울게 될 것이다.

a)	She		fell	senseless	to find	him dead.
b)	She	will	fall	senseless	to find	him dead.

a)= 그녀는 그이가 죽어 있는 것을 발견하고 기절했다.
b)= 그녀는 그이가 죽어 있는 것을 발견하면 기절할 것이다.

다음 경우에는 **to infinitive**가 원인을 나타낸다.

be (get) angry	to + 동사의 원형	~해서(하고)	화가 나다
be sorry (sad)	to + 동사의 원형	~해서	섭섭하다, (슬프다)
be surprised be astonished be frightened be amazed be shocked	to + 동사의 원형	~해서(하고)	놀라다 놀라다 놀라다 놀라다 충격을 받다
be glad be pleased be delighted be satisfied be excited	to + 동사의 원형	~해서	기쁘다 기쁘다 기쁘다 만족하다, 기쁘다 흥분하다, 들뜨다

Bonus 동사 + life의 활용

lose	life	목숨을 잃다	cost (claim)	life	목숨을 빼앗다
risk	life	목숨을 걸다	sacrifice	life	목숨을 희생하다
spare	life	목숨을 살려주다	value	life	목숨을 소중히 여기다
save	life	목숨을 구해주다	take	life	목숨을 빼앗다
protect	life	목숨을 지키다	end	life	목숨을 끊다
threaten	life	목숨을 위협하다	cling to	life	목숨에 집착하다
endanger	life	목숨을 위태롭게 하다	lay down	life	목숨을 버리다
give	life	목숨을 바치다	fight for	life	살기위해 싸우다

* bring   him back to life 그를 소생시키다
* restore him   to life 그를 소생시키다

연·습·문·제 50

다음 문장을 해석하시오.

(1) I am sorry to have kept you waiting.
(2) I am sorry to hurt your feeling.
(3) She sobbed on her face to hear that her son was missing.
(4) We wept tears of blood to find the line of defense crumbled.
(5) She wept in relief to be told that the tumor turned out to be benign.

(6) She was discouraged to be told that the tumor turned out to be malignant.
(7) I was really surprised to find the house on fire.
(8) The couple were sad to have neither chick nor child.
(9) They were very pleased to see each other after a long separation.
(10) I am pleased to hear that everything is going well.

(11) I was not a little surprised to see him there.
(12) I was surprised to see your sweetheart.
(13) How glad your mother will be to see it !
(14) I'm glad to get rid of this boring job.
(15) I am sorry to give you all this trouble.

(16) I am sorry to decline your invitation.
(17) He was excited to hear the news.
(18) She was shocked to find him dead.
(19) I am so sad to tell you that Tom is leaving us as of today.
(20) I was disappointed to hear that.

(21) I am sorry to miss your call.

(1) keep you waiting 네가 기다리게 하다   (2) hurt your feeling 너의 감정을 건드리다   (3) sob on her face 엎드려 흐느끼다   * is missing 행방불명이다   (4) weep tears of blood 피눈물을 흘리다   * the line of defense 방어선   * crumble 무너지다   (5) weep in relief 안도의 눈물을 흘리다   * to be told 듣고   * tumor 종양   * benign 양성의   (6) discouraged 기가 죽은   * malignant 악성의   (8) couple 부부   * have neither chick nor child 자녀가 없다   (9) separation 이별   * each other 서로   (11) not a little 적지 않게   (12) sweetheart 애인   (13) get rid of ~를 제거하다   * boring 지루한   (16) decline 거절하다   * invitation 초대   (19) as of ~ (며칠을) 현재로 보기: as of today 오늘 부로, 오늘 현재 / as of May 1, 2008 = 2008년 5월 1일 현재로   (21) miss your call 당신의 전화를 못 받다

연·습·문·제 51

다음의 우리말을 영어로 말하고 또 쓰시오.

(1) 기다리게 해서 미안해요.　　　　　　　　※ keep you waiting
(2) 그 말을 듣기가 좀 그렇네요.　　　　　　※ hear that ※ sorry
(3) 이렇게 만나 뵈어서 기뻐요.　　　　　　※ glad, pleased, meet you
(4) 이렇게 늦어서 미안해요.　　　　　　　　※ be so late
(5) 매번 폐를 끼쳐서 미안해요.　　　　　　※ trouble you so often
(6) 그 말을 듣고 매우 기뻤어요.　　　　　　※ be pleased/ hear that
(7) 나는 그이가 실패했다는 말을 듣고 놀랐어요.　※ surprised / failure
(8) 우리들은 5경기를 연패해서 슬펐다.　　　※ lose five games
(9) 그가 간첩이라 하니 정말 놀라워요.　　　※ surprised to hear that ~
(10) 그녀는 그 소식을 듣고 목 놓아 울었다.　※ weep herself out
(11) 그녀는 그가 죽었다는 말을 듣고 거짓눈물을 흘렸다. ※ shed crocodile tears
(12) 기꺼이 돕겠습니다.　　　　　　　　　　※ glad to help
(13) 그는 우리들을 보고 기뻐하는 것 같다.　※ seem glad

판단의 근거　　　　　　　　　　05

「to + 동사의 원형」을 『~하다니』라고 해석하는 경우가 있다. 아래 문장에서 to do such a thing은 <그이를 어리석다>고 판단한 근거이자 이유이다.

(15-a)　　　　　　　　너는 어리석다.　⎫
(15-b) 그러한 일을 하다니 너는 어리석다.　⎬ 의 비교
　　　　　　　　　　　　　　　　　　　　⎭

| (15-a)= | You are foolish. | |
| (15-b)= | You are foolish | to do such a thing. |

* such 그러한, 그런 종류의 / such a doctor 그런 의사, such flowers 그런 꽃들

예문 더 보기 :

	판단의 근거		
You are foolish	to buy	the car.	그 차를 사다니 어리석군.
Tom was foolish	to go	there.	그곳에 가다니 톰은 어리석었다.
I was foolish	to believe	him.	그를 믿다니 나는 어리석었다.
You are lucky	to have	such a wife.	그러한 아내가 있으니 팔자 좋군.
He is brave	to enter	the cave.	그 동굴에 들어가다니 용감하군.

아래 (16-b)를 (16-c)로 고칠 수 있다.

(16-b)　You are foolish　　　　　　to do such a thing.
(16-c)　It　is　foolish　of you　to do such a thing.

아래 2 문장의 뜻을 혼돈하지 말 것. (16-c)는 2가지 뜻을 가지고 있다.

(16-c)　It is foolish of you　to do such a thing.
(16-d)　It is foolish for you　to do such a thing. ⇨ 21쪽

(16-c)= ⑴ 그런 일을 하다니 너 어리석구나. (그런 일을 했음)
　　　　⑵ 네가 그런 일을 한 것은 어리석은 짓이다.
(16-d)= 네가 그런 일을 하는 것은(한다면) 그것은 어리석은 짓이다.
(16-d)= For you to do such a thing is foolish.

아래의 문장은 (16-d)와 동일한 문형에 속한다. 이 문형은 21쪽에서 배웠다.

	It is	형용사	for	+ 목적격	to + 동사의 원형
(16-e)	It is	easy	(for	me)	to learn English.
(16-f)	It is	dangerous	(for	you)	to swim across the river.

(16-e)= (For me) To learn English is easy.의 뜻은 「내가 영어를 배우기로 한다면 그것은 쉬운 일이다」이다. 즉, 배웠다는 뜻이 아니다. for me를 빼고 보라.

To learn English is easy.의 뜻은 「영어를 배우는 것은 쉬운 일이다」이고, To swim across the river is dangerous.의 뜻은 「그 강을 헤엄쳐 건너는 것은 위험하다」이다.

그러므로 It is strange for him to ~의 뜻은 「그가 ~한다면 그것은 불가사의한 일이다」이고, It is strange of him to ~의 뜻은 「~하다니 그이 이상한 사람이다」, 또는 「그가 ~한 것은 불가사의한 일이다」이다.

다음의 문장을 비교해 보자. of 와 for 에 유의하기 바란다.

(17-a)	It is	right	of	you	to tear it up. <찢었음>
(17-b)	It is not right		for	you	to tell a lie. <거짓말 한다면>

(17-a)= ① 그것을 갈기갈기 찢어버리다니 너 잘한 거야.
　　　 = ② 네가 그것을 갈기갈기 찢어버린 것은 정당한 처사다>
　　　　　You are right to tear it up.
(17-b)= 네가 거짓말 하는 것은 옳은 행위가 아니다.
(17-b)를 다음과 같이 고칠 수 있다.
　(1) **For you to tell a lie is not right.** <네가 거짓말하면 그건 옳지 않은거야.>
　(2) **It is not right that you should tell a lie.**

 **주의** You were right to tear it up. 구문에서 to 부정사의 내용은 (1) **실제로 수행된 행위**이며 (2) **자발적 행위**여야 한다. 그러므로 다음의 문장은 옳지 않다.

You were right to tear it up, and finally decided not to tear it up.
그것을 찢어버리다니 너 잘 한 거야, 그런데 결국 안 찢기로 결심했다.

You were right to have a cold.(×) 너 감기 걸린 것 잘 한 거야.
(감기 걸리는 것은 자의적 행위가 아니다. 즉, 자발적인 행위가 아니다)

(18-a)   너는 무례했다.
(18-b) 그 제의를 묵살하다니 너는 무례했다. ⎬ 의 비교

(18-a)=	You were rude.		* rude [ruːd] 무례한
(18-b)=	You were rude	to ignore the offer.	* ignore 무시하다 * offer 제의

(18-b)는 『네가 무례했다』는 글이고 아래 (18-c)는 너의 행동이 무례한 행동이었을 뿐만 아니라 그 행동을 한 네가 무례했다는 이중의 뜻을 가지고 있다.

(18-b)	You	were rude		to ignore the offer.
(18-c)	It	was rude	of you	to ignore the offer.

다시 말하면 이미 행한 행위에 대하여 행위자와 행위자의 행동을 동시에 평가하려면 의미상의 주어 앞에 **of**를 사용하고 행위에 대해서만 평가하려면 의미상의 주어 앞에 **for**를 사용한다.

다음의 예문을 보라. (19-b)는 실수를 한다는 것을 전제로, 다시 말하면 실수하면 그것은 경솔한 행위라는 뜻이다.

의미상의 주어

(19-a)	It was careless	of	you	to lose your umbrella.
(19-b)	It is careless	for	you	to make such a mistake.

(19-a)= (1) 너 우산을 잃어버리다니 조심성이 없었다. (잃어버렸음)
        (2) 네가 우산을 잃어버린 것은 경솔한 일이었다. (잃어버렸음)
(19-b)= 네가 그러한 실수를 한다면 그것은 경솔한 일이야. (실수한다면)

다음의 문형을 외우시오.

(A) It is 행동을 평가하는 말 + for + 의미상의 주어 + to + 동사의 원형
(B) It is 행위자를 평가하는 말 + of + 의미상의 주어 + to + 동사의 원형
(B)는 행위자와 행위자의 행동을 동시에 평가하는 구문이다.

행동을 평가하는 말		행위자 또는 행위 그 자체를 평가하는 말	
right 옳은 ☆	difficult 어려운	kind 친절한	careful 조심성 있는
bad 나쁜 ☆	necessary 필요한	foolish 어리석은	careless 경솔한
wrong 나쁜 ☆	dangerous 위험한	good 좋은	polite 예의바른
strange 이상한 ☆	pleasant 즐거운	brave 용감한	cruel 잔인한
odd 이상한 ☆	important 중요한	wise 현명한	childish 유치한
correct 온당한 ☆	impossible 불가능한	clever 영리한	mean 야비한
wonderful 놀라운 ☆	hard 어려운	silly 둔한	wicked 사악한
easy 쉬운	useless 소용없는	honest 정직한	bold 대담한
sad 슬픈	useful 유용한	nice 좋은	generous 너그러운
natural 당연한	absurd 불합리한	rude 무례한	heartless 무정한
proper 적절한	a pity 유감스러운 일	noble 고귀한	human 인간다운
possible 가능한	an honor 영광, 영예	selfish 이기적인	modest 겸손한

- 행위자를 평가하는 말 대부분은 행위를 평가하는 말이 될 수 있다.
- 별표(☆)가 있는 단어는 A문형에서도 사용될 수 있고 B문형에서도 사용될 수 있다. A문형에서 사용하면 행위자의 행동만을 평가하고 B문형에서 사용되면 행위자를 평가하는 동시에 행동을 평가한다.

보기	(20-a)	It is bad	for her	to smoke. <담배를 피게 된다면>
	(20-b)	It is bad	of her	to smoke. <실제로 담배를 피웠음>

(20-a)= ① 담배 피우는 것은 그녀의 몸에 해롭다. = To smoke is bad for her.
② 그녀가 담배피우는 것은 (누군가에게) 해롭다. = For her to smoke is bad.
(20-b)= ① She is bad to smoke. (담배를 피우다니 그녀 못돼 먹었어.)
② 그녀가 담배를 피운 행위는 못된 행위다. (실제로 담배를 피웠음)

연·습·문·제 52

다음의 문장을 해석하시오.

(1-a) It is right for women to vote.   * vote 투표하다
(1-b) It was right of you to reject his help.   * reject 거절하다
(2-a) It is easy for me to deceive her.   * deceive 속이다
(2-b) She is easy to deceive (please, teach).
(3-a) It is odd for you to reject his help.   * odd 별난, 묘한, 색다른
(3-b) It is odd of you to reject his help.
(4-a) It is bad of Tom to get angry with you.   * get angry with ~에게 화내다
(4-b) It is bad for her to live alone.   * alone 홀로
(5-a) It was foolish of Tom to be arrested.   * be arrested 일부러 붙잡히다
(5-b) It would be foolish for us to quarrel.   * quarrel [kwɔ́rəl] 싸우다, 언쟁하다

(6-a) It was careless of me to lose my umbrella.   * lose [lu:z] 잃다
(6-b) It is careless for you to make such a mistake.   * mistake 실수
(7-a) Goodby(e)- It was good of you to visit us.
(7-b) It isn't good for you to have everything you want.
(7-c) I don't think it is good for us to have a struggle.   * struggle 투쟁, 싸움
(8-a) It is wise of you to give up the plan.   * give up 포기하다
(8-b) It is wise for you to give up the plan.
(9-a) It is very kind of you to help me.
(9-b) It was very kind for you to send her a nice present.   * nice present 멋진 선물
(10-a) It was brave for the man to fight the fire.   * 불(화마)과 싸우다
(10-b) It was brave of the man to fight the fire.

(11-a) It was clever for Mary to go there.
(11-b) It was clever of you to burn the papers.   * burn 태우다
(12-a) It was wrong of her to take his book.   * take 가져가다
(12-b) Isn't it wrong for the neighbors to gossip us ?   * gossip 수근거리다
(13-a) It is nice for you to continue working.   * continue 계속하다
(13-b) It was not nice of you to forget to call.   * forget to call 전화를 잊다
(14-a) It is stupid of her to go for a walk alone. * go for a walk 산책 나가다
(14-b) It was stupid for her to do that.
(14-c) How stupid (it is) of her to make such a mistake!

연·습·문·제 53

다음의 문장 중에서 옳지 않은 것은 어느 것인가?

(1-a) It is easy for me to solve this problem.
(1-b) This problem is easy for me to solve.
(1-c) I'm easy to solve this problem.
(1-d) He is easy to deceive.

(2-a) He is too clever to solve this problem.
(2-b) He is clever enough to solve this problem.
(2-c) It is clever of him to solve this problem.
(2-d) He is too silly to solve this problem.

(3-a) This apple is too sour for me to eat.
(3-b) It is hard for me to get on with him.   * get on with ~와 사이좋게 지내다
(3-c) He is too hard for me to get on with him.
(3-d) I am hard to get on with him.

(4-a) You are kind to show me the way.   * agree to ~에 응하다
(4-b) It is kind of you to show me the way.   * proposal 제의, 제안
(4-c) I was foolish to agree to the proposal.   * see over ~너머로 보다
(4-d) I am too tall to see over the fence.   * fence 울타리

(5-a) It is natural for me to visit my family.
(5-b) I am natural to visit my family.
(5-c) You are foolish to do such a thing.
(5-d) It is foolish of you to do such a thing.

(6-a) It is pleasant to work in the room.
(6-b) The room is pleasant to work in.
(6-c) To work in the room is pleasant.
(6-d) We are pleasant to work in the room.
(6-e) We are pleased to work in the room.   * be pleased 기분 좋다, 기쁘다

연·습·문·제 54

다음의 우리말을 영어로 말하시오.

(1) 그녀는 나를 보고 기뻐했다.   ※ was pleased
(2) 당신이 당신의 노쇠한 부모를 돌보는 것은 당연하다.   ※ right/ senile parents
(3) 초대해 주셔서 감사합니다.   ※ nice, kind/ invite
(4) 갈매기(a sea gull)가 나는 것은 당연한 거다   ※ right
(5) 나는 네가 성공했다는 말을 들어서 기쁘다.   ※ hear (of) your success
(6) 소녀가 담배 피우는 것은 몸에 해롭다.   ※ bad/ smoke
(7) 담배 피우다니, 너 못돼 먹었다.   ※ wicked
(8) 그는 나에게 욕했다. 그래서 나는 충격 받았다.   ※ call me names
(9) 나는 그가 나에게 욕하는 것을 듣고 충격 받았다.   ※ was shocked

(10) 나는 그이가 사기꾼이라는 말을 듣고 깜짝 놀랬다. ※ swindler/ surprised
(11) 방문해 주셔서 참으로 감사합니다. (how kind ~) ※ visit me
(12) 그 순진한 소녀를 속이다니 너는 나쁜 놈이다. ※ innocent girl, gull
(13) 네가 그 순진한 소녀를 속이는 것은 나쁜 짓이다. ※ for you to gull
(14) 경마로 재산을 날리다니 너는 어리석다. ※ race your fortune away
(15) 경마로 재산을 날리는 것은 어리석은 짓이다.
(16) 그녀의 약점을 이용하다니, 너는 글렀어. (wrong) ※ take advantage of
(17) 그녀의 약점을 네가 이용하는 것은 그릇된 행위다. ※ her weak point
(18) 문단속을 안 하고 왔으니 나 참 경망스럽다. ※ leave the door unlocked
 (how careless)

(19) 예식장에 청바지를 입고 가는 것이 적절한가요? ※ wear jeans to a wedding
(20) 그 어린이들은 이 거리에서 놀기를 좋아한다. ※ play in this street
(21) 그 어린이들이 이 거리에서 노는 것은 위험하다 ※ dangerous
(22) 너는 나쁜 친구를 멀리해야한다. ※ keep away from
 ※ bad company 나쁜 친구
(23) 나쁜 친구를 멀리 하는 것으로 보아 너는 현명하다. ※ bad company
(24) 네가 나쁜 친구를 멀리 하는 것은 현명한 일이다.
(25) 그는 그녀를 속이려고 해보았다. (try to) ※ deceive her
(26) 그가 그녀를 속이려고 하는 것은 소용없는 일이다. ※ useless
(27) 그가 그녀를 속이려고 하다니 어리석다. ※ foolish

06 　행동의 결과를 나타내는 부정사

「to + 동사의 원형」이 무의식적(無意識的) 행동이나 무의도적(無意圖的) 행동의 결과를 나타내는 경우가 있다. 『산다, 성장한다, 잠에서 깨다』등은 무의식적 또는 무의도적 행위이다. 다음의 문장을 비교해보자.

(21-a) 그는 90세였다.
(21-b) 그는 90세 까지 살았다. } 의 비교

| (21-a)= | He | | was | ninety years old. |

⇩

| (21-b)= | He | lived | to be | ninety years old. |

※ 그가 살다보니까 그 결과 90세가 되었다는 것이다.
　즉 90세가 될 때까지(to be) 살았다는 뜻이다.

(22-a) 그는 위대한 예술가였다.
(22-b) 그는 성장하여 위대한 예술가가 되었다. } 의 비교

| (22-a)= | He | | was | a great artist. |

⇩

| (22-b)= | He | grew up | to be | a great artist. |

※ 「위대한 예술가가 되기 위하여 성장했다」가 아니라, 장성한 후에 위대한 예술가가 되었다는 뜻이다.

※ awake to ~, arrive to ~, return to ~, hurry to ~에서 to 뒤에 learn, find, see, hear, be told가 오면 결과를 나타낸다. 이 경우 to 앞에 only를 붙여도 된다. 즉, 『깨어보니 ~하더라』『도착해보니~하더라』『돌아와 보니 ~하더라』『서둘러 가보니 ~하더라』라고 해석한다.

예문은 아래와 같다.

(23-a) 나는 그이가 죽어 있는 것을 발견했다.
(23-b) 내가 잠을 깨어보니 그는 죽어 있었다. } 의 비교

| (23-a)= | I | | found | him dead. |
| (23-b)= | I | awoke | to find | him dead. |

그 외의 예문:

a) I returned home to hear of his death.
b) I hurried to be told that I was fired.

a)의 뜻: 고향에 돌아와 보니 그이는 고인이 되어 있었다.
b)의 뜻: 서둘러 가보니 내가 해고되었다는 것이었다.

(24-a) 그는 그 시험에 합격하기 위하여 열심히 공부했다.
(24-b) 그는 열심히 공부했으나 그 시험에서 떨어졌다. } 의 비교

| (24-a)= | He studied hard | in order to | pass | the exam. |
| (24-b)= | He studied hard | only to | fail | (in) the exam. |

※ (24-b)의 속뜻은 「그는 그 시험에서 떨어지기 위하여 열심히 공부한 꼴이 되었다」이다.

(25-a) 나는 그 상자가 비어있는 것을 발견했다.
(25-b) 내가 그 상자를 열고 보니 그 상자는 비어 있었다. } 의 비교

| (25-a)= | I | | found | the box | empty. |
| (25-b)= | I | opened the box to | find | the box | empty. |

숙어 (외우시오)   07

(1)	to tell the truth	사실대로 말하면
(2)	to be frank (or honest) with you	솔직하게 말하면
(3)	to make matters worse = what is worse	설상가상으로
(4)	to be brief = in brief	간단히 말하면
(5)	to begin with	첫째로는, 첫째 이유는
(6)	to say nothing of ~	~은 말할 것도 없고
(7)	not to speak of ~	~은 말할 것도 없고
(8)	so to speak (=so to say)	말하자면
(9)	strange to say	이상한 말이지만
(10)	that is to say	바꿔 말하자면, 즉
(11)	sad to say	슬픈 말인데
(12)	needless to say	말할 필요조차 없이
(13)	to be sure	확실히, 틀림없이, 과연

PREMIUM 4

up = 「위로」이다. 반대말은 「 down = 아래로」이다.

예문) Tom ran up the stairs. = 톰은 계단 위로 뛰어 올라갔다.
　　　We climbed up the hill. = 우리들은 산에 (산 위로) 올라갔다.

아래의 문장에서는 모두 강도를 높이는 역할을 하고 있다. 즉, 동사에 힘을 실어주는 역할을 하고 있다.

He ate up the bread. = 그는 그 빵을 몽땅 먹어치웠다.
I dug up all the garden. = 나는 그 채마밭을 마구 파헤쳤다.
The wolf gobbled up the lamb. = 그 늑대는 그 어린양을 꿀꺽 삼켜버렸다.
The wolf ran up to the lamb. = 그 늑대는 그 어린양한테 바싹 달려갔다.
How dare you churn up the water ? = 너 어찌 감히 그 물을 마구 휘젔느냐?
Speak up what you want to say. = 하고 싶은 말은 다 해버리세요.
She tore up the letter into pieces. = 그녀는 그 편지를 갈기갈기 마구 찢어버렸다.

연·습·문·제 55

다음의 문장을 해석하시오.

(1) To tell the truth, I forgot all about your request.   * truth 진리
(2) To tell the truth, I don't like to go.   * request 요구(사항), 요청
(3) To be frank with you, I don't like your novel.   * frank 솔직한   * novel 소설
(4) To be honest with you, she is not guilty.   * guilty 죄를 범한, 유죄의
(5) To make matters worse, it began to rain.   * matter 사정, 사태, 문제, 물질
(6) To make matters worse, he fell ill.   * worse 더 나쁜
(7) To be brief (= in brief), he suddenly disappeared.   * brief 간결한, 단시간의
(8) To be brief, she was seen no more there.   * disappear 사라지다
(9) To begin with, he is too young for the job.   * job 직업, 품팔이 일
(10) To begin with, I love him no more.   * no more 이제는 ~ 하지 않다
(11) She can dance, to say nothing of singing.   * dance 춤추다, 춤
(12) He has no food, not to speak of money.   * food 식량, 음식

(13) He is, so to speak, the brains of the organization.   * brain 두뇌
(14) Strange to say, she suddenly disappeared.   * organization 단체, 기구, 조직
(15) He came home two hours later, that is to say, about ten o'clock.   * two hours later 두 시간 늦게
(16) Sad to say, they were all drowned.   * be drowned 익사하다
(17) Needless to say, she was not at home.   * needless 불필요한
(18) A : Will you come ? B : To be sure.   * sure 확실한, 확신하는
(19) He lived to see his great grandson.   * great grandson 증손자
(20) He lived to see his dream come true.   * come true (꿈이) 실현되다
(21) We don't live to eat, but eat to live.   * fine 훌륭한, 우수한
(22) The boy grew up to be a fine youth.   * youth 청춘, 젊은이
(23) The boy grew up to be nearly five years old.   * nearly 거의
(24) We opened the door to find the room empty.   * empty (속이) 빈, 공허한

(25) I awoke to find (that) all this (was) a dream.   * awake 눈뜨다, 깨다
(26) He awoke to find himself in prison.   * prison 감옥, 형무소
(27) He came home only to find his house broken in.   * break in 침입하다, 길들이다
(28) We arrived to find a good meal ready for us.   * meal 식사, 끼니
(29) He tried hard only to fail.   * survive A = A에서 살아남다
(30) He survived the crash only to die in the desert.   * crash (비행기의) 추락
(31) I hurried to the house only to find it empty.   * desert [dézə:rt] 사막
(32) I got there only to find the door locked.   * hurry 서둘러 가다
(33) He left his home never to return.   * lock 자물쇠를 채우다
(34) We got there only to be told it was too late.   * return 되돌아오다
(35) He left his home never to be seen.   * A is told = A에게 말하다
(36) I am glad to see you.   * be seen 눈에 띄다

(37) We were delighted to hear of your success.   * delight 기쁘게 해주다
(38) I am happy to hear of your engagement.   * engagement 약혼
(39) She will be surprised to hear that he is in prison.   * be surprised 놀라다
(40) We were disappointed to learn that you failed.   * disappoint 실망시키다
(41) I am sorry to give you much trouble.   * trouble 괴로움, 폐, 분쟁
(42) He works hard in order that he may support his family.   * support 지지(부양)하다
(43) He works so hard that he can support his family.   * so ~that ~하기 때문에 ~한다
(44) He studied hard in order that he might pass the exam.
(45) He studied so hard that he passed the exam.
(46) I walked quietly so that he might not hear me.   * quietly 조용히
(47) I walked so quietly that he did not hear me.
(48) He will be shocked to hear you call him names.   * call him names 그에게 욕하다
(49) To hear of your success, she will be pleased.   * success 성공

연·습·문·제 56

다음의 우리말을 영어로 말하시오.

(1) 제인이 그 강을 헤엄쳐 건너가는 것은 위험하다.　　　　　　　　　　　　※ swim across
(2) 톰은 제인이 그 강을 헤엄쳐 건너는 것을 보고 놀랐다.　　　　　　　　※ be surprised
(3) 그녀의 어머니는 몸져 누워 있다.　　　　　　　　　　　　　　　　　　※ be sick in bed
(4) 우리들은 그녀의 어머니가 몸져 누워 있다는 말을 듣고 마음이 아팠다.　※ We are sorry
(5) 오랫동안 그녀의 소식이 없었다. 어제 그녀에게서 소식이 왔다. (hear of)　※ hear from
(6) 나는 어제 그녀로부터 소식을 듣고 매우 기뻤다.　　　　　　　　　　　※ be delighted
(7) 오랜만에 너를 보니 기쁘구나. ※ after a long separation　　　　　　 ※ be glad (happy)
(8) 톰은 그녀가 집에 없다고 말했다.　　　　　　　　　　　　　　　　　　※ is not at home
(9) 나는 그녀가 집에 없는 것을 알고 실망했다. (find를 이용함)　　　　　　※ be disappointed
(10) 부랴부랴 그녀의 집에 갔더니 그녀는 없었다. (to find ~)　　　　　　　※ in a hurry

(11) 나는 그 소식을 듣고 마음이 놓였다. (to hear~ / at the news)　　　　※ be relieved
(12) 이곳에서 너를 보니 내 마음이 매우 기쁘다.　　　　　　　　　　　　　※ be pleased
(13) 우리들은 다시 집에 돌아오게 되어 매우 기쁘다. (be glad)　　※ be back home again
(14) 그녀의 미모는 모든 사람(all)의 감탄을 받았다. (her beauty)　　　　　※ be admired
(15) 그녀는 자기의 미모가 모든 사람의 감탄을 받고 있다는 것을 알고 미소를 지었다.　※ smile to find
(16) 그이는 비행기 추락으로 사망했다. (be killed)　　　　　　　　　　　　※ in a plane crash
(17) 그녀는 그가 비행기 추락으로 죽었다는 말을 듣고 가슴이 메어지도록 울었다.　※ cry her heart out
(18) 나는 그녀가 저속한 말을 하는 것을 듣고 충격을 받았다.　　　　　　　※ vulgar words
(19) 그이는 영어는 말할 것도 없고 프랑스어도 말할 줄 안다.　　　　　　　※ not to speak of
(20) 사실대로 말하면 나는 깜빡 잊고 그에게 전화를 하지 않았다.　　　　　※ to tell the truth

(21) 너 나를 도와 줄 거냐? 도와주고 말구. (Will you ~?)　　　　　　　　※ to be sure
(22) 으음(well), 과연(to be sure), 그녀는 미인이군. (a beauty)
(23) 설상가상으로 그녀의 남편은 몸에 탈이 났다. (to make matters worse)　※ fall ill (sick)
(24) 그가 잠을 깨어보니 집이 화염에 싸여 있었다. (house on fire)　　　　　※ awoke to find
(25) 그는 열심히 공부했으나 그 시험에서 떨어졌다. (fail in)　　　　　　　※ only to fail

연·습·문·제 57

(a) ~ (d) 중에서 ( )안에 적당한 것은 어느 것인가?

(1) I don't want ( ) to be any misunderstanding. (오해가 없기를)
 (a) it (b) them (c) there (d) that

(2) To ( ) the truth, he is innocent. (사실대로 말하면)
 (a) say (b) talk (c) be (d) tell

(3) ( ) him speak English, you would take him for an American.
 (그를 미국인으로 착각하다)
 (a) To hear (b) Hear (c) if hear (d) to be heard

(4) He can speak French, to ( ) nothing of English. (영어는 말할 것도 없고)
 (a) speak (b) say (c) tell (d) talk

(5) This kind of wine is ( ) only in this part of France. (프랑스 이 지역에만 있다)
 (a) to find (b) to be found (c) finding (d) find

(6) I ( ) Mother to buy the car. (어머니에게 졸랐다)
 (a) offered (b) showed (c) worried (d) suggested

(7) He was ( ) to show me the way to the station.
 (a) kind enough (b) too kind (c) enough kind (d) kind too

(8) He was ( ) not to drive when he was drunk.
 (a) too wise (b) wise enough (c) too rash (d) foolish enough

(9) Your plan leaves nothing ( ). (너의 계획은 완벽하다)
 (a) to desire (b) desired (c) to be said (d) to be desired

(10) Some things are ( ) to see without a microscope.
 (a) too small (b) too large (c) small enough (d) large enough

(11) This coat isn't ( ) to wear in winter.
 (a) too warm (b) warm enough (c) cheap enough (d) too expensive

※ leave nothing to be desired 완벽하다, 더 할 나위없이 좋다

형용사적 용법　　　　　　　　　　　　08

(A) 아래의 보기에서 to infinitive 가 noun (명사)을 수식하는 역할을 한다.
　이 경우 infinitive를 『① ~할, ② ~해야할, ③ ~하는, ④~한 』등으로 해석할 수 있다.

		noun(명사)	to infinitive	
(1-a)	Give me	something	to eat.	eat something의 변화임
(1-b)	He has	nobody	to turn to.	turn to nobody의 변화임
(1-c)	Bring me	a chair	to sit on.	sit on a chair의 변화임
(1-d)	He is not	a friend	to rely on.	rely on a friend의 변화임
(1-e)	There are	many difficulties	to overcome.	overcome difficulties의 변화임

(1-a)= 나에게 먹을 것을 주세요.　　①에 해당
(1-b)= 그는 의지할 사람이 없다.　　①에 해당
(1-c)= 나에게 앉을 의자를 가져오너라.　①에 해당
(1-d)= 그는 믿을(만한) 친구가 아니다.　①에 해당
(1-e)= 극복해야할 많은 난관이 있다.　②에 해당

아래의 a)와 b)의 관계, c)와 d)의 관계, e)와 f)의 관계를 이해하면 위의 문장을 이해하는 데 도움이 된다.

	동사	명사	앞에 있는 명사를 수식한다	뜻
a)	eat	something		무언가를 먹다
b)		something	to eat	먹을 무언가(를,가)
c)	sit on	a chair		의자에 앉다
d)		a chair	to sit on	앉을 의자
e)	overcome	difficulties		난관들을 극복하다
f)		difficulties	to overcome	극복해야 할 난관들

예문 더 보기 :

		n (명사)	to+동사(t.i)		n은 t.i의 의미상의 주어
(2-a)	He had	no friends	to support	him.	n이 그이를 돕다의 관계
(2-b)	He is	the last person	to take	a bribe.	n이 뇌물을 받다의 관계
(2-c)	He didn't do	anything	to hurt	her feelings.	n이 감정을 건드리다의 관계
(2-d)	She is not	a girl	to do	such a thing.	n이 그러한 일을 하다의 관계
(2-e)	He had	no friends	to help	him.	n이 그이를 돕다의 관계
(2-f)	He was	the first man	to come	back.	n이 돌아왔다의 관계

(2-a)= 그는 그를 지지하는 친구가 없었다.　　　　　　　　　　　③에 해당
(2-b)= 그는 뇌물을 절대로 받을 사람이 아니다.　　　　　　　　①, ③에 해당
(2-c)= 그는 그녀의 감정을 건드릴(건드리는) 일은 아무것도 하지 않았다.　①, ③에 해당
(2-d)= 그녀는 그러한 일을 할 (또는 하는) 소녀가 아니다.　　　　①, ③에 해당
(2-e)= 그는 그이를 도와주는 (또는 도와줄) 친구가 없었다.　　　①, ③에 해당
(2-f)= 그는 돌아온 첫 번째 사람이었다. (돌아온 사람 중에서 그가 첫 번째였다.)　④에 해당

아래 ⓐ와ⓑ의 관계 ⓒ와ⓓ의 관계 ⓔ와ⓕ의 관계를 이해하면 위의 문장 (2-a) ~(2-f)를 쉽게 이해할 수 있다.

	주어	동사	목적어	
ⓐ	Many friends		help	him.	많은 친구가 그이를 돕는다.
ⓑ	many friends	to	help	him	그이를 도와주는(도와줄) 많은 친구들
ⓒ	Something		hurt	his feelings.	무언가가 그의 감정을 건드렸다. (과거시제)
ⓓ	something	to	hurt	his feelings	그이의 감정을 건드리는 무언가(를, 가)
ⓔ	Many cops		took	a bribe.	많은 순경이 뇌물을 받았다.
ⓕ	many cops	to	take	a bribe	뇌물을 받는(받을) 많은 순경들

『A is the last + 명사 + to + 동사의 원형』=『A는 절대로 ~ 할 ~이 아니다』

(1) He is the last man to rely on.
(2) This is the last book to read.
(3) He is the last man to help (cheat) you.
(4) He is the last person to betray (speak ill of) you.
(5) Father is the last man to take this into consideration.

(1)= 그는 절대로 믿을 만한 사람이 아니다.
(2)= 이것은 절대로 읽어서는 안 되는 책이다.
(3)= 그이는 절대로 너를 도와줄 (속일) 사람이 아니다.
(4)= 그는 절대로 너를 배반할(험담할) 사람이 아니다.
(5)= 아버지는 절대로 이런 일을 고려해볼 사람이 아니다.

* rely on 의지하다, 믿다   * cheat 속이다   * betray 배반하다
* speak ill of = ~에 대하여 나쁘게 말하다, 험담하다, 비방하다 (반대말은 speak well of)
* take A into consideration = A를 고려하다, A를 참작하다

PREMIUM 5. tak A into consideration

A가 문장이면 A의 자리에 it를 사용하고 consideration 뒤에 참작할 내용을 써야한다.

		A= 단어		A= 문장 (참작할 내용)
(1)	Take	his age	into consideration.	
(2)	Take	it	into consideration	that health means everything.
(3)	Take	it	into consideration	that he is young.
(4)	Take	it	into consideration	that I did my best.
(5)	Take	it	into consideration	that I meant no harm.

(1)= 그의 나이를 참작해주세요.   (2)= 건강이 최고라는 것을 참작해라.
(3)= 그이가 어리다는 것을 참작해주세요.   (4)= 제가 최선을 다했다는 점만은 참작해주세요.
(5)= 제 말에는 악의가 없었다는 것을 참작해주세요.

예를 들면 (2)를 아래와 같이 하면 안 된다.
~~Take that health means everything into consideration.~~

아래의 문장처럼 「to 부정사」에 전치사가 있으면 다음과 같이 고칠 수 있다.

   Bring me a chair　　　　to sit on.　※ 이 문장은 209쪽에 있는 (1-c)이다.
= Bring me a chair on which to sit　　.

   I have nothing　　　　to complain of.
= I have nothing of which to complain　　. <나는 아무것도 불평할 것이 없다>

   This is a good land　　　　to live in.
= This is a good land in which to live　　. <이곳은 살기 좋은 땅이다>

「to 부정사」 앞에 있는 말이 사람인 경우에는 which를 사용하지 않고 whom 을 사용한다.

   He is not a man　　　　to rely on.
= He is not a man on whom to rely　　. <그는 믿을 만한 사람이 아니다>

   He has nobody　　　　to turn to.
= He has nobody to whom to turn　　. <그는 의지할만한 사람이 없다>

Bonus　가지가지 error (잘못, 실수, 착오, 오류)

fatal	error	치명적인 오류	typing	error	타이핑 오류
common	error	흔이 있는 실책	spelling	error	스펠링 오류
small	error	사소한 실책	glaring	error	명백한 오류
serious	error	중대한 과실	medical	error	의료과실
grave	error	큰 실수	rounding	error	4사5입으로 인한 오차
great	error	큰 실수	standard	error	표준오차
careless	error	부주의한 실수	past	error	과거의 실책
unfortunate	error	엄청난 실수	pilot	error	기장의 조종미스
grammar	error	문법의 오류	tactical	error	전술상의 실수, 오류
fundamental	error	근본적인 오류	clerical	error	사무상(事務上)의 실수

 * avoid error　실수를 피하다　　　　* commit error　실수를 범하다
 * cause error　실수를 야기하다　　　* repeat error　실수를 되풀이하다

(B) 「promise to + 동사의 원형」에 속하는 것:

다음의 (a)문의 attempt는 동사이고 (b)문의 attempt는 명사이다.

(3-a)		He	attempted	to solve	the problem.
(3-b)	She spoke highly of	his	attempt	to solve	the problem.

(3-a)= 그는 그 문제를 풀어보려고 시도해보았다. (attempted = 시도했다)
(3-b)= 그녀는 그 문제를 풀어보려는 그이의 시도를 극구 칭찬했다. (attempt = 시도)

(4-a)			They promised	to help	her.
(4-b)	They	kept	their promise	to help	her.

(4-a)= 그들은 그녀를 도와주겠다고 약속했다.   (promised = 약속했다)
(4-b)= 그들은 그녀를 도와주겠다는 자기들의 약속을 지켰다. (promise = 약속)

* keep one's promise = 약속을 지키다.

(5-a)			We	desire	to be	happy.
(5-b)	We must suppress		our	desire	to be	happy.

(5-a)= 우리들은 행복해지기를 갈구한다. (desire = 원하다, 욕구)
(5-b)= 우리는 행복해지고 싶은 우리의 욕구를 억제해야한다.

(6-a)	He decided	to resign.	
(6-b)	His decision	to resign	surprised me.

(6-a)= 그는 사직하기로 결심했다.
(6-b)= 사직하겠다는 그이의 결심이 나를 놀라게 했다

(7-a)		She	refused	to come to terms.
(7-b)	I cannot understand	her	refusal	to come to terms.

(7-a)= 그녀는 타협을 거부했다.   * come to terms 타협하다
(7-b)= 나는 그녀가 타협을 거부한 것을 이해할 수 없다.

(8-a)	He intends	to study	English.	
(8-b)	His intention	to study	English	is satisfactory to me.

(8-a)= 그이는 영어를 공부할 생각이다.
(8-b)= 영어를 공부하겠다는 그의 의도가 나로서는 만족스럽다.

(9-a)= You do not need to prepare lunch. <너 점심을 준비할 필요 없다>
     = You need not prepare lunch.   (이 문장의 need는 조동사임)

(9-b) There is no need (for you) to prepare lunch. <점심 준비할 필요가 없다>

※ do not need에서 need는 동사다. 그러나 there is no need에서 need는 명사다.

Bonus   freedom (자유, 해방)의 종류

academic	freedom	학문의 자유	great	freedom	대폭적인 자유
economic	freedom	경제적 자유	total	freedom	완전한 자유
religious	freedom	종교의 자유	complete	freedom	완전한 자유
sexual	freedom	성의 자유	creative	freedom	창작의 자유
press	freedom	보도의 자유	relative	freedom	상대적인 자유
political	freedom	정치적 자유	individual	freedom	개인의 자유
artistic	freedom	예술의 자유	new	freedom	새로운 자유
human	freedom	인간의 자유	maximum	freedom	최대한의 자유
basic	freedom	기본적인 자유	true (real)	freedom	진정한 자유
personal	freedom	개인적인 자유	perfect	freedom	완전한 자유

(C) able to와 ability to에 유의하기 바란다. * able = 유능한, 능력 있는   * ability 능력

(10-a)		He is	able	to write	English.
(10-b)	I made much of	his	ability	to write	English.

(10-a)= 그이는 영어를 쓸 수 있다. (좋은 영어문장을 문법에 맞게 쓸 수 있다는 뜻)
(10-b)= 나는 영어를 쓸 수 있는 그이의 능력을 높이 평가했다.

아래의 문장에서도 ambitious는 형용사이고 ambition은 ambitious의 명사이다.

(11-a)	He is	ambitious	to be a great artist.	
(11-b)	His	ambition	to be a great artist	pleased his mother.

(11-a)= 그는 위대한 예술가가 되기를 열망한다.   * be ambitious to ~ 하기를 갈망하다
(11-b)= 위대한 예술가가 되려는 그의 열망이 자기의 어머니를 흐뭇하게 해주었다.

* ambitious [æmbíʃəs] 대망을 품은   * ambition 대망, 야망, 포부

(12-a)	He was anxious		to marry her.	
(12-b)	His	anxiety	to marry her	is unreasonable.

<그녀와 결혼하고 싶어 하는 그이의 염원은 터무니없다 (비합리적이다)>

* be anxious to ~하기를 갈망하다

(D) reason(이유), way(방법), time(시간), chance(기회), place(장소), effort(노력), occasion(경우) 등의 뒤에 「to + 동사의 원형」이 올 경우 전치사를 생략한다.

(13-a)	There is no reason to complain for.	불평할 이유가 없다.
(13-b)	You'll have a chance to escape by.	너는 도주할 기회를 갖게 될 것이다.
(13-c)	What is the best way to learn English in?	영어를 배우는 최선의 방법은 무엇인가?
(13-d)	Winter is the best time to visit Europe at.	겨울은 유럽을 방문하는 최 적기이다.
(13-e)	I made every effort to help you by.	나는 너를 돕기 위한 모든 노력을 기울였다.

* complain for the reason 그 이유 때문에 불평하다   * in the way 그 방법으로
* at the time 그때   * by (any, some) chance 우연히   * by effort 노력으로

(E) 「have the kindness to + 동사의 원형」에 속하는 것

	have 추상명사	to + 동사의 원형	
(14-a)	have the kindness	to show me the way	※ kindness 친절
(14-b)	have the courage	to say no	※ courage 용기
(14-c)	have the boldness	to strike at him	※ boldness 대담함
(14-d)	have the misfortune	to break one's leg	※ misfortune 불운
(14-e)	have the fortune	to succeed	※ fortune 행운

(14-a) 친절하게도 나에게 그 길을 안내해주다 (= be so kind as to show me the way)
(14-b) 용감하게도 '노'라고 말하다 (= be so courageous as to say no)
(14-c) 대담하게도 그이를 때리려고 하다 (= be bold enough to strike at him)
(14-d) 불행하게도 다리가 부러지다 (= be unfortunate enough to break one's leg)
(14-e) 운 좋게도 성공하다 (= be fortunate enough to succeed)

be 형용사 + to + 동사   09

(1)	be likely to + 동사	~할 것 같다
(2)	be eager to + 동사	~하기를 갈망한다
(3)	be sure to + 동사	틀림없이 ~한다
(4)	be certain to + 동사	틀림없이 ~한다
(5)	be due to + 동사	~할 예정이다
(6)	be willing + 동사	기꺼이 ~한다
(7)	be apt to + 동사	~하는 경향이 있다
(8)	be about to + 동사	막 ~하려고 한다
(9)	be afraid to + 동사	무서워 ~할 기분이 안 나다
(10)	be ready to + 동사	~할 준비가 되어있다

It is likely to rain.   비가 올 것 같다.
I'm eager to see you.   나는 너를 보기를 갈망하고 있다.
He is sure to come.   그는 틀림없이 옵니다.
He is certain to come.   그는 틀림없이 옵니다.
The party is due to begin at six.   그 파티는 6시에 시작하기로 되었다.
I'm willing to help you.   내가 너를 기꺼이 도와주마.
He is apt to forget.   그는 잘 잊는 경향이 있다.
He is about to leave.   그는 막 떠나려는 참이다.
I am afraid to touch it.   나는 무서워서 그것을 만지고 싶은 기분이 안 나네요.
I'm ready to start.   나는 출발할 준비가 되어있다.

be afraid to ~와 be afraid of -ing의 차이

(1) be afraid to ~ = 두려워서 ~할 기분이 안 난다
(2) be afraid of -ing = ~하지나 않을까 두려워하다 (불안하다, 걱정이다)
　　　　　　　　　　 ~게 되지나 않을까 두려워하다 (걱정이다, 불안하다)
　　　　　　　　　　 ~하면 안 되는데라는 생각으로 두려워하다 (불안하다)

　I am afraid to die. = (ㄱ) I am afraid in the direction of dying.
　　　　　　　　　　 = (ㄴ) I am afraid of what may follow my death.
　(ㄱ) 의 뜻: 나는 죽음을 생각하면 두려운 생각이 든다.
　(ㄴ) 의 뜻: 나는 사후에 어떤 일이 일어날까 두려운 생각이 든다.
　　　　　 즉, 나는 두려워서 죽고 싶은 생각(마음)이 없다.

　I am afraid of dying. = I am afraid that I shall die.
　　　　　　　　　　　　 나는 죽는 것이 두렵다. 죽지나 않을까 해서 두렵다.

기타 예문들:

Well, were you afraid to come and see me ?
<음, 저, 너 무서워서 나를 보러 올 기분이 아니었던 거냐?>

She is afraid to talk, he thought. <그녀는 두려워서 말을 하지 않는 거라고 그는 생각했다.>

He is afraid to make anyone mad.
<그는 누구의 감정도 상하게 해서는 안 된다는 생각에 시달리고 있다.>

They are afraid to go anywhere. <그들은 두려워서 어디든 갈 기분이 아니다.>

I am afraid to talk about it. <나는 두려워서 그것에 대하여 말할 마음이 없다.>

I was afraid of hurting his feeling. = I was afraid that I might hurt his feeling.
<나는 그이의 감정을 건드릴까봐 두려웠다.>

He is afraid of hurting someone's feeling.
= He is afraid that he might hurt someone's feeling.
<그는 누군가의 감정을 건드릴까봐 두려워하고 있다.>

He is afraid of hurting anyone's feeling.
<그는 누구의 감정을 건드려도 안 되는데라는 생각에 걱정이 태산이다.>

I am afraid of his not understanding me.
= I am afraid that he might not understand me.
<그가 내 말을 이해하지 못할까 봐서 불안하다.>

연·습·문·제 58

다음 문장을 해석하시오.

(1) He has no friends to help.
(2) He has no friends to help him.
(3) His sudden illness upset our plan to go to France.
(4) He is the last person to take a bribe.
(5) She is not a girl to do such a thing.
(6) I have no money to buy food (with).
(7) He has a large family to support.
(8) There are many difficulties to overcome.
(9) I have nothing to declare.

* **sudden** 갑작스러운   * **illness** 병   * **upset** 뒤엎다, 무너뜨리다   * **plan** 계획
* **France** 프랑스   * **person** 인물, 인격   * **take** 받다   * **bribe** 뇌물   * **such** 그러한
* **food** 음식, 식량   * **support** 부양하다, 지지하다   * **difficulty** 난관, 어려움
* **overcome** 극복하다   * **declare** (세관에 관세 품을) 신고하다

(10) Take something to read on the train.
(11) I have some work to do.
(12) He broke his promise to help me.
(13) He gave up his attempt to solve the problem.
(14) She has no intention to come.
(15) There is no reason to suspect him.
(16) They hired a room to hold the party in.
(17) It is a good chance for you to make money.
(18) Do you have the ability to fly?

* **take** 가지고 가다   * **work** 일, 작업   * **attempt** 시도, 노력
* **intention** (~을 하고자 하는) 의도   * **suspect** 혐의를 두다, 수상하게 생각하다
* **hire** 돈을 주고 빌리다 (=rent)   * **hold** 개최하다   * **make money** 돈을 벌다   * **ability** 능력

(19) I have my wife and family to think of.
(20) We are preparing for the joy of life to come.
(21) You have no power to dismiss him.
(22) I have no time to do it.
(23) We took the measures to preserve order.
(24) There are many things to do.
(25) There are many things to see in Seoul.
(26) He has a chance to succeed.

* prepare 준비하다   * joy 기쁨   * life 인생, 삶, 목숨   * power 힘, 권력
* dismiss 해고하다   * take (조치 따위를) 취하다, 강구하다
* measure 조치, 수단, 기준, 척도   * preserve 유지하다, 보존하다
* order 질서, 순서, 주문, 명령 * succeed 성공하다   * chance 가능성

(27) I gave my secretary permission to leave early.
(28) I have some place to go.
(29) We decided to oppose the scheme.
(30) Our decision to oppose the scheme pleased her.
(31) He refused to reveal his identity.
(32) Nothing justifies his refusal to reveal his identity.
(33) He wished to be a great musician.
(34) He harbored the wish to be a musician.
(35) You are likely to succeed.
(36) They are eager to go on a trip.

* permission 허락   * oppose 반대하다   * scheme 계획   * decision 결정
* identity 신분   * reveal 폭로하다   * justify 정당화하다
* refusal 거절   * musician 음악가   * harbor (희망, 원한 등을) 품다
* disappoint 실망시키다   * trip 여행

(37) He is sure to return.
(38) The thief is certain to be caught in time.
(39) They are due to arrive here soon.
(40) I'm quite willing to do anything for you.
(41) (1) Iron is apt to rust. (2) We are apt to think so.
(42) He was about to get married.
(43) The little boy was afraid to go near the dog.
(44) I am ready to die for my country.
(45) He had the boldness to ask me for money.
(46) He had the kindness to call a taxi for me.

* return 돌아가다, 돌아오다   * certain 확실한, 어떤   * arrive 도착하다
* do anything 무엇이든지 하다   * iron 철, 쇠   * rust 녹슬다   * get married 결혼하다
* be ready to ~할 각오가 되어 있다   * boldness 대담성, 대담함   * ask for ~을 요구하다
* lose 잃다, 지다

(47) She had the misfortune to lose her only son.
(48) He had the courage to turn down the offer.
(49) I have nothing to say about it.
(50) He is anxious to please everybody.
(51) He did so in his anxiety to please everybody.
(52) She decided to divorce herself from her husband.
(53) I made nothing of her decision to divorce her husband.
(54) His wish to modernize his country came to nothing.

* offer 제의, 제안   * turn down 거절하다   * please 기쁘게 해주다   * anxiety 갈망, 근심
* divorce 이혼하다   * modernize 현대화하다
* make nothing of ~를 아무렇지도 않게 생각하다   * come to nothing 허사가 되다

연·습·문·제 59

밑줄 친 곳에 필요한 전치사를 쓰시오. (필요하지 않은 것도 있다)

¤ clue ¤

(1) I have no money to buy food _____.   ※ buy something with money
(2) She gave me much to think _____.   ※ think of (or about) something
(3) I have nothing to do _____ now.   ※ do something
(4) I have nothing to complain _____.   ※ complain of something
(5) Bring me a chair to sit _____.   ※ sit on a chair
(6) He doesn't earn enough money to live _____.   ※ live on rice (the pension)
(7) This is a good land for us to live _____.   ※ live in a good land
(8) There is no reason to refuse _____.   ※ for reasons of ~
(9) Please tell me the best way to learn English _____.   ※ learn English in the way 인데
(10) Do you have any place to go _____?   ※ go to some place 인데
(11) He has no friends to rely _____.   ※ rely on someone
(12) He has many friends to visit _____.   ※ visit someone
(13) He has many friends to call _____. (방문할 친구)   ※ call on someone
(14) He has many friends to pay a visit _____.   ※ pay a visit to someone
(15) This apron has no pockets to put things _____.   ※ put things in the pocket
(16) I want some scissors to cut my nails _____.   ※ cut something with scissors
(17) She is impossible to work _____.   ※ work with her
(18) She is easy to please _____.   ※ please someone
(19) The window is too dirty to look _____.   ※ look through a window
(20) They hired a large room to hold a party _____.   ※ hold a party in the room
(21) There are a few children for you to look _____.   ※ look after someone
(22) She is one of the children for you to take care _____.   ※ take care of someone
(23) He is not a man to be laughed _____.   ※ laugh at someone
(24) He is not a man to trifle _____.   ※ trifle with 가볍게 다루다
(25) I have many problems to solve _____.   ※ solve a problem

연·습·문·제 60

다음의 우리말을 영어로 말하시오.

(1-a) 그이는 자기의 아들을 자랑스럽게 생각한다. ※ be proud of ~
(1-b) 그이는 자랑할 만한 아들이 있나요? ※ Does he have ~?
(2-a) 나는 의자에 앉았다. ※ sit on a chair
(2-c) 내가 앉을 의자(하나) ※ for me ~
(2-d) 내가 앉을 의자 하나 가져오너라. ※ Bring me
(2-e) 앉을 의자가 없구나. ※ There is no ~
(3-a) 나는 아무 것도 두려워하지 않는다. ※ be afraid of nothing
(3-b) 나는 두려워하는 것이 없다. ※ I have ~
(4-a) 나의 자녀들은 그 마당(뜰)에서 논다. ※ play in the garden
(4-b) 나의 자녀들이 놀 마당
(4-c) 이 근방에는 나의 자녀들이 놀만한 마당이 없다. ※ around here, 또는 near here

(5-a) 그이는 벤처기업을 시작하기를 열망하고 있다. ※ be ambitious to ※ start a venture
(5-b) 그이는 벤처기업을 창업하려는 야망으로 가득 차있다. ※ business ※ be full of
(6-a) 그는 건강이 나빠서 사직하려고 한다. ※ resign ※ because of, ill health
(6-b) 너는 사직해야 할 이유가 없다. ※ You have no ~
(6-c) 내가 그것을 아는 데는 충분한 이유가 있다. ※ have every reason
(=나는 그것을 아는 모든 이유를 가지고 있다) ※ know that
(6-d) 너는 거절해야 할 이유가 없다. ※ refuse 거절하다
(6-e) 너는 그이를 미워해야 할 이유가 없다. ※ hate him

PRACTICE

(7-a) 나는 숙제 할 시간이 없다. ※ do my homework
(7-b) 나는 옷 사는데 쓸 돈이 없다. ※ spend money on clothes
(8-a) 너는 돈을 빌릴 필요가 없다. ※ borrow money
(8-b) 돈을 빌릴 필요가 없다. ※ There is no need ~
(9-a) 그이는 대학에 들어가기를 갈망하고 있다. ※ go on to college , be ambitious to
(9-b) 대학에 들어가고 싶은 의욕 ※ ambitious의 명사는?
(9-c) 그는 대학에 들어가려는 의욕으로 달아 올라있다. ※ be fired with

(10-a) 그이는 브레이크를 밟지 않았다. ※ apply the brakes
(10-b) 그이는 브레이크를 밟을만한 판단력이 없었다. ※ have no sense
(11-a) 나는 돌아갈 생각이다. ※ intend to   ※ go back
(11-b) 나는 돌아갈 생각이 없다. ※ have no intention
(12-a) 이것이 그 문제를 푸는 최선의 방법이다. ※ solve the problem
(12-b) 그들은 그 감옥에서 도주할 방법이 없었다. ※ escape from the prison
(13-a) 그는 나에게 자리를 양보했다. ※ give up his seat to me
(13-b) 그는 친절하게도 나에게 자리를 양보했다. ※ have the kindness to
(14-a) 그는 나에게 돈을 빌려달라고 요구했다. ※ ask me to lend him money
(14-b) 그는 뻔뻔스럽게도 나에게 돈을 빌려달라고 요구했다. ※ have the impudence

224 • LESSON 7   반가운 영어

(15-a) 그이는 너보다 더 빨리 달릴 수 있다.　　　　※ run faster than
(15-b) 나는 너보다 빨리 달릴 수 있는 그의 능력에 감탄했다.　※ admire A = A에 감탄하다
(16-a) 너는 그이를 상대로 소송을 제기하는 것이 낫다.　　※ proceed against 소송 걸다
(16-b) 너는 그이를 상대로 소송을 제기하지 않을 수 없다.　※ be forced (obliged) to
(17-a) 우리들은 남을 험담하지 말아야한다.　　　　　　　※ speak ill of others
(17-b) 우리들은 남을 험담하는 경향이 있다.　　　　　　　※ be apt to
(18-a) 그 공원에 가면 너는 틀림없이 톰을 만난다.　　　　※ be sure to
(18-b) 그 도둑은 틀림없이 곧 잡힌다(be caught).　　　　※ in no time　※ be certain to
(19-a) 그이가 틀림없이 시장(mayor)에 당선된다.　　　　※ be elected
(19-b) 그이가 시장에 당선될 것 같다.　　　　　　　　　※ be likely to
(19-c) 그이는 시장에 당선되기를 갈망하고 있다.　　　　※ be eager to

(20-a) 당신을 위해서라면 기꺼이 목숨을 바치겠습니다.　※ be willing to　※ die for
(20-b) 당신을 위해서라면 죽을 각오가 되어 있습니다.　　※ be ready to
(21-a) 톰이 우리를 대표하여 연설하기로 되어 있다. (on behalf of)　※ be due to speak
(21-b) 그이는 아버지의 뒤를 이어 사장이 되기로 되어 있다.　※ succeed A　※ as president
(22-a) 내가 막 나가려고 하는데 네가 들어왔다.　　　　※ be about to　※ when
(22-b) 내가 막 떠나려고 하는데 비가 오기 시작했다.　　※ It rained.

연·습·문·제 61

다음 문장을 해석하시오.

★ **Thinking** <상상(想像)> ★
The Smartest Girl in the World
- 세상에서 제일 똑똑한 처녀 -

꼭 읽으세요. 많은 것을 얻게 됩니다.

(1) Once a man and a woman had a strong healthy daughter named Jane. They loved her very much. They thought she was the smartest girl in the whole world. One day her father said to her mother, "Isn't it time for our Jane to get married?" Her mother sighed and nodded her head, "Yes, but nobody seems to ask her to marry him."

* once = once upon a time 옛날   * in the whole world 전 세계에서
* one day (지나간) 어느 날 / some day는 미래의 어느 날   * get married 결혼하다
* sigh 한숨 쉬다   * nod 고개를 끄덕이다, 수긍하다

(2) "The thing to do," said the father, "is to invite a young man here for dinner so (that) he can see how clever our Jane is." The mother smiled happily. "Let's ask young John. He would make a fine husband for Jane."

* the thing to do 우리가 해야 할 일   * is to invite 초대하는 것이다.
* so (that) ~ can ~하기 위하여, ~하도록 하기 위하여   * see 이해하다
* make a fine husband 좋은 남편이 되다.

(3) The next day Jane's father asked young John for dinner. "I'd like you to meet our Jane," he said. "I think you will love her when you get to know her." John shook his head. "I'd like to have a wife," he said, "but all the girls I met are so stupid! I want a wife who is really smart."

* the next day 그 다음 날 비교 : next day 다음 날
* young John (1) 기운이 팔팔한 존 (2) 존 2세   * get to know = come to know 알게 되다
* shake one's head 머리를 절레절레 흔들다 ≠ nod one's head 수긍하다
* all the girls I met 내가 만난 모든 처녀들   * a wife who is really smart 정말로 똑똑한 아내

(4) "Smart!" cried Jane's father. "There is no girl in the whole village, even the whole world, as smart as our Jane! "Well, I'll have dinner with you and see for myself," said John. "But I warn you, I won't marry anybody but a really smart girl."

* warn you 당신에게 먼저 알려드립니다.   * see for myself 내가 직접 확인해 보겠습니다.
* but ~을 제외하고

(5) He came that night, and the four of them sat down at the table. Jane did not say much, because her father and mother did all the talking. The mother wanted to know whether John liked the soup, because Jane had made it herself. The father showed him the beautiful white tablecloth that Jane had embroidered. Finally the father looked around him and saw that there was no cider on the table.

* sat down at the table 식탁에 앉았다   * did all the talking 말을 도맡아 하다
* had made 만들어 놓았었다   * tablecloth 식탁보
* embroider 수를 놓다, 자수하다 / tablecloth that Jane had embroidered 제인이 수놓은 식탁보
* look around 둘러보다

(6) "Be a good girl, Jane," he said, "and go down in the cellar and get a pitcher of cider." When Jane got downstairs, she looked around her. "I'll just pull a chair up to the cider barrel before I start to fill the pitcher," she said to herself. "No sense in hurting my back stooping under the cider barrel."

* Be a good girl 직역: 착한 처녀가 되어라 의역: 착하기도 하지, 우리 딸 제인
* cellar 지하 창고   * get 가져오다   * pitcher 물주전자
* got downstairs 아래층에 도착했다   * pull a chair 의자를 잡아 당기다
* up to the cider barrel 사이다 통이 있는 곳으로 바싹
* barrel 통   * fill 채우다   * say to herself 속으로 생각해보다
* no sense in ~ 하면 주변머리 없는 거지   * hurt 다치다
* back 등   * stoop 웅크리다

(7) She pulled up the chair and put the pitcher under the cider barrel. While she was waiting for the pitcher to fill, she looked up and saw her father's ax stuck in a beam over her head. She gave a loud shriek. "Oh my!" she cried. "Suppose I marry John, and we have a son. When he gets big and strong, we might send him down to the cellar to get a pitcher of cider. Suppose that ax drops on him. It will surely kill him!" The thought was so terrible that she put her head in her hands and began to cry.

* stuck 박혀있는   * beam 대들보   * over her head 그녀의 머리 정통으로 위쪽에
* give a loud shriek 크게 비명을 지르다   * suppose 상상하다
* get big 성장하다, 커지다   * drop 떨어지다, 낙하하다, 물방울
* thought 생각   * terrible 무시무시한, 소름끼치는

(8) Meanwhile, her mother and father and John were waiting upstairs for the cider. Finally, the mother call the maid, "Please go down in the cellar," she told her, "and see what Jane is doing." The maid went down the steps, and in the cellar she saw Jane crying and sobbing as if her heart would break.

* meanwhile = meantime 그러는 동안에, 한편   * wait for ~을 기다리다
* finally 마침내   * maid 하녀   * steps 계단   * sob 흐느껴 울다
* as if her heart would break 가슴이 찢어질 듯이

(9) "What is it?" the maid asked in a fright. "A terrible thing!" Jane said between sobs. She pointed to the ax stuck in the beam. "Just suppose I marry John, and we have a son, and he comes down here to get cider, and the ax falls and kills him. Oh, I can't bear to think of it!"

* fright 공포, 경악 in a fright 깜짝 놀라, 겁에 질려   * between sobs 흐느끼면서
* point to ~을 손가락으로 가리키다   * bear 참다
* can't bear to think of it 그 생각만 해도 참을 수가 없다
* think of ~에 대하여 생각하다

(10) At this, the maid gasped and began to cry herself. "You are so smart, Jane!" she sobbed. "That would truly be terrible." Upstairs, the mother and father got more and more restless, and finally the mother said, "I'll just go downstairs myself to see what happened to Jane." When she got downstairs, she saw the maid and Jane with their arms around each other, crying.

* at this 이 말을 듣고   * gasp 헐떡거리다, 숨이 차다, 기가 막히다
* restless 불안한, 초조한, 조마조마한
* with their arms around each other 서로 부둥껴 앉고

(11) "Tell me," the mother asked fearfully. "What has happened?" "Nothing has happened yet," Jane said, sobbing and gasping for breath. "It's just that I was thinking ahead. Suppose I married John, and we had a fine, big son. Then he might come down in the cellar to get a pitcher of cider. You see that ax in the beam up there? It might fall on our son and kill him. What shall I do, what shall I do?"

* fearfully 겁에 질려   * yet 아직(은)
* gasp for breath 목이 메다, 숨이 가쁘다   * think ahead 미리 예상하다

(12) At this, the mother burst into tears, too. "Oh, you smart girl," she cried. "Let me comfort you, my poor dear Jane!" Finally, the father could stand it no longer. "Don't go away," he said to John. "Something must be wrong down there. I'll just see what's happened."

* burst into tears 와락 울음을 터뜨리다
* let me comfort you. 직역 : 내가 너를 위로하게 해다오. 의역 : 위로할 말이 없구나. 어떻게 위로하면 좋겠니?   * stand it no longer 이제는 견딜 수가 없다. 더 이상 참을 수가 없다

(13) In the cellar he saw the three sobbing women with their arms around ach other. "What's the matter?" he cried to them. "My son and John's," Jane sobbed. "If he comes down here to get cider, that ax might fall and kill him." The father had never thought of this, and he said wonderingly, "Oh, my smart Jane, only you would think of that!" Then he began to weep along with the others.

* what is the matter ? 왜 그러는 거요? 무슨 일이 있는 게요?
* wonderingly 감탄에 젖어, 궁금한 마음으로

(14) By now, John didn't know what to do. The whole family had gone to the cellar, and nobody had come back with the cider. He decided at last to go himself and see what had happened.

* by now 지금에 이르러, 지금은
* at last 마침내 , at first 처음에는, at most 많아야, at least 적어도

230 • LESSON 7   반가운 영어

(15) He stood amazed when he saw Jane, the maid, her mother, and her father, all sobbing with their arms around each other. "What's wrong?" John asked them. Jane ran toward him and threw herself into his arms. "John, John!" she moaned. "If you marry me and we have a big strong son, he may come down here to get some cider, and that ax might fall and kill him. I can't bear to think of it, can you?"

* amaze 경탄하게 하다　　　　　　　* what's wrong 무엇이 잘못된 거요?
* run toward ~이 있는 쪽으로 달려가다
* throw herself into his arms 그의 품에 파고들다, 안기다　　* moan 신음하다

(16) John stood there with his mouth open for a moment, and then he put his head back and laughed and laughed. "So your daughter is smart, is she?" he asked Jane's father. "Well, let me tell you this. I'd have to go a long way to find a girl any sillier than she is."

* with his mouth open 입을 벌리고　　* for a moment 잠시 동안
* put his head back 머리를 뒤로 젖히다　* go a long way 멀리 가다, 머나먼 곳에 가다
* any sillier 조금이라도 더 우둔한

(17) "Silly? our Jane?" shouted the mother and father, straightening up and drying their tears. "You don't know what you're saying!" "I'll make a bargain with you," John said, "If I can find even three people who are sillier than your daughter, I'll come back and marry her." He then said good-bye and went off to see if he could find anybody as silly as Jane.

* straighten up 허리를 펴다　　* dry their tears 직역 : 눈물을 말리다　의역 : 눈물을 닦다
* bargain 흥정 / make a bargain 흥정하다
* even 꼭, 정확히, 평평한, even number 짝수, odd number 홀수
* go off 떠나가다　　　　　* say good-bye to ~에게 작별인사하다

(18) The first person he came to was a woman standing outside her house. Her long hair hung down her back, and it was dripping wet. She was holding a mirror in her hands, tilting it this way and that way toward one of her front windows. "Good day, madam," John said. "May I ask what you are doing?"

* the first person he came to 그가 처음 만난 사람　　* dripping wet 매우 젖어 있는
* tilt 기울이다　　* this way and that way 이쪽 저쪽으로　　* good day 안녕하세요.
* front window 정면에 있는 창문

(19) The woman put the mirror down and smiled proudly. "You see how smart I am? I've washed my hair, and now I'm using this mirror to reflect a little sunshine into the house so I can dry it." John looked at her for a moment. Then he said gently, "But it's a nice warm day. Why don't you sit outside in the sun and dry your hair?"

* put down 내려놓다, (폭동 따위를) 진압하다　　* proudly 자랑스럽게
* reflect 반사하다, 비추다　　* sunshine 햇빛　　* so = so that ~하기 위하여
* in the sun 양지에

(20) "I've never thought of that!" she said in surprise. "Why, you are even smarter than I am!" "And she is even sillier than Jane," John thought to himself, as he walked off down the road.

* have never thought of ~에 대하여 생각해본 적이 없다
* surprise 놀라게 하다, 어이없게 하다, 놀람, in surprise = with surprise 놀라서
* even smarter 한층 더 똑똑한, 훨씬 더 똑똑한
* think to himself 상념에 (생각에) 빠졌다　　* as ~하면서
* go off (갑자기) 떠나다　　* down the road 도시에서 더 멀어지는 시골 쪽으로

have never + 과거분사 = ~한 적이 없다.

	have	never	과거분사	기타	뜻
I	have	never	seen	a ghost.	나는 유령을 본 적이 없다.
I	have	never	thought of	it.	나는 그것에 대하여 생각해본 적이 없다.
I	have	never	met	her.	나는 그녀를 만난 적이 없다.
I	have	never	been	to Paris.	나는 파리에 가본 적이 없다.
I	have	never	read	the book.	나는 그 책을 읽어본 적이 없다.
She	has	never	eaten	pork so far.	그녀는 지금까지 돼지고기를 먹어본 적이 없다.
I	have	never	been	in love.	나는 사랑해 본 적이 없다.

(21) Before long he came to another woman who was standing beside an animal pen with a bucket in her hand. Inside the pen was a nanny goat, eating hay contentedly and paying no attention to the woman. "Here nanny goat, here nanny goat," she kept calling, as she waved the bucket at the goat. John stopped to watch her curiously. "May I ask what you're doing, madam?"

* **before long** 얼마 안 되어, 얼마 후에
* **nanny goat** 암염소 ≠ **billy goat** (수염소)
* **contentedly** 만족스럽게
* **keep ~ing** 계속 ~하다
* **curiously** 호기심을 가지고
* **pen** 가축의 우리
* **bucket** 양동이
* **hay** 마초, 소나 말에게 먹이기 위하여 말려놓은 풀
* **pay no attention to** ~에게 관심을 안 두다
* **wave** 흔들다, 파도, 물결
* **stop to watch** 지켜보기 위해 발걸음을 멈추다

(22) "It's this stupid goat!" the woman said. "I can't get her to come out of the pen to be milked." John looked at her a moment, and then he said gently, "Why don't you go inside the pen, instead of calling the goat out? Then you can milk her easily."

* **get her to come out of** = **make her come out of** ~에서 나오게 하다
* **be milked** 젖이 짜지다
* **instead of** ~대신에
* **then** 그렇게 되면, 그렇게 하면
* **a moment** = **for a moment** 잠깐 동안
* **call A out** = A를 불러내다
* **why don't you go inside** ? 안으로 들어가시지 그래요.

(23) "Why, that's a good idea!" the woman cried. "You're smarter than I am!" "And you're sillier than Jane," muttered John to himself, as he went on down the road. He came at last to a little woman with a big pig in her arms. She was huffing and puffing as she held the pig's feet against the trunk of a big oak tree.

* mutter 중얼거리다, 투덜거리다 / mutter to himself 혼자 중얼거리다
* huff 입김을 내품다, 호통 치다, 들볶다   * puff 훅 불다, 숨을 헐떡거리다
* trunk 나무의 줄기   * oak 참나무

(24) "That pig seems rather heavy for you, madam," John said. "May I ask what you are doing?" "Oh, he's such a stupid pig," the woman said. "He can't get enough acorns to eat, and he's getting thinner. Well, I'm too smart to let that happen! If he can't get acorns for himself on the ground, I'll make him climb the tree where he can find all he wants."

* rather 약간, 좀 (주로 바람직하지 않은 것에 사용한다) 이 경우에는 무거운 것이 바람직하지 않다고 본 것임. 바람직 한 것에는 rather 대신에 fairly를 사용한다. It's rather cold. <좀 춥네요.> It's fairly warm. <제법 따뜻하네요.>

(25) "Why don't you knock the acorns down for him with a long rake?" John suggested gently. "Then he won't have to go up in the tree." "Why, of course!" the woman said with delight. "That would be much easier. How smart you are! You're even smarter than I am."

* rake 갈퀴   * suggest (~이 아니겠니냐 또는 ~하면 어떨까 하면서) 제의다, 제안하다
* delight 기쁨, 환희/ 기쁘게 해주다 / with delight 기꺼이
* much easier 훨씬 더 쉬운 / 비교급 앞에 있는 much의 뜻은 "훨씬"이다.

(26) "And you're even sillier than Jane," said John to himself. "And that makes three of you, so I'd better go back and keep my promise." When he got back, nobody was surprised to learn that he had found three women sillier than Jane, since they still believed she was the smartest girl in the world.

* make three of you 당신네들 3이 (완성) 되다   * say to himself 혼자 속으로 생각하다

(27) John married Jane. But before the wedding day, he suggested that her father move the ax in the cellar. "Then we can be sure," he told Jane and her family, "that the ax will never fall on our son."

* move 치우다   * be sure that ~을 확신하다

아래의 문장에서 A₂의 자리에 다음의 동사를 사용하면 B₁의 자리에는 동사의 원형이나 should + 동사의 원형을 사용해야한다. propose, move (제의하다), order (명령하다), demand (요구하다), urge (촉구하다), command (명령하다)

	A₁	A₂		B₁	B₂ (동사의 원형)	
a)	He	suggested	that	her father	move	the ax.
b)	I	demand	that	the plan	be carried	out at once.
c)	He	commanded	that	she	set off	at once.
d)	She	urged	that	her son	study	English hard.
e)	He	ordered	that	she	give up	the plan.

위 문장의 뜻은 아래와 같다.

a) 그는 그녀의 아버지에게 그 도끼를 치워야하지 않겠느냐고 제의했다.
b) 나는 그 계획을 당장 실천에 옮겨야한다고 요구했다.
c) 그는 그녀에게 당장 떠나라고 (떠나야한다고) 명령했다.
d) 그녀는 아들한테 영어를 열심히 공부하라고 (공부해야한다고) 다그쳤다.
e) 그는 그녀에게 당장 그 계획을 포기하라고 (포기해야한다고) 명령했다.

(28) The father and mother looked at John in wonder and admiration. "What a clever idea," Jane's father said. He laughed happily. "We are going to have a son-in-law almost as smart as our Jane!"

* in wonder 원 세상에 이런 일도 다 있구나 하는 마음으로   * in admiration 감탄하여
* son-in-law 사위

THE HARE AND THE TORTOISE (토끼와 거북이)

A hare one day jeered at the slow pace of a tortoise. The latter, laughing said, "Though you are as swift as the wind, I'm sure I could beat you in a race." The hare, finding the proposal impossible, immediately assented. On the day of the race the hare and tortoise started together. The tortoise moved with a slow but steady pace; the hare, trusting his own swiftness, cared little about the race, and lying down by the road, fell fast asleep. The tortoise plodded on, but the hare overslept and awoke to find the tortoise crossing the finish line.

* Slow and steady wins the race. 느려도 꾸준히 하면 이긴다.
* hare 산토끼 . 집토끼는 rabbit   * jeer at 비웃다, 조롱하다 (= mock, scoff)
* pace (걸음 걸이, 운동, 진보, 발전 따위의) 속도, 걸음걸이   * tortoise 거북이
* the latter 후자 / 반대는 the former 전자 / 해답란에 the former ~ the latter에 대한 예문이 있음
* swift (재)빠른, 신속한 명사는 swiftness 신속, 민첩
* beat 패배시키다, 무찌르다, 연달아 치다 beat a drum 북을 치다, 심장이 뛰다
* race 경주, 경마, 인생행로, 인종, 민족   * proposal 신청, 제안, 제의
* immediately 당장, 즉시   * assent 동의하다, 찬성하다
* move 움직이다, 감동시키다   * with a slow but steady pace 느리지만 꾸준한 속도로
* trust 신뢰하다, 신용하다, 의지하다, 믿다   * care 걱정하다, 마음 쓰다, 심려하다
* little 거의 ~하지 않다   * lie down 눕다
* fall fast asleep 깊이 잠이 들다   * plod on 꾸준히 터벅터벅 걸어가다
* oversleep 잠을 너무 많이 자다   * awake to find 잠을 깨고 나서 ~을 알게 되다
* cross 건너다, 십자가   * the finish live 결승선

- 해답 및 풀이 -

연습문제 1

(1-a)	English is difficult.	(1-b)	To learn English is difficult.
(2-a)	It is pleasant.	(2-b)	To talk with her is pleasant.
(3-a)	This book is important.	(3-b)	To read this book is important.
(4-a)	It is impossible.	(4-b)	To solve the problem is impossible.
(5-a)	It is wrong.	(5-b)	To tell a lie is wrong.
(6-a)	This camera is necessary.	(6-b)	To buy this camera is necessary.
(7-a)	The river is dangerous.	(7-b)	To swim in the river is dangerous.
(8-a)	It is good for the health.	(8-b)	To get up early is good for the health.
(9-a)	It is a great honor.	(9-b)	To serve you is a great honor.
(10-a)	It is very urgent.	(10-b)	To give them food is very urgent.
(11-a)	To see her is to love her.	(11-b)	To see is to believe.
(11-c)	To know everything is to forgive everything.		
(11-d)	The best way to learn English is to go to America.		

(12-a)	It is natural.	(12-b)	To help them is natural.
(13-a)	It is foolish.	(13-b)	To help them is foolish.
(14-a)	It is rude.	(14-b)	To cut in is rude.
(15-a)	He is wise.	(15-b)	To make friends with him is wise.
(16-a)	The book is useless.	(16-b)	To read the book is useless.
(17-a)	It is a great pleasure.	(17-b)	To travel abroad is a pleasure.
(18-a)	It is my duty.	(18-b)	To teach them English is my duty.
(19-a)	My job is to teach English.	(19-b)	My wish is to marry him.
(19-c)	His wish is to be a champion.	(19-d)	His hobby is to play badook.
(19-e)	Our aim is to found a school.	(19-f)	The important thing is to persuade her.
(19-g)	My dream is to be a top singer.	(19-h)	His ambition was to acquire great wealth.

연습문제 2

(1-a) 방안에 있는 것보다는 밖에 나가는 것이 좋다.
(1-b) 너는 방안에 있는 것보다는 밖에 나가는 것이 좋다.
(2-a) 그 가파른 산을 올라가는 것은 위험하다.
(2-b) 우리들이 그 가파른 산에 오르는 것은 위험한 일이다.
(3-a) 그 호기(好機)를 잃는다는 것은 유감스러운 일이다.
(3-b) 그이가 그 호기를 잃는다는 것은 유감스러운 일이다.
(4-a) 학교에 다니는 것은 중요한 일이다.
(4-b) 어린이들이 학교에 다니는 것은 중요한 일이다.
(5-a) 그 강을 헤엄쳐 건넌다는 것은 불가능한 일이다.
(5-b) 그가 그 강을 헤엄쳐 건넌다는 것은 불가능한 일이다.
(6-a) 그렇게 생각하는 것은 (그렇게 생각한다면 그것은) 이상한거야.
(6-b) 네가 그렇게 생각한다면 그것은 이상한 일인걸.
(7-a) 그녀의 도움을 거절하는 것은 현명한 일이다.
(7-b) 네가 그녀의 도움을 거절하는 것은 (거절한다면 그것은) 현명한 일이다.
(8-a) 쥐꼬리만한 봉급으로 산다는 것은 어려운 일이다.
(8-b) 그녀가 자기의 쥐꼬리만한 봉급으로 생활한다는 것은 어려운 일이다.
(9-a) 내가 원하는 것 (원하는 그 무엇)은 당신의 충고입니다.
(9-b) 내가 원하는 것은 나 자신의 차를 갖는 것이다.
(9-c) 이것은 내가 원했던 것(내가 원했던 그 무엇)이다.
(10-a) 그녀는 톰이 그녀에게 무언가를 보내려고 하는데 그것을 거절할 것이다.
(10-b) 톰이 그녀에게 보내려고 하는 것 (보내려고 하는 그 무엇)은 시계임에 틀림없다.

(11) 내가 원하는 것은 일류가수가 되는 것이다.
(12) 그녀가 제일 좋아하는 것은 해외여행이다.
(13) 그녀가 한 말은 현명하지 않다.
(14) 나는 네가 한 말을 이해할 수 없다.
(15) 이것이 나의 가방 안에 있던 것이다.
(16) 네가 나에게 화를 내는 것은 무익한 일이다.
(17) 당신이 그녀의 충고를 묵살하는 것은 잘못된 일이다.
(18) 네가 상관의 말에 순종하는 것은 꼭 필요한 일이다.
(19) 우리가 여기에 있는 것은 (다른 사람들이나 우리에게) 좋은 일이다.
(20) 여기에 있는 것은 우리에게 좋은 일이다.
(21) 그의 제안을 받아들이는 것은 큰 손실을 입는 것이다.
     (그의 제안을 받아들이면 크게 손해를 보게 된다)
(22) 살다보면 안 좋은 일은 있게 마련이다.

연습문제 3

(1-a)　To play in this street is dangerous.
　　= 　Playing in this street is dangerous.
　　= 　It is dangerous to play in this street.
　　= 　It is dangerous playing in this street.
(1-b)　It is dangerous for children to play in this street.

(2-a)　It is necessary to do something for him.
(2-b)　It is necessary for you to do something for him.

(3-a)　It is impossible to solve this problem.
　　= 　To solve this problem is impossible.
(3-b)　It is impossible for us to solve this problem.

(4-a)　It is natural for her to get angry.
(4-b)　It is natural for her to get angry with you.

(5-a)　It is a pity to give up the plan.
(5-b)　It is a pity for us to give up the plan.

(6-a)　It is important to learn English.
(6-b)　It is important for us to learn English.

(7-a)　It is natural to suspect him.
(7-b)　It is natural for her to suspect him.

(8-a)　It is a great honor to win a grand prix.
(8-b)　It is a great pleasure to win a grand prix.

(9-a)　It is useless to answer the question.
(9-b)　It is useless for me to answer the question.

(10-a) It is useless to try it.　(10-b) It is useless for you to try it.

(11-a) What she wants is to build a bridge here.
(11-b) He will buy her what she wants.
(11-c) I can't understand what she said.

(12) It is better to live single than to be gay.
(13) It is of no use to help him.
(14) It is of great use for us to help one another.
(15) To be or not to be, that is the question.
(16) To err is human, to forgive (is) divine.
(17) It is easy for me to swim across the lake.
(18) It is natural for them to live on bread.
(19) What I like best of all is to be with you.
(20) I think that it is natural for you to succeed to your father's business.
(21) I am not sure whether (or not) it is right for us to help them.

연습문제 4

(1) 우리들은 평화롭게 살기를 바란다.
(2) 우리들은 내일 비가 오기를 희망합니다.
(3) 우리들은 내일 당신을 다시 보기를 갈망하고 있습니다.
(4) 그이의 머리(카락)는 너무 길었다. 그래서 그녀는 얼굴을 찌뿌렸다.
(5) 너는 지금 쉬고 싶으냐?
(6) 내가 영어를 잘 말할 수 있다면 좋겠는데. (현재 잘할 수 없어서 유감이다.)
  주의: I wish (that) 주어 + 동사의 과거형을 사용하면 소원을 나타내는 글이 된다.
  보기: I wish (that) I were a bird. 내가 새라면 좋겠는데.
     I wish (that) I had wings. 나에게 날개가 있다면 좋겠는데.

(7) 그는 그들을 도와주겠다고 약속했다.
(8) 그는 나에게 돈을 좀 빌려주겠다고 약속했다.
(9) 그는 그들을 안 도와 주겠다고 약속했다.
(10) 그는 그들을 도와주겠다고 약속하지 않았다.
(11) 그는 그 모임에 안 가기로 작정했다.
(12) 그는 그 모임에 가겠다고 아직 결심하지 않았다.
(13) 그는 나에게 약간의 돈을 꾸어주겠다고 동의했다.
(14) 나는 그녀가 너의 계획에 찬성할 거라고 생각하지 않는다.

(15) 당신은 용은 실존하지 않는다고 말했는데 나는 당신의 생각에 동의합니다.
(16) 그녀는 대상을 탈거라고 예상하지 못했다.
(17) 그녀는 대상을 탈거라고 예상하지 못했다. ※ (16)과 (17)은 동일한 문장이다.
(18) 그는 그 문제를 풀어보려고 해보았다.

(19) 그들은 내년에 그 산에 다시 도전할 것이다. (=올라가려고 시도해볼 것이다)
(20) 그는 잃어버린 건강을 되찾으려고 했으나 건강 회복에 실패했다.
주의: try to, seek to, attempt to 는 ~하려고 시도한다는 뜻이 있는데 attempt to 에는 실패를 내재(內在)하고 있다.
(21) 너는 그녀를 위로해 줘야 한다.
(22) 우리들은 명성과 권력과 부를 동시에 추구할 수 없다.
(23) 드디어 비가 오기 시작했다. 우리들은 비가 온 종일 계속 내리기를 바랬다.
(24) 너는 영어 말하기를 배워야한다.
(25) 네가 영어를 배우려고 노력한다는 것을 나는 들어서 알았다.
(26) 너는 영어를 배울 필요가 있다.

(27) 너는 차를 살 여유가 있느냐? (28) 그 차는 그 산을 오르지 못했다.
(29) 그 차는 시동이 걸리지 않았다. (30) 그는 시험에서 떨어졌다.
(31) 나는 다음 주 월요일에 너에게 그 돈을 차질 없이 빌려줄 것을 약속하는 바이다.
(32) 톰은 그 돈을 받을까 말까 망설였다.
(33) 너는 기억하고 있다가 그 편지를 우체통에 넣어야한다.
(34) 잊지 말고 그 편지를 부쳐라.
(35) 음주는 패가망신하는데 (신세를 망치는데) 일익을 담당한다.
(36) 그녀는 부자인 체했다. (37) 그녀는 바쁜 체 하기를 좋아한다.
(38) 나는 가까스로 그 문제를 풀었다. (39) 너는 계속 게으름 피어서는 안 된다.

연습문제 5

(1-a) I cannot buy a car.
(1-b) I want to buy a car.
(1-c) I agreed to buy a car.
(1-d) I hesitated to buy a car.
(1-e) I cannot afford to buy a car.
(1-f) I need not buy a car. = I do not need to buy a car.

(2-a) Tom helped Jane.
(2-b) Tom promised to help Jane.
(2-c) Tom decided to help Jane.
(2-d) Tom likes to help Jane.
(2-e) Tom began to help Jane.

(3-a) You had better lock the door.
(3-b) I sometimes forget to lock the door.
(3-c) You must remember (or must not forget) to lock the door.
(3-d) I tried to unlock the door.
(3-e) I failed to unlock the door.
(3-f) I managed to unlock the door.
(3-g) I helped to unlock the door.

(4-a) She had better learn to speak English.
(4-b) She needs to learn to speak English.
(4-c) She must decide to learn to speak English.
(4-d) She began to learn to speak English.
(4-e) She longs (wants, wishes) to learn to speak English.
(4-f) She told me that she wanted to learn to speak English.

연습문제 6

(1) 그는 연설을 끝내고 앉았다.
(2) 저를 위하여 문 좀 닫아 주시겠습니까? (= 문 좀 닫아주세요).
(3) 그 도둑은 그 돈을 훔친 것을 시인했다.
(4) 그는 그 차를 훔친 사실을 부인했다.
(5) 그는 캐나다로 이민 가는 것에 대하여 고려해보았다.
(6) 나는 그 광경을 보고 웃지 않을 수 없었다.
(7) 그녀는 나의 질문에 대답하기를 회피했다.
(8) 나는 시골에 사는 것을 매우 좋아한다.
(9) 너는 이 책 읽기를 미루지 말아야 한다.
(10) 너는 해외에 가는 것을 미루었느냐?
(11) 너는 담배를 끊어야 한다.
(12) 니는 이 책을 읽고 싶은 기분이 나느냐?

(13) 나는 지금 먹고 싶은 기분이 아니다.
(14) 나는 그이의 말을 믿을 수 없다고 말하지 않을 수 없다.
(15) 그녀는 그 신곡 부르기를 연습하고 있다.
(16) 나는 그이에게 그것을 자랑하고 싶은 마음을 누를 수가 없었다.
(17) 그만 말하시오.
(18) 그 문 좀 닫아주시겠어요?
(19) 너는 내가 그 문을 닫는 것이 못마땅하냐?
(20) 그는 내내 계속해서 말했다.
(21) 나는 그녀를 만난 생각이 안 난다.
(22) 그는 담배를 끊으려고 노력했다.
(23) 그녀는 그 신곡 부르기 연습을 할까 말까 망설였다.
(24) 그는 그 대답을 알고 있는 체했다.
(25) 그는 담배를 끊겠다고 약속했다.
(26) 그는 골프연습을 하기로 결심했다.

연습문제 7

(1) washing <그녀는 설거지를 마치고 외출했다>
(2) to wash <그녀는 설거지하겠다고 약속했다>
(3) washing <나의 누나는 설거지하기를 절대로 마다하지 않는다>
(4) to wash <나의 누나는 설거지하겠다고 승낙했다>
(5) entering <그 도둑은 그 집에 들어간 것을 시인했다>
(6) making <우리들은 캐나다로 여행갈까 하고 심사숙고중이다>
(7) to make <우리들은 캐나다에 여행가기로 결심했다>
(8) arriving <그녀는 늦게 도착하지 않을 수 없었다>
(9) going <나는 오늘은 외출하고 싶은 기분이 나지 않는다>
(10) saying <나는 그렇게 말하지 않을 수 없다>
(11) to buy <나는 차를 사고싶다>
(12) shopping <대부분의 여인들은 쇼핑을 좋아한다>

(13) to pass <그녀는 그 시험에 합격할거라고 예상했다>
(14) to see <나는 너를 다시 보기를 희망한다>
(15) going <너는 치과의사에게 가는 것을 미루지 말아야 한다>
(16) to study <너는 영어를 공부할 필요가 있다>
(17) to go <나는 수영하러 가고 싶다>
(18) playing <나는 바둑을 즐겨 둔다.>
(19) selling <너는 너의 집을 팔지 않을 수 없다>

(20) selling   <그는 자기의 집을 팔고 싶은 기분이 아니었다.>
(21) to love   <그녀는 나를 사랑하는 체했다>
(22) giving   <나는 그 차의 수리를 포기하지 않을 수 없다>
(23) singing   <너는 그 노래 부르기 연습을 하는 게 낫다>
(24) to buy   <그녀는 그 드레스를 살까말까 망설였다>
(25) visiting   <나는 나의 삼촌 방문을 미루었다>

연습문제 8

(1-a) She plays the piano very well.   (1-b) She enjoys playing the piano.
(1-c) She gave up playing the piano.   (1-d) She needs to practise playing the piano.
(1-e) She wants to play the piano.
(1-f) She decided to give up practising playing the piano.

(2-a) I'm doing washing.   (2-b) I don't like to do washing.
(2-c) I didn't feel like doing washing.   (2-d) I cannot help doing washing.
(2-e) I put off doing washing.   (2-f) I promised to do washing.
(2-g) I must finish doing washing by three.

(3-a) He tried to solve the problem.   (3-b) He had better give up solving the problem.
(3-c) He wanted to solve the problem.   (3-d) He started to solve the problem.
(3-e) He needs to solve the problem.

(4-a) He kept on smoking.   (4-b) He promised to leave off smoking.
(4-c) He denied smoking in public.   (4-d) He admitted smoking in secret.
(4-e) He enjoys smoking.
(4-f) He decided (= made up his mind) to give up (= leave off) smoking.

연습문제 9

(1) 톰이 담배를 끊겠다고 약속할 거라고 네가 우긴 다면 그것은 무익한 일이라고 나는 생각해. 네가 톰의 말을 믿게 된다면 그것은 어리석은 일이거든. 왜냐고? 톰은 거짓말쟁이니까. 그는 사람 놀리는 거라면 좋아 죽는단 말이야.

(2) 일은 않고 빈둥거리며 사는 술고래를 돕는 것은 어리석은 행위라는 것을 왜 내가 그녀에게 말해주었는지 톰이 그 이유를 물었다. 나는 그녀가 빈둥거리기만 하는 술고래를 돕게 된다면 그것은 어리석은 짓이라고 대답했다. 그러한 사람을 돕는 것은 그 사람을 파멸시키는 것이다.

(3) 어제 나는 톰에게 포도주 한 병을 주었다. 톰이 술을 끊기로 작정한 것을 나는 잊었다. 나는 그가 술을 끊었는지 안 끊었는지 모른다. 그는 과거에는 독한 술을 마시곤 했다. 그는 저녁식사 후에 술 마시는 거라면 죽고 못 사는 사람이었다. 나는 이따금 그에게 충고해 주었다. 건강을 위해서 술을 그만 마시라고. 왜냐하면 독한 술을 마시는 것은 그에게 해로우니까.

연습문제 10

(1-a) 나는 그이가 의사라고 말했다.
(1-b) 나는 그에게 의사가 되라고 말했다.
(2-a) 톰은 그녀가 가끔 샘과 함께 영화 보러 간다는 것을 알고 있다.
(2-b) 톰은 그녀에게 자기와 함께 영화 보러 가자고 꼬셨다.
(3-a) 그녀는 내가 영어를 매우 열심히 공부한다고 자랑삼아 말한다.
(3-b) 나는 그 연설을 듣고 영어를 열심히 공부해야겠다는 생각이 우러났다.
　　　　직역: 그 연설은 내가 영어를 매우 열심히 공부하도록 나를 감동시켰다.
(4-a) 나는 그이가 나를 도왔던 것을 기억하고 있다.
(4-b) 나는 그에게 나를 도와 달라고 부탁했다.
(5-a) 어머니는 내가 그 전등을 11시에 꺼야한다고 말했다.
(5-b) 어머니는 나에게 그 전등을 11시에 끄라고 말했다.

(6-a) 그 의사는 나에게 담배를 끊으라고 충고했다.
(6-b) 그 의사는 내가 담배를 끊었다는 것을 알고 있다.
(7-a) 어머니는 내가 영화 보러 가는 것을 허락하지 않았다.
(7-b) 어머니는 내가 영화 보러 가는 것은 적절한 일이라는 것을 인정하셨다.

(8-a) 나는 그에게 당장 나가라고 명령했다.
(8-b) 나는 그이가 당장 나가지 않을 수 없다는 것을 들어서 알고 있었다.
(9-a) 나는 그녀가 떠날 수 없다는 것을 잊었다.
(9-b) 나는 그녀에게 떠나지 말라고 애원했다.

(10-a) 나는 그이가 내일 도착할 거라고 예상합니다.
       = 내 예상으로는 그이가 내일 도착할 것 같아요.
(10-b) =(10-a)
(11-a) 나는 그이가 내일 도착할 거라고 확신합니다.
(11-b) 나는 그이가 내일 도착하기를 희망합니다.
       = 나는 그이가 내일 도착했으면 좋겠다고 생각합니다.
       비교: I am afraid that he will arrive tomorrow.
           <그이가 내일 도착하면 안 되는데, 즉 내일 도착할까봐 걱정이다>

연습문제 11

(1) I told him to close the door.
(2) I ordered him to close the door.
(3) I said that he would close the door.
(4) I know that he closed the door.
(5) I want him to close the door.
(6) I know that he is careful. = I know him to be careful.
(7) I think that he is careful. = I think him (to be) careful.
(8) I believe that he was careful.
(9) I am going to teach him to be careful. (10) I want him to be careful.
(11) I want my father to buy a car. (12) I worried my father to buy a car.
(13) I persuaded my father to buy a car.

(14) I said that my father would buy a car. (15) I know that my father bought a car.
(16) I said that my father wanted to buy a car. (17) She told us to be rich.
(18) She wants us to be rich. (19) She said that we were (or are) rich.
(20) She found that we were rich.
(21) I expect that she will pass the exam. = I expect her to pass the exam.
(22) I want her to pass the exam. 또는 I hope that she will pass the exam.
(23) I said that she would pass the exam.

(24) I prayed to God that she might pass the exam.
(25) I don`t think that she can pass the exam.
(26) I know that she did not pass the exam.

연습문제 12

to 가 필요한 것: (2) (4) (6) (10) (18) (19) (22) (23)
문장의 뜻은 아래와 같다.

(1) 너 개들이 짖는 소리 들었냐?
(2) 그는 내가 그 문을 열도록 강요했다.
(3) 나는 무언가가 나의 팔위로 기어오는 것을 느꼈다.
(4) 너는 내가 이곳에 머물기를 원하느냐?
(5) 나는 그가 거리를 건너가는 것을 지켜 보았다.
(6) 그녀는 나에게 남들에게 친절하라고 말했다.
(7) 그는 그들에게 쉬도록 해주었다.
(8) 그는 우리를 철야근무 시켰다.
(9) 나는 그에게 그 집의 페인트칠을 하게 했다.
(10) 그 의사는 나에게 담배를 끊으라고 충고했다.
(11) 그는 내가 그 차를 수리하도록 도와주었다.
(12) 그는 나에게 앉으라고 명령했다.

(13) 나는 그가 그 출입문을 닫는 것을 유심히 보았다.
(14) 나는 어린이들이 말하는 것을 듣기 좋아한다.
(15) 너 누군가 들어오는 것을 감지했었니?
(16) 그이가 밥상에서 도움이 되게 해주어라.
(17) 그는 그 집 페인트칠을 도와주었었다.
(18) 그는 양심에 찔리어 고백하고 말았다.
(19) 그 권투선수는 우리들에게 싸우자고 도전장을 내밀었다.
(20) 나는 그가 차를 수리하는 것을 도와주었다.
(21) 그녀는 어머니가 저녁식사 짓는 것을 도와주었다.
(22) 그는 그녀를 매수하여 그 문서를 넘겨받았다.
(23) 나는 아들이 내 차를 사용하는(이용하는) 것을 금지했다.

연습문제 13

(1) 정답: (d)
ⓐ에서는 to를 버려야 한다. ⓑ에서는 burn 대신에 burning을 사용해야 한다. ⓒ에서는 to를 버려야 한다.

(2) 정답: (c)
ⓐ에서는 tick 대신에 ticking을 사용해야 한다. ⓑ에서는 knit 대신에 knitting을 사용해야 한다.
ⓓ에서는 drink 대신에 drinking을 사용해야 한다.

(3) 정답: (b)
(a), (c), (d)에서는 to를 버려야 한다.

(4) 정답: (a)
(b)에서는 **play**대신에 **to play**, (c)에서는 **cry**대신에 **crying**, (d) 에서는 **to**를 버림 (to를 버리지 않아도 된다)

(5) 정답: (d)

연습문제 14

(1) 나는 톰이 나를 도와 줄 거라고 기대했다. (2)의 뜻은 (1)과 같다.
(3) 그녀는 네가 그 편지를 부쳐 주기를 바라고 있다.
(4) 나는 그에게 그 편지를 부쳐달라고 부탁했다.
(5) 그이는 나에게 열심히 공부하라고 말했다. (6) 그이는 내가 열심히 공부한다고 말했다.
(7) 나는 그들이 기뻐서 환호하는 소리를 들었다.
(8) 나는 그녀가 아파서 비명을 지르는 소리를 들었다.
(9) 나는 그들이 기뻐서 환호하고 있다는 말을 들어 알고 있다.
(10) 우리들은 그이에게 그 노래의 볼륨(음량)을 줄이라고 타일렀다.
(11) 그들은 우리들이 즉시 행동하도록 강요했다.
(12) 나는 그녀가 자기의 차안에서 울고 있는 것을 발견했다.
(13) 나는 그녀가 자기의 차안에서 울고 있는 것을 보았다.
(14) 나는 그녀가 자기의 차안에서 울고 있는 소리를 들었다.
(15) 나는 그녀가 자기의 차안에서 울고 있다는 말을 들었다.
(16) 그들은 그가 동굴 안에 숨어 있는 것을 발견했다.
(17) 나는 그이가 그 집에 들어가는 것을 보았다.
(18) 나는 네가 들어오는 소리를 못 들었다.
(19) 나는 네가 돌아올 거라는 말을 못 들었다.
(20) 그들은 위험이 없다는 것을 우리들이 믿게 해주었다.
(21) 나는 그이가 그 시험에 합격하기를 바란다.
(22) 그는 그녀가 자기와 함께 가주기를 요청했다.
(23) 나는 네가 이 책을 사라고 권하는 거야.

연습문제 15

(1-a) Nami will buy the camera.
(1-b) Nami wanted to buy the camera.
(1-c) I want Nami to buy the camera.
(1-d) I told Nami to buy the camera.
(1-e) I said that Nami would buy the camera.
(1-f) I made Nami buy the camera.

(2-a) They had better stay here.
(2-b) I want them to stay here.
(2-c) I told them to stay here.
(2-d) I asked them to stay here.
(2-e) I allowed them to stay here. 또는 I let them stay here.

(3-a) He used to snore terribly.
(3-b) I heard him snoring terribly.
(3-c) I know that he snores terribly.
(3-d) I hear that he snores terribly.

(4-a) Tom can fix the car.
(4-b) I had Tom fix the car.
(4-c) I told Tom to fix the car.
(4-d) I said that Tom could fix the car.
(4-e) I forced Tom to fix the car.

(5-a) I smell something burning.
(5-b) I said that something was burning.
(5-c) I found that something was burning. = I found something burning.

연습문제 16

(1-a) He is innocent.
(1-b) I know that he is innocent.
(1-c) I said that he was innocent.
(1-d) I believe that he is innocent. = I believe him (to be) innocent.
(1-e) I proved that he was innocent. = I proved him (to be) innocent.
(1-f) He must prove that he is innocent. = He must prove himself (to be) innocent.

(2-a) He is a big liar.
(2-b) I said that he was a big liar.
(2-c) I know that he is a big liar.
(2-d) I found that he was a big liar.

(3-a) She is a capable teacher.
(3-b) I know that she is a capable teacher.
(3-c) I said that she was a capable teacher.
(3-d) I told her to be a capable teacher.

(3-e)   I think that she is a capable teacher.
(3-f)   She thinks that she is a capable teacher. = She thinks herself (to be) a capable teacher.

(4-a)   He is in your place. (= He is in your shoes.)
(4-b)   I consider that he is in your place. = I consider him to be in your place.
(4-c)   I found that he was in your place. = I found him to be in your place.
(4-d)   I know that he is in your place.
(4-e)   I said that he was in your place.
(4-f)   Imagine that you are in his place. = Imagine yourself to be in his place.

(5-a)   It is wrong to cheat in the examination.
(5-b)   I said that it is (or was) wrong to cheat in the examination.
(5-c)   I hold that it is wrong to cheat in the examination.
         = I hold it wrong to cheat in the examination.
(5-d)   I found that it was impossible to solve the problem.
         = I found it impossible to solve the problem.
(5-e)   I hold it necessary for us to preserve our national culture.

연습문제 17

(1)   I believe that she is happy. = I believe her (to be) happy.
(2)   She believes that she is happy. = She believes herself (to be) happy.
(3)   Let's imagine that Jane is in his place. = Let's imagine Jane to be in his place.
(4)   Let's imagine that we are in his place. (place대신에 shoes를 써도 된다)
         = Let's imagine ourselves to be in his place.
(5)   Imagine that you are in his place. = Imagine yourself to be in his place.
(6)   I hold that it is my duty to pay taxes. = I hold it (to be) my duty to pay taxes.
(7)   We hold that the king is responsible for the war.
         = We hold the king (to be) responsible for the war.
(8)   We consider that he is a great artist. = We consider him (to be) a great artist.
(9)   He considers that he is a great artist. = He considers himself (to be) a great artist.
(10) He appointed me (to be or as) professor.
(11) We chose him (to be, 또는 as 또는 for) chairman.
(12) Most people supposed that he was innocent. = Most people supposed him (to

be) innocent.
(13) The court held that the accused was not guilty. = The court held the accused not (to be) guilty.
(14) They found that the house was empty. = They found the house (to be) empty.
(15) We elected him (to be or as) monitor.

연습문제 18

(1-a) 제인은 그 접시가 깨끗하다고 말했다.
(1-b) 제인은 그 접시를 깨끗이 물로 씻었다.
(1-c) 그 개가 접시를 깨끗이 핥았다.

(2-a) 그는 그녀의 안색이 창백하다고 말했다.
(2-b) 그 소식이 그녀를 창백하게 변화시켰다. = 그녀는 그 소식을 듣고 안색이 창백해졌다.

(3-a) 사람들은 그이가 미쳤다고 말한다. = 그는 미쳤대. = 그는 미쳤다는군.
(3-b) 그 아픔이 그를 미칠 지경으로 몰고 갔다. = 그는 그 통증으로 미칠 지경이었다.

(4-a) 나는 그이가 허약하다는 것을 들어 알고 있다.
(4-b) 그이의 병이 그이를 허약하게 만들었다. =그이는 병을 앓고 난 후에 허약해졌다.

(5-a) 우리들은 그이가 의식이 없는 것을 발견했다. = 우리들은 그이가 기절해있는 것을 발견했다.
(5-b) 깡패가 그이를 때려 기절시켰다. = 그이는 깡패한테 늘씬하게 두들겨 맞고 기절했다.

(6) 그이는 그 벽을 하얗게 칠했다.
(7) 우리들은 그 늑대를 사살했다.
(8) 이 맥주를 시원하게(시원해지도록) 보관하세요.
(9) 그녀는 그 계란을 푹 삶았다.
(10) 이 계란을 반숙해주세요.
(11) 그는 그것을 찢어서 개봉했다.
(12) 그녀는 그 케이크를 딱딱하게 구웠다.
(13) 그 소년은 두 손을 긁어 두 손이 짓물러졌다.
(14) 제인은 그 고기를 까맣게 태웠다.
(15) 메뚜기들이 그 들판을 깨끗이 먹어치웠다.
(16) 그녀는 그것이 위험하다고 큰 소리로 외쳤다.
(17) 그녀는 눈이 통통 붓도록 울었다.
(18) 그녀는 울다가 잠이 들었다.
(19) 그들은 인수를 주장으로 임명했다.
(20) 우리들은 그이를 배신자라고 불렀다.
(21) 뜨거운 햇빛으로 땅이 단단하게 구워졌다.
(22) 심판들은 그녀가 승자라고 선언했다.
(23) 지는 해가 하늘을 붉게 물들였다.
(24) 그들은 오바마를 대통령으로 선출했다.
(25) 나는 그이가 진정한 친구라는 것을 깨달았다.

(26) 나는 그에게 죄가 있다는 것을 깨달았다.   (27) 그는 청중을 매료시켰다.
(28) 너는 몸을 따뜻하게 해야 한다.   (29) 그 문을 열어놓지 마시오.
(30) 당신의 개를 풀어 놓지 마시오.   (31) 이 곡은 그녀로 인하여 크게 유명해졌다.
(32) 그들은 그 죄수들을 석방했다.
(33) 그들은 그 아기에게 예선이라는 이름을 지어주었다. (= 그들은 그 아기의 이름을 예선이라고 지었다)
(34) 그는 그녀가 매력 있다고 생각했다.

연습문제 19

(1-a) (2-c) (3-c) (4-c) (5-a) (5-b) (5-c) (6-b) (6-c) (6-d) (7-c) (8-a) (8-b)

연습문제 20

(1-a)   The pencil is sharp.   (1-b)   Tom said that the pencil was sharp.
(1-c)   You had better cut the pencil sharp.

(2-a)   I hear that she is happy.
(2-b)   I think that she is happy. = I think her (to be) happy.
(2-c)   I wish to make her happy.

(3-a)   The door is open.
(3-b)   I found that the door was open. = I found the door open.
(3-c)   I pushed the door open. = I opened the door by pushing.
(3-d)   Push the door open. = Open the door by pushing.
(3-e)   Don't break the door open. = Don't open the door by breaking.
(3-f)   He kicked the door open. = He opened the door by kicking.
(3-g)   He told me that the door was open.
(3-h)   He told me to push the door open. = He told me to open the door by pushing.

(4-a)   She is angry.   (4-b)   I know that she is angry.
(4-c)   My answer made her angry.   (4-d)   She said that my answer made her angry.

(5-a) Her hair is black.   (5-b) I said that her hair was (or is) black.
(5-c) She dyed her hair black.

(6-a) It is impossible for us to climb the mountain.
(6-b) I think that it is impossible for us to climb the mountain.
= I think it (to be) impossible for us to climb the mountain.
(6-c) I found that it was impossible for us to climb the mountain.
= I found it (to be) impossible for us to climb the mountain.
(6-d) The storm made it impossible for us to climb the mountain.

연습문제 21

옳은 문장 : (1-a) (1-b) (1-c) (2-b) (2-c) (2-d) (3-d) (4-c) (5-b) (5-c) (5-d) (6-a) (6-b) (7-b)
(8) X ※ to be를 버려야 함   (9) x to be를 버려야 함
(10), (11), (12)는 The sun keeps us warm.이라고 해야 한다. 뜻: 태양이 우리를 따뜻하게 해준다.

연습문제 22

(1-a) He is our leader.   (1-b) We chose him (to be 또는 as 또는 for) our leader.
(1-c) We said that he was our leader.   (1-d) I want him to be our leader.

(2-a) The house is empty.
(2-b) I found that the house was empty. = I found the house empty.
(2-c) I hear that the house is empty.

(3-a) He is a trustworthy man.
(3-b) I found that he was a trustworthy man. = I found him (to be) a trustworthy man.
(3-c) He proved that he was a trustworthy man. = He proved himself (to be) a trustworthy man.
(3-d) I said that he was a trustworthy man.   (3-e) I told him to be a trustworthy man.

(4-a)   It is very difficult to understand one another.
(4-b)   I found that it was very difficult to understand one another.
        = I found it very difficult to understand one another.
(4-c)   I know how difficult it is to understand one another.

(5-a)   He is a genius.
(5-b)   I consider (that) he is a genius. = I consider him (to be) a genius.
(5-c)   He considered that he was a genius. = He considered himself (to be) a genius.
(5-d)   Tom told me that he is (or was) a genius.

(6-a)   He shot the wolf dead.   (6-b)   You had better paint the wall green.
(6-c)   Please boil this egg soft.   (6-d)   Please boil this egg hard.
(6-e)   She burned the meat black.   (6-f)   Exercise makes the body strong.

연습문제 23

(1) 그 학생들이 박씨를 그들의 지도자로 선출한다면 그게 매우 유익할 거라고 당신이 톰에게 말했다는 것을 나는 들어서 알고 있습니다. 당신이 진담으로 말한 거라면 그것은 쓸데없는 소리를 한 거라고 생각합니다. 톰이 원하는 것은 그 학생들이 이씨를 그들의 지도자로 선출했으면 한다고 나에게 말했거든요. 톰은 이씨야말로 그 학생들을 행복하고 낙천적이고 자신감에 넘치는 사람으로 만들어줄 거라고 확신하고 있었어요. 내 말에 반대하시나요?

(2) 내 남편은 내가 머리를 검은 색으로 염색하기를 바란다고 말했어요. 그러나 나는 검은 색으로 염색하기를 원하지 않아요. 나는 갈색으로 염색할 생각이에요. 아마 그는 나에게 화를 내겠지요. 내가 갈색 두발을 갖게 되면 내 모습이 얼마나 아름다워질지 그는 상상도 못 하나 봐요. 내 갈색 머리가 남편의 넋을 뺄 거라고 나는 확신합니다.

(3) 나는 이해가 안 돼요. 왜 어떤 사람은 과식하여 병나고 어떤 사람은 곤드래 만드래 취하도록 술을 퍼마시고 어떤 사람은 스스로 불행을 자초하고 어떤 사람은 눈이 통통 붓도록 울고 어떤 사람은 고래고래 소리질러 목이 다 쉬고 어떤 사람은 과로하여 기진맥진하는지 말입니다. 당신은 그 이유를 압니까? 당신이 안다고 우긴다면 그건 말도 안 돼요.

연습문제 24

(1) 먹힌다
(2) 먹혔다
(3) 먹힐 것이다
(4) 먹히고 있다
(5) 먹히고 있었다
(6) 먹히지 않았다
(7) 닫혀야한다
(8) 닫히는 게 낫다
(9) 닫힐 수 있다
(10) 닫힐 필요가 없다
(11) 도움 받는다
(12) 도움 받았다
(13) 도움 받을 것이다
(14) 도움 받아야 한다
(15) 도움 받곤 했다
(16) 도움 받고 있었다
(17) 칭찬 받는다
(18) 칭찬받을 것이다
(19) (편지가)쓰여졌다
(20) (편지가) 쓰여지지 않았다
(21) 꾸중을 들었다
(22) 꾸중을 듣고 있다
(23) 맞는다
(24) 맞아야 한다
(25) 그려졌다
(26) 존경받는다
(27) 살해될 것이다
(28) 보내어진다
(29) (방금) 요청 받았다
(30) (아들이) 탄생했다
(31) 잘려야 한다
(32) 운반되고 있다
(33) 발견되었다
(34) (발로) 채었다
(35) 사랑받는다
(36) 공격당할 것이다
(37) 눈에 띄었다
(38) 풀려야 한다
(39) 구입(매입)되었다
(40) 끝내져야 한다

연습문제 25

(1) is made
(2) was made
(3) is being made
(4) was being made
(5) will be made
(6) can be made
(7) must be made
(8) have to be made
(9) used to be made
(10) had better be made
(11) should be made
(12) is not made
(13) was not made
(14) is going to be made
(15) is praised
(16) was praised
(17) will be praised
(18) must be praised
(19) is being praised
(20) was discovered
(21) was invented
(22) is being painted
(23) will be painted
(24) is not painted
(25) was not painted
(26) must be painted
(27) was printed
(28) can be printed

연습문제 26

(1-a)   carry (or carries)
(2-a)   carried
(3-a)   will carry
(4-a)   can carry
(5-a)   must carry
(6-a)   is (are) carrying
(7-a)   was (were) carrying
(8-a)   is (are) going to carry
(9-a)   used to carry
(10-a) had better carry
(11-a) do (does) not carry
(12-a) did not carry
(13-a) cannot carry
(14-a) need not carry
(15-a) destroy(s)

(16-a) destroyed
(17-a) must destroy
(18-a) do (does) not destroy
(19-a) did not destroy
(20-a) will destroy
(21-a) is (am, are) destroying
(22-a) need not destroy
(23-a) was (were) destroying
(24-a) had better destroy
(25-a) help(s)
(26-a) do (does) not help
(27-a) did not help
(28-a) is (am, are) helping
(29-a) will help

(1-b)   is (am, are) carried
(2-b)   was (were) carried
(3-b)   will be carried
(4-b)   can be carried
(5-b)   must be carried
(6-b)   is (are) being carried
(7-b)   was being carried
(8-b)   is (are) going to be carried
(9-b)   used to be carried
(10-b) had better be carried
(11-b) is (are) not carried
(12-b) was (were) not carried
(13-b) cannot be carried
(14-b) need not be carried
(15-b) is (are) destroyed

(16-b) was (were) destroyed
(17-b) must be destroyed
(18-b) is (are) not destroyed
(19-b) was (were) not destroyed
(20-b) will be destroyed
(21-b) is (are) being destroyed
(22-b) need not be destroyed
(23-b) was (were) being destroyed
(24-b) had better be destroyed
(25-b) is (am, are) helped
(26-b) is (am, are) not helped
(27-b) was (were) not helped
(28-b) is (am, are) being helped
(29-b) will be helped

연습문제 27

(1-a) Many (or A lot of) trees are planted every year.
(1-b) Are many trees planted every year?
(1-c) How many trees are planted every year?
(1-d) This tree was planted long ago.
(1-e) Was this tree planted long ago?
(1-f) When was this tree planted?
(1-g) This tree was not planted long ago.
(1-h) Many trees must be planted every year.
(1-i) Many trees are going to be planted this year.
(1-j) Many trees are being planted on the hill.

(2-a) This house was built ten years ago.
(2-b) Was this house built ten years ago?
(2-c) When was this house built?
(2-d) This house was not built ten years ago.
(2-e) Many (or A lot of) houses are built every year.
(2-f) Are many houses built every year?
(2-g) How many houses are built every year?
(2-h) Who(m) was this house built by? = By whom was this house built?

(3-a) Jane was invited by Tom yesterday. 또는 Jane was invited yesterday by Tom.
(3-b) By whom was Jane invited yesterday?
(3-c) Who was invited by Tom yesterday?
(3-d) Jane was not invited by Tom.
(3-e) Jane will be invited by Tom.

(4-a) By whom will Jane be helped?
(4-b) Who will be helped by Tom?
(4-c) Jane used to be helped by Tom.

(5-a) Many (or Lots of) workers were dismissed (or fired, or expelled) because of hard times.
(5-b) Lots of workers will be dismissed from work because of hard times.
(5-c) How many workers will be dismissed ?
(5-d) My father was not dismissed.
(5-e) Why were many workers dismissed ?
(5-f) When were they dismissed ?
(5-g) You will be dismissed before long.
(5-h) He must (or should) not be dismissed in spite of hard times.

연습문제 28

(1-a) This letter was written by John.
(1-b) These letters were written by John.
(1-c) This letter was not written by John.
(1-d) Was this letter written by John ?
(1-e) By whom was this letter written ? = Who was this letter written by ?
(1-f) When was this letter written by John ?
(1-g) How many letters were written by John?

(2-a) The mail is delivered by my uncle.
(2-b) Is the mail delivered by my uncle ?
(2-c) By whom is the mail delivered ? = Who is the mail delivered by ?
(2-d) When was the mail delivered by you?
(2-e) The mail was not delivered by my uncle.
(2-f) The mail must be delivered by you.

(3-a) I am sometimes laughed at by her without any reason.
(3-b) I will be laughed at by her.
(3-c) I used to be laughed at by her.
(3-d) I was laughed at by her to my face for the idle talk.
(3-e) I was not laughed at by her in spite of the idle talk.
(내가 쓸데없는 잡담을 했는데도 그녀는 나를 비웃지 않았다)
(3-f) Were you laughed at by her for the idle talk?
(3-g) By whom were you laughed at ?
(3-h) Who was laughed at by her ?
(3-i) You are being laughed at by her.

(4) She was made angry by my answer.
(5) He was elected (to be, as) president.
(6) I was told to study hard by Mother

연습문제 29

(1) My sister wrote the letter.
(2) Did your sister write the letter ?
(3) Who wrote the letter ?
(4) When did your sister write the letter ?
(5) Jane did not write the letter.
(6) Tom is fixing your car.
(7) I was moved to study hard by his speech.
(8) I was asked to go to the movies by Jane.
(9) He was seen crossing the street (by them).
(10) The waves were painted red by the setting sun.

(11) Tom beat me senseless.   (12) Why did they beat you senseless ?
(13) Who invented the telephone ?   (14) How many books did the company publish?
(15) Did the dog bite Tom ?   (16) The company employed five hundred people.
(17) The flood washed away the house. (그 집은 홍수로 유실되었다)
(18) Airplanes are sometimes held up by fog. (안개 때문에 비행기가 이륙 못하는 경우가 있다)
(19) The candle was blown out by the wind.
(20) By what was the accident caused ? (그 사고는 무엇 때문에 일어났느냐?)

연습문제 30

(1-a) 그 소년은 방금 자기의 어머니한테 꾸중을 들었다.   (1-b) 방금 어머니한테 꾸중들은 그 소년
(1-c) 방금 어머니한테 꾸중을 들은 그 소년은 지금 숙제를 하고 있다.

(2-a) 그 선생님을 존경하는 뜻에서(그 선생님을 기리기 위하여) 어제 송별회가 열렸다.
(2-b) 그 선생님을 존경하는 뜻에서 어제 열린 그 송별회
(2-c) 그 숙녀는 피아노를 치고 있다.   (2-d) 피아노를 치고 있는 그 숙녀
(2-e) 피아노를 치고 있는 그 숙녀는 그 선생님을 기리기 위하여 어제 열린 그 송별회에 초대받고 싶어 했다.

(3-a) 그 의사는 골초와 이야기하고 있다.   (3-b) 골초와 이야기하고 있는 그 의사
(3-c) 그 골초는 너의 차에 기대고 있다.   (3-d) 너의 차에 기대고 있는 그 골초
(3-e) 그 차는 너의 집 앞에 있다.   (3-f) 너의 집 앞에 있는 그 차
(3-g) 너의 집 앞에 있는 차에 기대고 있는 그 골초와 이야기하고 있는 의사는 젊은 흡연가들에게 담배를 끊으라고 충고하기를 좋아한다.

연습문제 31

(1-a) The picture was stolen yesterday. (1-b) the picture stolen yesterday
(1-c) The picture stolen yesterday was painted by a famous artist.
(2-a) The city was destroyed by bombing. (2-b) the city destroyed by bombing
(2-c) They decided to leave the city destroyed by bombing.
(3-a) The teacher is planting trees in the garden. (3-b) the teacher planting trees in the garden
(3-c) The teacher is respected by us.
(3-d) The teacher planting trees in the garden is respected by us.
(4-a) The book is on your desk.   (4-b) the book on your desk
(4-c) The writer is playing tennis with your father. (4-d) the writer playing tennis with your father
(4-e) The book on your desk was written by the writer playing tennis with your father.

(5-a) The girl is crying over there.   (5-b) the girl crying over there
(5-c) The girl crying over there was scolded by her mother just now.
(6-a) The children are playing hide-and-seek in the house.
(6-b) the children playing hide-and seek in the house
(6-c) The children playing hide-and-seek in the house are free from the cares and worries of life.
(7-a) The house was built in 1990 for orphans. (7-b) the house built in 1990 for orphans
(7-c) Yesterday we visited the house built in 1990 for orphans.
(7-d) The house built in 1990 for orphans needs remodelling.
         또는 The house built in 1990 for orphans needs to be remodelled.

(8-a) The speaker is held in esteem by all the citizens.
(8-b) the speaker held in esteem by all the citizens
(8-c) The speaker is making a speech in the park.
(8-d) the speaker making a speech in the park
(8-e) The park is surrounded with grand trees.
(8-f) the park surrounded with grand trees
(8-g) The grand trees were planted 100 years ago by an artist.
(8-h) the grand trees planted 100 years ago by an artist
(8-i) The speaker making a speech in the park surrounded with grand trees planted by an artist 100 years ago is held in esteem by all the citizens.

연습문제 32

(1) 공산주의 침략자들에 의하여 폐허가 된 그 마을에서 1960년에 탄생한 그 지사는 대통령에 당선되었다.

(2) 그 호수 근처에 있는 별장에서 시체로 발견된 그 도박사는 인근에 거주하는 모든 사람들한테 해당 살인범으로 혐의를 받고 있었다.

(3) 그 교통사고에서 부상당한 승객들은 가장 가까운 병원으로 즉각 이송되어야 했다. 그들 중에서 많은 사람들이 현장에서 응급조치를 받았다.

(4) 국가의 존망이 걸린 전투에서 전사한 그 병사들은 그들의 나라를 위하여 밤낮을 가리지 않고 훈련장에서 훈련을 받았다.

연습문제 33

(1-a) 너는 나에게 매우 상냥하다.   (1-b) 너는 나에게 매우 상냥한 것 같다.
(2-a) 네가 그렇게 하는 것은 현명한 일이다. (네가 그렇게 한다면 그것은 현명한 일이다)
(2-b) 네가 그렇게 한다면 그것은 현명한 일인 것 같다.
(3-a) 그들 사이에는 오해가 있다.   (3-b) 그들 사이에는 오해가 있는 것 같다.
(4-a) 톰은 그렇게 하는 것은 어리석은 일이라고 생각한다.
(4-b) 톰은 그렇게 하는 것은 어리석은 일이라고 생각하는 것 같다.

(5-a) 그것에는 또 하나의 이점이 있다.   (5-b) 그것에는 또 하나의 이점이 있는 것 같다.
(6-a) 그녀는 친절하고 상냥한 간호사이다. (6-b) 그녀는 친절하고 상냥한 간호사인 것 같다.
(7-a) 나는 그녀를 기쁘게 해줄 능력이 없다. (7-b) 나는 그녀를 기쁘게 해줄만한 능력이 없는 것 같다.
(8-a) 무슨 수단을 써도 (무엇을 먹어도) 나의 두통은 가시지 않는다.
(8-b) 무슨 수단을 써도 나의 두통은 가시지 않을 것 같다.
(9-a) 누군가 나를 부르는 소리가 들린다. (9-b) 누군가 나를 부르는 소리가 들리는 것 같다.

연습문제 34

(1-a) She seems to be Tom's sister.　(1-b) She seems to like Tom's sister.
(2-a) There is no love between them.　(2-b) There seems to be no love between them.
(3-a) I said that he enjoyed playing the piano.
(3-b) I said that he seemed to enjoy playing the piano.
(4-a) He is able to speak Chinese and Japanese.
(4-b) He seems to be able to speak Chinese and Japanese.
(5-a) She is angry with me.
(5-b) She seems (to be) angry with me. = She appears (to be) angry with me.
　　　 = It seems that she is angry with me.

(6-a) Jane is beautiful.　　　　　　(6-b) Jane looks beautiful in white.
(7-a) It is impossible to save them.　(7-b) It seems (to be) impossible to save them.
(8-a) She was sad and lonely.
(8-b) She looked sad and lonely. = She seemed (to be) sad and lonely.
(9-a) It is natural for her to like you.

　　　 ※ It is natural (impossible, strange, easy, important, necessary ~) for ~ to + 『동사의 원형』은 실천된 행위에 대한 평가가 아니라 상정한 상황에 대한 판단이다. 그러므로 (9-a)는 그녀가 실제로 너를 좋아한다는 것이 아니라 그녀가 너를 좋아하는 것을 상정하고 그렇게 된다 해도 그것은 당연하다는 것이다. 그러므로 (9-a)를 다음과 같이 고칠 수 있다. **It is natural that she should like you.** 그러나 그녀가 너를 실제로 좋아하고 있는데 그것이(너를 좋아하는 것) 당연하다는 뜻을 나타내려면 **It seems that she likes you.**라고 해야 한다.

(9-b) It seems (to be) natural for her to like you.

(10-a) She is healthy and energetic.　(10-b) She appears (to be) healthy and energetic.
(11-a) There is no need to wait.　　 (11-b) There seems to be no need to wait.
(12-a) He knows her telephone number.　(12-b) He seems to know her (telephone) number.
(13-a) He is ready to bend to my wishes.　(13-b) He seems to be ready to bend to my wishes.
(14-a) The apple is perfect on the outside (= seemingly), but rotten inside.
(14-b) The apple seems to be perfect on the outside, but rotten inside.
(15-a) She said that it was of no use for you to help him.
(15-b) She said that it seemed to be of no use for you to help him.

연습문제 35

(1) 앤은 조용해졌고 두 눈을 비볐다.
(2) 그이의 험악한 표정이 그들을 조용하게 만들었다. = 그들은 그이의 험악한 표정을 보고 조용해졌다.
(3) 그이는 당장에 잠이 들더니 아침 9시가 되어서야 잠이 깼다.
(4) 그녀는 그 소식을 듣자마자 의식을 잃고 마루에 쓰러졌다.
(5) 그 결과는 우리들의 기대에 어긋났다(기대에 미치지 못했다).
(6) 그는 너무 열심히 일했다. 그래서 병났다. (7) 식량이 부족했다.
(8) 우리들은 식량이 부족했습니다. (9) 그녀는 꽤 예쁜 여인으로 성장해가고 있다.
(10) 그는 (점차) 부자가 되었으나 그의 형은 (또는 동생은) (점차) 가난해졌다.

(11) 그이의 얼굴은 창백해졌다. (12) 드디어 그 어린이들은 피곤해졌고 또 졸리게 되었다.
(13) 유행은 시간이 흐르면 시들해진다. (14) 그이의 형은 차츰 더 행복해졌다.
(15) 그는 더 늙어졌고 기억력은 감퇴했다. (16) 나는 더 추운 기가 드네요. 창문 좀 닫아주세요.
(17) 때는 사과 꽃이 피는 계절이었다. 그래서 나날이 더 더워져갔다.
(18) 그녀는 좋은 비서가 될 것이다. (19) 양털은 좋은 의류가 된다.
(20) 그녀는 그이에게 좋은 아내가 되어줄 것이다.

(21) 화가 나면 얼굴이 붉어지는 사람도 있고 파랗게 질리는 사람도 있고 하얗게 되는 사람도 있다.
(22) 그 우유는 2, 3일 있으면 시어질 것이다.
(23) 그의 머리카락은 희끗희끗 변해가고 있다 (반백이 되고 있다).
(24) 그녀는 그 소식을 듣고 파랗게 질리었다. (25) 날씨가 더 추워지고 있다.
(26) 나뭇잎들이 갈색으로 변해가고 있다. (27) 그 번개는 번득일 때마다 눈부신 하얀색을 띄웠다.
(28) 영어는 수많은 연습을 거쳐 쉬워진다. (29) 결국에는 그것이 모두 올바르게 될 것이다.
(30) 참 사랑의 길은 절대로 평탄하지 않았다. (31) 그 돌 계단은 매끈하게 닳았다.
(32) 너의 꿈은 실현될 것 같다.

연습문제 36

(1) The weather is turning (or growing, becoming) colder.
(2) You should not turn (or become) a traitor.
(3) He invited the Buddhist to turn a Christian.
(4) At last he went bankrupt (or broke), and what was worse, went mad.
(5) He proved (to be) a rascal. = He turned out to be a rascal.
(6) She will make (or become) a good wife.
(7) She will turn out to be a good wife. = She will prove (to be) a good wife.
(8) He turned out to be an impostor. = He proved (to be) an imposter.
(9) Work hard, and you will not go hungry.
(10) He went (or became) blind at the age of fifty.
(11) Sooner or later the weather will get (or become, grow) cold, and the leaves will turn (or become) red (or brown).
(12) She turned (or became) pale at the news.

(13) The baby will fall asleep in no time (= before long).
(14) Don't overwork yourself, or you will get (or fall, become) sick.
(15) Two and two make(s) four. = Two and two are (is) four.
(16) This book will make (or become) good reading.
(17) This place will become (or make, be) a good summer resort.
(18) This kimchi will turn (or become) sour in a few days.
(19) He grew (or got, became) older, and his memory got worse.
(20) You had better eat less. Otherwise, you will grow (or become, get) fat.
(21) You and she will make (or become, be) a good couple.
(22) At last the report turned out to be false. = At last the report proved (to be) false.
(23) I think that he will be (=become) a famous poet.
(24) I know you will fall short of money in no time (= before long).

(25) It is natural for her to get (or grow, become) angry with me.
(26) (a) Her complaints came to be unbearable.
 (b) I could not bear her complaints any longer.
(27) These socks appear to wear thin before long.
(28) They said that they would run short of food sooner or later.
(29) He became lazy, and he went bankrupt (or broke).
(30) It is autumn. The leaves will turn brown (red) before long.

(31) Do you think that our food will run short?

(32) I am sure that the baby will fall asleep in a few minutes.

(33) Don't overwork yourself, or you will fall sick.

(34) The old (senile) woman grew weary of walking.

(35) She wanted to lose weight, but (on the contrary) she gained (put on) weight.

(36) She grew fat by eating too much.　* by ~ing = ~함으로써

연습문제 37

(1) 그녀는 그이에게 좋은 아내가 되어줄 것이다.
(2) 참나무는 좋은 건축자재가 된다.
(3) 그녀는 쓸쓸해 보였다 (쓸쓸함을 느꼈다).
(4) 그녀는 우울해 보인다.
(5) 그들은 말(잡담)하기 시작했다. 그러나 그는 입을 다물고 (잠자코) 있었다.
(6) 채소는 냉장고 안에 있으면 신선도가 유지된다.
(7) 그는 책상에 앉아 잠들어 있었다.
(8) 그는 집 더미 속에 잠들어 누워있었다.
(9) 나는 밤을 뜬눈으로 지새곤 했다.
(10) 그는 평생 동안 연구하는 자세로 살았다.
(11) 우리들은 3년 동안 한 방을 쓰는 벗으로 살았다.

(12) 그 벽은 굳건히 서있었다.
(13) 그는 자기의 회사에 충성을 바쳤다.
(14) 그는 멍청하게 (우두커니) 서있었다.
(15) 그녀는 잠시 동안 말없이 앉아 있었다.
(16) 의좋게 (친구로) 헤어집시다.
(17) 나는 몹시 갈증을 느꼈다.
(18) 그녀는 배도 고프고 슬프기도 했다.
(19) 나는 행복하고 편안했다.
(20) 좋은 충고는 귀에 거슬린다.
(21) 그 이야기는 거짓말처럼 들린다.
(22) 그 이야기는 신기하게 들린다.
(23) 그 보도는 그럴싸하게 들린다.
(24) 그 노래는 아름답게 들린다.
(25) 그 노래는 매우 음악적이다.

(26) 너의 목소리에는 자신감과 활력이 넘치는 구나.
(27) 글쎄, 너는 시큰둥한 것 같구나. = 별로 내키지 않나 보네요.
(28) 지독한 냄새로군. 어느 놈이냐? (누가 터뜨렸냐?, 방귀 뀐 놈 있지?)
(29) 나는 그이 앞에서는 초라해진다. 그이 앞에 서면 작아진다.
(30) 그이의 설명은 내가 보기에는 제법 그럴싸하게 들린다.
(31) 그 소리는 멀어지면서 자꾸자꾸 희미하게 들렸다.
(32) 나는 지렁이 떼를 보자 느글거렸다. (넘어오는 것 같았다)

(33) 그것은 재미있게(이상하게, 환상적으로, 멋지게, 끝내주게, 흥미진진하게) 들릴지 모른다.
(34) 그 모험에 대한 이야기는 멋지게(경이롭게, 근사하게) 들린다.
(35) 그 노인은 아직도 여전히 정정하고 건강하다.
(36) 그는 독한 술을 한 되를 마셨는 데도 맨숭맨숭했다.
(37) 너는 젊음을 유지하기 위하여 무엇을 하느냐?
(38) 그들은 그에게 변함없이 충성했다.   (39) 나의 e-mail 주소는 바뀌지 않아요.
(40) 지하철의 문은 정차할 때마다 20초 동안 문이 열려 있게 되어 있다.
(41) 6월 실업률은 3.5%로 변함이 없었다.   (42) 놀랍게도 그 오래된 오두막집은 옛 모습 그대로였다.
(43) 나는 파티가 끝난 뒤 지독한 허탈감에 빠졌다.

연습문제 38

(1) The clothes feel soft.
(2) His skin feels rough.
(3) Your breath smells nasty (or bad).
(4) The soup smells of onion.
(5) This medicine tastes bitter.
(6) This kimchi tastes sour.
(7) His story sounds strange and wonderful.
(8) The song sounds exotic.
(9) The song sounds very melodious.
(10) He was born a beggar and died a millionaire.
(11) He remained (stayed) faithful to the last.
(12) The story sounds senseless.
(13) (a) He looked (like) a very honest merchant.
    (b) He seemed (to be) a very honest merchant.
(14) He remained a laborer all his life.
(15) This flower smells sweet.
(16) Your breath smells of ginseng.
(17) (a) He looks (like) a perfect fool.   (b) He seems (to be) a perfect fool.
(18) (a) The policeman seems (to be) a good fellow.
    (b) The policeman looks (like) a good fellow.
(19) He lived a bachelor, and died a bachelor, too.
(20) He looks (like) a teacher every inch.   (21) He stood motionless.

(22) He sat motionless. (23) The wall stood firm.
(24) He went (or became) blind and deaf at the age of forty.
(25) He died young. (26) He seems to love her.
(27) Their conversation seems (to be) overheated.
(28) This letter seems to be written by a woman.
(29) I stayed (or remained) awake all night last night.
(30) I seem to hear her voices. (31) He appeared from nowhere.

(32) The clothing appears to be a uniform.
(33) He seems (or appears) to be rich. = It seems (or appears) that he is rich.
(34) She seems to be at the party. (35) She appeared at the party.
(36) When he appeared at the scene, he looked shabby.
(37) He sometimes looks terrible. (38) She looks uneasy and pale.
(39) It looks like rain (or raining).
(40) He remained pessimistic about the future of Korea.

(41) My mobile phone number remains unchanged.
(42) In an earthquake, people should remain (or keep, stay) calm.
(43) They parted enemies, and came back friends. (44) The dinner seems to be ready.
(45) The couple appears to be out of sorts and heavy.
(46) To hold (or retain) your urine seems to be bad for the health.
(47) The water closet terribly smells of urine.
(48) His breath smells of liquor. He seems to be drunk.
(49) The song sounds sad and pathetic.
(50) The rumor that a ghost haunts the house sounds plausible.

연습문제 39

(1) 그는 나를 보자 (보았을 때) 꽥 소리를 질렀다.
(2) 눈이 올 때는 춥다.
(3) 그는 매우 어린 나이에 결혼했다.
(4) 네가 그녀를 칭찬해주면 그녀는 부끄러워 얼굴이 붉어진다.
(5) 나는 그이가 올 수 있는지 없는지 모른다.
(6) 그이가 너를 돕든 안 돕든 너는 실패할 것이다.
(7) 부자든 가난뱅이든 사람은 누구나 어김없이 죽는다.
(8) 그이가 올 수 있는지 없는지 그것은 분명치 않다.
(9) 그이가 시야에서 사라지자마자 (안보이게 되자마자) 그녀는 그 집안으로 들어갔다.
(10) 그는 그 소식을 받자마자 출발했다.

(11) 그는 나를 보자마자 달아났다.
(12) 다리가 나올 때까지 계속 걸어가시오.
(13) 그 비행기가 이륙할 때까지는 한 시간이 남아 있다.
(14) 나는 연주회가 끝날 때까지 이곳에서 기다리겠습니다.
(15) 그녀는 그이가 타고 가는 기차가 안 보일 때까지 손을 흔들었다.
(16) 우리들은 건강을 잃을 때까지 건강의 값어치를 모른다.
   = 우리들은 건강을 잃고 나서야 비로소 건강의 귀중함을 안다.
(17) 톰은 잠자리에 들기 전에 이를 닦는다.
(18) 그는 내가 태어나기 전에 죽었다.
(19) 곧 봄이 올 것이다.
(20) 나는 집에 가기 전에 내 일을 끝내야한다.

(21) 나는 네가 떠난 후에 그들에게 말했다.
(22) 나는 네가 떠난 후에 도착할 것이다.
(23) 우리들은 그가 간 후에 식사할 것이다.
(24) 비가 몹시 와서 그는 가지 않았다.
(25) 늦어서 우리들은 서둘러 갔다.
(26) 너무 추워서 우리들은 잠시 동안만 머물렀다. (오래 머물지 않았다)
(27) 내가 사실이라고 하면 (사실이라고 말했으니) 사실인줄 알아라.
(28) 네가 배가 고프다면 그것은 먹지 않았기 때문이다.
(29) 그가 시간 안에 준비가 안 되어서 우리들은 그를 두고 갔다.
(30) 어두워지고 있었기 때문에 우리들은 집으로 가야 했다.

(31) 네가 미안해 하니까 너를 용서해주마.
(32) 나는 몸이 편치 않으므로 안 가겠어요.
(33) 이곳에 오고 있는 동안 그 생각이 나의 머리에 떠올랐다.
(34) 그 먼 길을 걸어가면서 그는 내내 하나님께 기원했다.
(35) 어둑어둑해짐에 따라 더 추워졌다.
(36) 나는 걸어가면서 노래를 불렀다.
(37) 그가 죽은 지 꼭 1년이다.
(38) 내가 너를 처음 만난 지 얼마 되었지?
(39) 비가 내리고 있어서 그녀는 우산을 가지고 갔다.
(40) 돈이 없어서 우리들은 그것을 살 수 없다.

(41) 생명이 있는 동안은 희망이 있다.
(42) 쇠는 붉게 달아 있을 동안 쳐라 (= 기회를 놓치지 마라).
(43) 햇빛이 쨍쨍 비칠 때 건초를 말려라. (기회를 놓치지 마라).
(44) 선잠을 자는 동안 나는 이상한 꿈을 꾸었다.
(45) 날씨가 좋지 않으면 나는 가지 않을 겁니다.
(46) 열심히 공부하지 않으면 너는 실패할 것이다.
(47) 내일 비가 오지 않으면, 우리는 내일 떠날겁니다.
(48) 그는 남이 자기에게 말을 걸지 않으면 말을 하지 않았다.
(49) 못 올 경우, 못 온다고 알려주세요.
(50) 무슨 일이 생기거든 즉시 나에게 전화하세요.

(51) 내가 내 약속을 잊거든 말씀해 주세요.
(52) 일단 기본적인 규칙만 익혀두면 그 게임은 쉽다.
(53) 너가 무서워하는 기색을 보이면 그는 너를 공격할 것이다.
(54) 망설이면 진다.
(55) 일단 그 강을 건너가면 너는 안전하다.
(56) 매우 늦은 시간이었지만 그는 계속해서 책을 읽었다.
(57) 비록 그이가 그렇게 말을 했지만 너는 그이의 말을 믿을 필요가 없다.
(58) 비가 왔지만 그들은 (가기로 약속한) 그 도보 여행을 갔다.
(59) 이상하게 들리기는 하지만 그래도 그것은 사실이다.
(60) 나는 내가 이곳에 있고 싶은 한 이곳에 머물 작정입니다.

(61) 내가 살아있는 한 너를 도와주겠다.
(62) 네가 이곳에 있는 동안 어떤 일이 일어나도, 나는 걱정하지 않는다.
(63) 네가 얌전히만 있어준다면 너는 이곳에 있어도 된다.
(64) 이제는 네가 그이의 마음을 안 이상 너는 무엇을 할 거냐?
(65) 이제는 그것에 익숙해져있기 때문에 그것이 더욱 마음에 든다.
(66) 70이 넘었기 때문에 이제 그는 은퇴하려고 한다.
(67) 이제는 할 일이 없으니까 갑시다.
(68) 나는 그가 살아있는 동안은 금식을 하고 애통하게 울기도 했다. 나는 하나님이 나에게 자비를 베풀어 내 아들을 죽도록 내버려두지 않을 거라고 생각했다. 그러나 이제 내 아들이 죽은 이상 내가 무엇 때문에 금식을 해야 하겠는가? (내가 금식한다고 해서) 내 아들을 되살릴 수 있겠는가? 내 아들이 있는 곳으로 내가 언젠가 갈 수는 있어도 내 아들이 나에게로 절대로 돌아올 수는 없지 않느냐. <2 사무엘 12 : 22-23>
(69) 네가 게으름을 피우면 너는 절대로 네가 추구하는 것을 손에 쥘 수 없지만 열심히 일하면 너는 큰 재산을 얻게 될 것이다. 정의(正義)는 생명의 길이요, 죄악은 사망의 길이다. <잠언 12 : 27-28>

연습문제 40

(1) when he died
(2) because he died
(3) after he died
(4) after he dies
(5) before he dies
(6) as soon as he died
(7) as soon as he dies
(8) if he dies
(9) if he does not die = unless he dies
(10) though he died
(11) whether he dies or not
(12) until he dies
(13) in case he dies
(14) I arrived after you left.
(15) I asked her whether she liked music.
(16) Everything depends on whether we have enough money.
(17) I don't know whether he is rich or not.
(18) I'll not marry him whether he is rich or not.
(19) I'll not marry him because he is rich.
(20) You will pass the exam because (또는 , for) you study hard.

(21) If you study hard, you'll pass the exam.
(22) Though he studied hard, he failed in the exam.
(23) As soon as I arrived at the station, the train started.
(24) You must wait here until Mother comes back.
(25) He died before he accomplished his task.
(26) His father died before he was born.
(27) Clean your teeth before you go to bed. (28) While there is life, there is hope.
(29) He fell asleep while (he was) doing his homework.
(30) Take an umbrella in case it rains.
(31) In case I have a flat tire, I carry a spare tire.
(32) Mother sings as she works. (33) As I had no money with me, I could not buy it.
(34) I stay at home when it rains. (35) Though (I am) poor, I'm happy.
(36) As long as you study hard, you need not worry about the exam.
(37) It will not be long before spring comes. = Spring will come before long.
(38) If you do not study hard (unless you study hard), you will fail.
(39) As soon as she saw me, she burst into tears. (40) If (it is) necessary, I'll come again.

(41) It seems impossible for us to save them.
(42) They parted enemies and came back friends.
(43) He went bankrupt at the age of forty and went blind at the age of fifty.
(44) I told him to study hard. (45) I said that he studied hard.
(46) I heard her play the piano. (47) I heard her playing the piano.
(48) I heard that she was playing the piano. (49) It smells fishy.
(50) When she finished playing the piano, she said that she wanted to have a rest.

연습문제 41

(1) (a) (2) (a) (3) (b) (4) (a) (5) (b) (6) (a) (7) (b) (8) (a)

연습문제 42

(1) 폭풍우가 휘몰아쳤기 때문에 우리들은 집안에 머물러있었다.
(2) 기압이 내려가고 있으니, 비가 올 것이다.
(3) 먹구름이 몰려오고 있으니, 아마 비가 올 것 같다.
(4) 그는 정직하기 때문에, 모든 사람들에게 사랑을 받고 있다.
(5) 모든 사람들의 사랑을 받는 것으로 보아 그는 틀림없이 정직하다.
(6) 그는 두려움을 느끼지 않았다. 왜냐하면 용감한 사람이었기 때문에.
(7) 어머니는 매우 즐거워할 것이다.
(8) 그는 일솜씨가 빠른데도 정확하게 한다.
(9) 나는 오른손잡이다. 그러나 나의 형은 왼손잡이다.
(10) 그녀는 노래 부를 줄도 알고 춤도 출 줄 안다.

(11) 그녀는 노래 부를 줄도 모르고 춤도 출 줄 모른다.
(12) 그이는 힘도 세고 건강하다
(13) 그이는 힘이 세지도 않고 건강하지도 않다.
(14) 우리들은 걸어 올라갈 수도 있고 케이블카를 타고 올라 갈 수도 있다.
(15) 그는 읽을 줄도 모르고 쓸 줄도 모른다.
(16) 그는 영어뿐만 아니라 프랑스어도 구사할 줄 안다 (말할 수 있다).
(17) 우리들은 길을 잃었다. 그래서 늦었다.
(18) 낮이 짧았다. 12월이었으니까.
(19) 실 꿴 바늘이 마루에서 발견되었다.
(20) (의사라고 다 같은 것이 아니다) 별의별 의사가 다 있는 것이다.

(21) 별의별 거짓말이 다 있는 것이다.
(22) 계속 똑바로 가시오. 그러면 우체국이 나올 겁니다.
(23) 톰과 제인은 둘 다 조심성이 있다.
(24) 나는 그 연설이 마음에 들지 않았다. 그러나 한 가지 좋았던 점은 매우 짧았다는 것이다.
(25) 그는 그녀에게 매우 화가 나있었다.
(26) 버터 바른 빵은 건강식품이다.
(27) 잊지 말고 기타를 가지고 오너라.
(28) 끈기 있는 사람이 되려고 노력해보아라.
(29) 그는 소설가가 아니라 시인이다.
(30) 그이는 소설가이자 시인이다.

(31) 그이는 이류작가 (평범한 작가)에 지나지 않는다.
(32) 그는 결코 무례한 사람이 아니다.
(33) 그는 겨우 네 살이다.
(34) 나 외에는 아무도 대답하지 않았다.
(35) 그녀는 거의 전라(全裸)였다. = 그녀는 벌거숭이나 다름없었다.
(36) 그이뿐만 아니라 나도 그것에 대하여 책임이 있다.
(37) 비 오는데 밖에 나가지 마라. 그렇지 않으면 너 감기 걸릴 것이다.
(38) 수잔은 총명하기도하고 아름답기도 하다.
(39) 그는 (비행기, 또는 차 따위에서) 뛰어내렸다. 그런데도 그는 살아남았다.
　　※ 이 문장에서 쉼표와 he는 생략할 수 있다. 또 but 대신에 and를 사용해도 된다.
(40) 우리들은 택시를 탈 수도 있고 혹은 버스를 기다릴 수도 있다.

(41) 그는 60층에 올라갔다. 그리고 뛰어내렸다.
(42) 그는 뛰어내렸다. 그러나 그때 무언가 놀라운 일이 벌어졌다.
(43) 너는 오른쪽으로 가도 되고 왼쪽으로 가도 된다.
(44) 그 길은 막혀 있다. 나는 오른쪽으로 갈 수도 없고 왼쪽으로 갈 수도 없다.
(45) 그 우체국도 그 은행도 열려있지 않았다.
(46) 나는 누워서 잠자고 싶다.
(47) 너는 지금 식사할래, 아니면 늦게까지 기다릴래?
(48) 나는 농장에서 일하는 것 외에는 무엇이든지 할 생각이다.
(49) 그녀는 예쁜 게 아니라 우아하다.
(50) 곳곳이 대대적으로 파괴되었지만 사망자는 다섯 명뿐이었다.

연습문제 43

(1)　I neither drink nor smoke.
(2)　Tom needs to be careful.
(3)　Jane as well as Tom needs to be careful.
　　　= Not only Tom but also Jane needs to be careful.
(4)　Neither Tom nor Jane is careful.
(5)　Not only Tom but also Jane needs to be careful.
(6)　Go out, or I will call in a policeman.
(7)　You are responsible for the accident. = You are to blame for the accident.

(8) Either you or Tom is responsible for the accident.
(9) Neither you nor Tom is responsible for the accident.
(10) Tom as well as you is responsible for the accident.

(11) Not only you but also Tom is responsible for the accident.
(12) Both you and Tom are responsible for the accident.
(13) She is neither in Seoul nor in Busan.
(14) I like not only classical music but also pops.
(15) I like both classical music and pops.
(16) He is all but blind.
(17) She is all but nude.
(18) He is anything but our enemy.
(19) The tree is in flower.
(20) The tree is all but in flower.

(21) It is nothing but an imitation.
(22) Turn to the right, and you will find the bank.
(23) There are dogs and dogs.
(24) She is the tallest but one in the class.
(25) He is either American or English.
(26) Do you want bread and butter ?
(27) He tried hard, but he failed.
(28) I said so but in jest.
(29) He likes her because she is kind and beautiful.
(30) She must be kind and beautiful, for he likes her.

(31) The Koreans must be industrious, for Korea is prosperous.
　　 (또는 for Korea enjoys prosperity).
(32) He works hard, but he is poor.
(33) All but Tom agreed to go there.
(34) Mind and phone (to) me. = Mind and give me a ring.
　　　= Please remember to call me. = Don't forget to phone me.
(35) He is rare and careless. = He is extremely careless.
(36) It is nice and warm today.
(37) I called on a doctor and professor.
(38) I called on a doctor and a professor.

(39) Why were you absent ? Because it rained.

(40) She looks young for her age.

(41) He married her, but he did not love her.

(42) He married her not for love but for money.

(43) He married her not because he loved her but because she was rich.

(44) Egypt is noted for Pyramids.

(45) You may have it for nothing.

(46) I sold my used car for 1,000 dollars.

(47) I paid 1,000 dollars for the used car.

(48) I could not see anything for the fog.

(49) You must walk for exercise every day.

(50) Please wait here for a while.

연습문제 44

(1) 좋은 평판은 비싼 향수보다 더 좋은 것이야. 슬픔은 웃음보다 더 나은 거고. 슬픔이 너의 얼굴에 그늘을 드리울 수도 있겠지만 그 슬픔이 너의 이해력을 예리하게 해 주거든.

(2) 당신에게 지혜가 있을 수도 있겠지. 그러나 당신이 누군가를 속인다면 당신은 바보처럼 행동하고 있는 것이다. 당신이 뇌물을 받는다면 당신은 당신의 인격을 완전히 망가뜨리는 것일세.

(3) 사람은 누구나 다 지혜로워야 한다. 지혜는 유산을 물려받는 거처럼 좋은 것이며 돈이 당신에게 많은 안전을 보장해 주는 것처럼 지혜도 그렇게 많은 안전을 보장해 준다. 지혜는 당신에게 안전을 보장해준다.

(4) 하나님이 무엇을 해놓았는지에 대하여 생각해보아라. 하나님이 구부려 놓은 것을 어느 누가 똑 바로 펴놓을 수 있겠는가? 세상일이 당신에게 잘 돌아갈 때는 기뻐해라. 그리고 궂은 일이 생기거든 이것을 꼭 명심해라. 하나님은 행복을 주기도 하지만 괴로운 일도 준다는 것을. 어떤 일이 일어날지 누가 알겠는가?

(5) 왜 사람들은 그렇게도 거리낌 없이 범죄하는 걸까? 범죄를 즉각 응징하지 않기 때문이지요. 어떤 죄인이 수백 가지 범죄를 범하고도 버젓이 살아 있지 않는가? 아, 그래요. 사람들이 이렇게 말하더군요. 당신이 하나님 말씀에 순종하면 만사가 잘 될 것이나 악인에게는 세상사가 잘 풀리지 않을 거라고. 악인의 목숨은 그림자와 같아서 그들은 요절할 거라고. 왜냐고요? 하나님 말씀에 순종하지 않기 때문이라는 겁니다. 그러나 이 말은 잠꼬대 같은 말이어요. 이 세상에서 벌어지는 일을 보세요. 의로운 자들이 악인들한테서 벌을 받는 경우가 비일비재하며 의인이 받아야할 상을 악인이 받는 경우도 있지 않던가요? 그러니 하나님 말씀에 순종한다는 것(it)이 무슨 소용이 있느냐? 내말이 그 말입니다.

(6) (A)내 말을 마음에 간직하고 내가 너에게 이르는 말을 잊지 마라. 내 말대로 행해라. 그러면 너는 목숨을 유지할 것이다. 네가 네 눈을 보호하기 위하여 신경을 쓰듯이 나의 가르침을 따르기 위해서도 신경을 써라. 항상 나의 가르침에서 떠나지 말고 너의 가슴에 새겨두어라. 지혜를 누나 대하듯 하고 통찰력을 가장 가까운 친구 대하듯 해라.

(B) 내 말을 귀담아 들어라. 내 말에 주의를 기울여라. 그러한 여인한테 마음을 빼앗기지 마라. 그 여자를 뒤쫓아 다니느라 헤매지 마라. 그녀는 뭇 남자의 무덤이며 헤아릴 수 없이 많은 남자들을 죽음에 이르게 했느니라. 만에 하나 네가 그녀의 집에 간다면 너는 사자(死者)들의 세계로 가는 길을 걷고 있는 것이다. 그것(그녀의 집에 가는 것)은 죽음으로 가는 지름길이다.

(7) **어떤 사나이와 반신반인인 새터의 이야기**
어떤 사나이와 새터라는 반신반인(半神半人)이 어느 추운 날 식사하기 위하여 자리를 잡고 앉았다. 이야기가 오가는 동안 그 사나이는 손가락들을 입에 대고 호호 불었다. 새터는 그렇게 하는 까닭을 물었는데 대답인즉 손가락을 따습게 하기 위한 것이라는 것이었다. 좀 있다가 음식이 나왔는데 이번에는 음식이 들어있는 그릇을 입쪽에 가져가더니 그릇에 있는 죽에 호호하고 부는 것이 아닌가? 그 사람이 그렇게 하는 이유를 새터가 다시 물었을 때 그 사나이는 그 죽을 식히기 위하여 그렇게 하는 거라고 말했다. "나는 이제는 그대를 나의 친구라고 생각할 수 없네. 왜냐하면 한 입가지고 이랬다저랬다 변덕 떠는 사람하고는 상대하고 싶지 않단 말일세" 라고 새터가 말했다.

(8) **두 주머니 이야기**
고대 전설에 의하면 사람은 누구나 이 세상에 태어날 때 두 개의 주머니를 목에 걸고 태어나는데 앞쪽에 걸고 있는 작은 주머니에는 자기 주변 인물들의 결점이 가득 들어있고 뒤쪽에 걸고 있는 큰 주머니에는 자기 자신의 결점이 가득 들어있다는 것이다. 그래서 사람들은 남의 결점은 금방 보고 자신의 결점에는 눈이 멀어있다는 것이다.

연습문제 45

(1) 나는 그에게 책을 사려면 그 서점에 가라고 말했다.
(2) 그는 몇 마디 소견을 말하려고 입을 열었다.
(3) 그는 나에게 말하기 위하여 이곳에 온 것이지 너에게 말하기 위하여 온 것이 아니었다.
(4) 그 차는 너를 태우고 나가기 위하여 대문에서 기다리고 있다.
(5) 그는 더 잘 보기 위하여 일어섰다.
(6) 나는 첫 차를 탈 수 있기 위하여 일찍 일어났다.
(7) 우리들은 파이를 만들기 위하여 사과들을 땄다.
(8) 나는 그가 하는 말을 놓치지 않기 위하여 주의 깊게 들었다.
(9) 나는 내일은 온통 내 시간을 만들기 위하여 오늘은 늦도록 계속 일할 겁니다.

(10) 부정행위를 예방하기 위하여 시험문제가 극비에 붙여져 있다.
(11) 찬장에서 무언가를 가져가기 위하여 누군가가 그 방에 들어갔다.
(12) 한 농부가 그 두루미들을 잡기 위하여 그의 밭에 그물을 쳤다.
(13) 너희들은 한 마음이 되어야 하고 또 서로 돕기 위하여 결속해야한다.
(14) 그들은 얼마간의 무기를 구하기 위하여 미국에 갔다.
(15) 나는 나 자신이 안전하게 도망가기 위하여 그 황소를 기꺼이 포기하겠습니다.
(16) 나의 아버지는 이기기 위해서는 (정복하기 위해서) 웅크리는 것이 좋다고 말씀 하셨다.
(17) 예술가들이 그 상이 자기 거라고 주장하기 위하여 여기저기서 몰려왔다.
(18) 오늘과 내일 양일을 버티기 위하여 나는 넉넉하게 먹어두어야겠다.
(19) 너는 기왕에 좋은 것은 그냥 놓아두는 것이 좋다는 것을 알아야 한다.
    (= 너는 허욕을 부리지 말아야 한다)
(20) 나는 그에게 변덕부리지 말라고 충고했다.
(22) 온 시가지 사람들이 그에게 경의를 표하기 위하여 모여들었다.

연습문제 46

(1) I went to Seoul to meet my son yesterday.
    = Yesterday I went to Seoul in order that (so that) I could meet my son.
(2) She studied hard (in order) to please her mother.
(3) He worked hard (in order) to make (or earn) much money.
    = He worked hard in order that he might earn (or make) much money.
(4) Tom came here (in order) to help you
    현재 와 있는 경우: Tom has come here (in order) to help you.
(5) He went to Seoul to buy a car yesterday.
(6) We do not live to eat. = We do not live (in order) that we may eat.
(7) She studies hard not to fail in the exam.
    She studies hard in order that she may not fail in the exam.
(8) We go to school to learn things.
(9) She raised her right hand to ask a question.
(10) He worked hard (in order) to support his family.

(11) We went to the pub to have a drink.
(12) I sat down under the tree to take (or have) a rest.
(13) She came here to study, not to have a good time.
(14) She left early (in order) to catch the first train.

(15) I did not come to meet you.
(16) I stopped to talk to her after lecture.
(17) He went to America to study music.
(18) I went to the station to see her off.
(19) I told him to study hard.
(20) I said that he studied hard.

(21) I heard her sing Auld Lang Syne.
(22) I heard her singing Auld Lang Syne.
(23) I heard that she was singing Auld Lang Syne.
(24) I made (or had) him fix the car.
(25) I saw him fixing the car.

연습문제 47

(1) This car is so expensive that I cannot buy it.
(2) I am so tired that I cannot walk any more.
(3) The station is so near that I can walk over.
(4) The watch is so cheap that I can buy it.
(5) This book is so difficult that I cannot not understand it.
(6) The weather is so hot that I cannot study.
(7) She is so kind that we like her.
(8) She studies so hard that she will pass the exam.
(9) The car drove so fast that we could not catch up with it.
(10) The speech was so long and dull that we were bored to death.

연습문제 48

(1) He is too young to go to school. <그는 너무 어려서 학교 다닐 수 없다>
(2) The story is too fantastic for me to believe. <그 이야기는 너무 황당해서 믿을 수 없다>
(3) The sea is too rough for his ship to sail. <파도가 심해서 출항할 수 없다>

(4)　The camera is cheap enough for me to buy.

(5)　This baggage is light enough for me to carry. <그 짐은 가벼워서 내가 나를 수 있다>

(6)　He is tall enough to touch the ceiling. <그는 키가 커서 천장에 손이 닿을 수 있다>

(7)　The insect was too small for him to see.

(8)　He was too tired to go any farther. <너무 피곤해서 더는 갈 수 없었다>

(9)　Mr. Kim was too busy to leave his office. <너무 바빠서 집무실을 떠날 수 없었다>

(10)　They walk too fast for me to catch up with them.
　　　<그들은 너무 빨리 걸었기 때문에 나는 그들을 따라 잡을 수 없다>

(11)　She is too near for me to avoid her. <그녀는 너무 가까이 있어서 나는 그녀를 피할 수 없다>

(12)　He ran too quickly for me to catch him.
　　　<그는 너무 빨리 달렸기 때문에 나는 그를 붙잡을 수 없었다>

연습문제 49

(1-a)　It is easy (hard, impossible) to teach him.

(1-b)　He is easy (hard, impossible) to teach.

(1-c)　It is easy (hard) for you to teach him.

(2-a)　This meat is tough, therefore you cannot eat it.

(2-b)　This meat is too tough for you to eat (chew).
　　　=This meat is so tough that you cannot eat (chew) it.

(3-a)　It is easy to please my mother.

(3-b)　My mother is easy (hard) to please.

(4-a)　He was too tired to walk any farther. (farther를 further로 고쳐도 된다.)
　　　= He was so tired that he could not walk any farther.
　　　= He could not walk any farther because (as, since) he was very tired.
　　　= He could not walk any farther, for he was very tired.

(4-b)　He is too poor to go (on) to college.
　　　= He was so poor that he could not go (on) to college.
　　　주의: 고등학교를 졸업하고 바로 이어서 대학에 진학하는 경우에는 on를 사용한다.

(5-a)　I felt cold, and I built a fire.

(5-b)　I built a fire because I felt very cold. = I felt so cold that I built a fire.
　　　다음의 표현도 가능하다. It was cold enough for me to build a fire.

(6-a)　It is dangerous for us to swim across this river.

(6-b)　This river is too dangerous for us to swim across.

(7-a)　This book is difficult to understand (get, obtain).

(7-b) It is difficult to understand this book.

(7-c) This book is too difficult for me to understand.
　　　= This book is so difficult that I can't understand it.

(7-d) This book is easy enough for me to understand.
　　　= This book is so easy that I can understand it.

(8-a) It is pleasant to work in this room.

(8-b) This room is pleasant to work in.

(9) 　The car is easy (hard) to drive.

(10) He is too silly for me to teach him.
　　　= He is so silly that I cannot teach him.

(11) The house is so small that we cannot live in it.
　　　= The house is too small for us to live in.

(12) She is so particular that I cannot teach her.
　　　= She is too particular for me to teach her.

(13) He ran so quickly that I could not outpace (outrace) him.
　　　= He ran too quickly for me to outpace him.

(14) The question is so easy that I can answer it.
　　　= The question is easy enough for me to answer.

(15) ⓐ He was so lucky that he is happy and rich.
　　　ⓑ He was lucky enough to be happy and rich.
　　　ⓑ 에는 다음의 뜻도 있다. He was happy and rich, which was lucky for him.
　　　　　　　　　　　　(그는 행복하고 부유했다, 그점은 그이의 행운이었다)

연습문제 50

(1)　기다리게 해서 미안해요.
(2)　기분 나쁘게 해서 미안해요.
(3)　그녀는 아들이 행방불명이라는 말을 듣고 엎드려 흐느껴 울었다.
(4)　우리들은 방어선이 무너졌다는 것을 알고 피눈물을 흘렸다.
(5)　그녀는 그 종양이 양성이라는 말을 듣고 안도의 눈물을 흘렸다.
(6)　그녀는 그 종양이 악성이라는 말을 듣고 풀이 죽었다.
(7)　그 집이 화염에 싸여 있는 것을 발견하고 나는 정말 놀랐다.
(8)　그 부부는 자녀가 없어서 슬펐다.
(9)　그들은 오랜 이별 끝에 다시 만나서 정말 좋아했다.
(10) 모든 일이 순조롭게 되어가고 있다는 말을 듣고 보니 기분 좋네요.

(11) 나는 그이를 거기서 보고 적지 않게 놀랐다.
(12) 자네의 애인을 보고 놀랬지 뭐야. (참 아름답더라)
(13) 너의 어머니가 그것을 보면 얼마나 기뻐할까!
(14) 나는 이 지루한 일에서 벗어나서 기쁘다.
(15) 이 모든 폐를 끼쳐서 미안합니다.
(16) 초대를 못 받아드려서 미안합니다.
(17) 그는 그 소식을 듣고 흥분했다. * to hear the news = at the news
(18) 그녀는 그가 죽어있는 것을 보고 충격을 받았다.
(19) 톰이 오늘 날짜로 우리 곁을 떠나게 된다는 말을 하니 매우 서글프네요.
(20) 나는 그 말을 듣고 실망했다.
(21) 당신이 방문했는데 보지 못해서 미안해요.

연습문제 51

(1) I am sorry to have kept you waiting.
(2) I am sorry to hear that.
(3) I am glad (or pleased) to meet (or see) you.
(4) I am sorry to be so late.
(5) I am sorry to trouble you so often. 또는 I am sorry to give you so much trouble.
(6) I was pleased to hear that.

(7) I was surprised to hear of his failure.
(8) We were sad to lose five games.
(9) I am surprised to hear that he is a spy.
(10) She wept herself out to hear the news.
(11) She shed crocodile tears to hear that he was dead.
(12) I will be glad to help you.
(13) He seems (to be) glad (or pleased) to see us.

연습문제 52

(1-a)   여성이 투표권(投票權)을 갖는 것은 정당한 일이다.
(1-b)   네가 그의 도움을 거절한 것은 정당한 처사다. (너 그녀의 도움 잘 거절한 거야)
        (너의 행위가 올바른 동시에 그렇게 한 너도 정당하다)
(2-a)   내가 그녀를 속이는 것은 (속이기로 한다면 그것은) 쉬운 일이다.
(2-b)   그녀는 속이기 (비위 맞추기, 가르치기) 가 쉬운 여자다.
(3-a)   네가 그이의 도움을 거절하는 것은 (거절한다면 그것은) 별난 행위다.
(3-b)   네가 그이의 도움을 거절하다니 너 별난 데가 있다.
(4-a)   너에게 화를 내다니 톰 그 녀석 나쁜 놈이구나.
(4-b)   (1) 그녀가 혼자 사는 것은 (누군가에게) 나쁘다.   ※ bad뒤에서 끊어 읽을 때
        (2) 그녀가 혼자 사는 것은 그녀에게 나쁘다.   ※ her뒤에서 끊어 읽을 때
(5-a)   일부러 체포당하다니 톰 그 녀석 어리석었다. 또는 어리석은 짓이었다.
(5-b)   우리가 격렬한 언쟁을 벌이게 된다면 그것은 어리석은 짓일 것이다.
(6-a)   우산을 잃어버리다니 나는 조심성이 없었다.
(6-b)   네가 그러한 실수를 한다는 것은(그러한 실수를 하게 된다면) 경솔한 행위다.
(7-a)   잘 가요. 우리들을 방문해주셔서 고마웠어요.
(7-b)   네가 원하는 것을 모두 갖는 것은 너에게 좋지 않다.
(7-c)   나는 우리가 (무언가를 차지하려고, 이루려고, 극복하려고) 몸부림친다면 그것은 좋지 않은 거라고 생각해요.
        ※ struggle는 몸으로 치고받고 싸우는 행위가 아니다. 무언가를 하려고 몸부림친다는 뜻을 가지고 있다.
        the struggle for existence 생존경쟁/ struggle to escape 도망가려고 몸부림치다
(8-a)   그 계획을 포기(抛棄)하다니 너 현명(賢明)하다.
        또는, 당신이 그 계획을 포기한 것은 현명한 일이다.
(8-b)   네가 그 계획을 포기하는 것(포기한다면 그것)은 현명한 일이다.
(9-a)   나를 도와주다니 너 친절하구나. = 나를 도와주어서 고마워요.
        또는, 네가 나를 도와준 것은 친절한 처사다.
(9-b)   네가 그녀에게 멋진 선물을 보내는 것은 아름다운 일이었다.
(10-a) 그 사나이가 그 화재와 싸우는 것은 용감한 일이었다.
(10-b) 그 화마와 싸우다니 그 사나이 용감했다.
        또는, 그 사나이가 그 화마와 싸우는 것은 용감한 행위였다.
(11-a) 메리가 그곳에 가는 것은 영리한 행위였던 것이다.
(11-b) 네가 그 서류들을 소각한 것은 약삭빠른 행위였다.
        또는, 그 서류를 소각하다니 너 참 영리했다.
(12-a) (1) 그녀가 그이의 책을 가져간 것은 잘못된 행위였다.
        (2) 그이의 책을 가져가다니 그녀가 잘못된 거야.
(12-b) 이웃들이 우리들에 대하여 수군거리는 것은 나쁜 일이 아닌가요?
(13-a) (1) 네가 일을 계속하는 것은 (누군가에게) 좋은 일이다. ◘ nice뒤에서 끊어 읽을 때
        (2) 네가 일을 계속하는 것은 너에게 좋은 일이다. ◘ you뒤에서 끊어 읽을 때

(13-b) (1) 전화하기를 잊으시다니 당신 정성이 없었군요.
      (2) 네가 전화하기를 잊은 것은 정성이 없는 행위였던 것이다.
(14-a) (1) 혼자서 산책하러 가다니 그녀 어리석다.
      (2) 그녀가 혼자 산책하러 나간 것은 어리석은 행위다.
(14-b) 그녀가 그런 일을 하는 것은 어리석은 일이었다.
(14-c) (1) 그러한 실수를 하다니 그녀 참 어리석다.
      (2) 그녀가 그러한 실수를 한 것은 참으로 어리석은 일이다.

연습문제 53

(1-c)   (2-a) ※ clever를 silly로 고치든가 too clever를 clever enough로 고쳐야한다.
(3-d)   (4-d)   (5-b)   (6-d)

연습문제 54

(1) She was pleased to see me.
(2) It is right for you to look after your senile parents.
     = For you to look after your senile parents is right.
(3) It is nice (or kind) of you to invite me. = You are nice (or kind) to invite me.
     또는, Thank you for your invitation.
(4) It is right (or natural) for a sea gull to fly. = For a gull to fly is right (or natural).
(5) I am happy (or glad) to hear of your success.
(6) ⓐ It is bad for a girl /to smoke. <담배피우는 것은 몸에 안 좋다>
     ⓑ It is bad /for a girl to smoke. <소녀가 담배피우는 것은 (누군가에게) 좋지 않다>
(7) It is bad (or wicked) of you to smoke.

(8) He called me names, and I was shocked.
(9) I was shocked to hear him calling me names.
(10) I was surprised to hear that he was a swindler.
(11) How kind (or nice) (it is) of you to visit me. or, It is very kind of you to visit me.
(12) It is bad of you to gull the innocent girl. = You are bad to gull the innocent girl.
(13) It is bad for you to gull the innocent girl. = For you to gull the innocent girl is bad.
(14) It is foolish of you to race your fortune away. = You are foolish to race your fortune away.

(15) It is foolish for you to race your fortune away.
= For you to race your fortune away is foolish.

(16) It is wrong of you to take advantage of her weak point.
= You are wrong to take advantage of her weak point.

(17) It is wrong for you to take advantage of her weak point.

(18) How careless (it is) of me to leave the door unlocked!
= It is very careless of me to leave the door unlocked.
= I am careless to leave the door unlocked.

(19) Is it proper to wear jeans to a wedding?

(20) The children like to play in this street.

(21) It is dangerous for children to play in this street.

(22) You should keep away from bad company.

(23) It is wise of you to keep away from bad company.
= You are wise to keep away from bad company.

(24) It is wise for you to keep away from bad company.

(25) He tried to deceive her.

(26) It is useless for him to try to deceive her.

(27) It is foolish of him to try to deceive her.

연습문제 55

(1) 사실대로 말하면 나는 너의 요구사항에 대하여 깡그리 잊었다.

(2) 사실대로 말하면 나는 가고 싶지 않다.

(3) 솔직히 말하면 나는 귀하의 소설을 좋아하지 않습니다.

(4) 솔직하게 말하면 그녀는 죄가 없다.

(5) 설상가상 비가 오기 시작했다.

(6) 설상가상으로 그는 몸에 탈이 났다.

(7) 간단히 말하면 그는 돌연히 사라졌다.

(8) 간단히 말하면 그녀는 그곳에서는 다시는 눈에 띄지 않았다.

(9) 우선 말하고 싶은 것은 그는 그 직업에는 너무 어리다는 겁니다.

(10) 맨 먼저 하고 싶은 말은 제가 그이를 이제는 사랑하지 않는다는 겁니다.

(11) 그녀는 노래는 말할 것도 없고 춤도 출 줄 안다.

(12) 그는 돈은 말할 것도 없고 먹을 것도 없다.

(13) 그는 말하자면 그 조직체의 두뇌다.

(14) 이상한 말이지만 그녀는 돌연히 사라졌다.
(15) 그는 2시간 늦게 귀가했다. 말하자면 약 10시경에 귀가했다.
(16) 슬픈 말이지만 그들은 모두 익사했다.
(17) 말할 필요 없이 그녀는 집에 없었다.
(18) A: 너 올 거냐? (또는, 너 갈 거냐?)   B: 여부 있나. (=오구말구 또는 가구말구).
(19) 그는 장수하여 증손자까지 보았다.
(20) 그는 생전에 꿈이 실현되었다.

(21) 우리들은 먹기 위하여 사는 것이 아니라 살기 위하여 먹는다.
(22) 그 소년은 성장하여 훌륭한 젊은이가 되었다.
(23) 그 사내아이는 성장하여 거의 5살이 되었다.
(24) 우리들이 그 문을 열고 보니 그 방은 비어있었다.
(25) 내가 깨어보니 이 모든 것이 꿈이었다.
(26) 그는 잠이 깼을 때 자신이 감옥에 있는 것을 알았다.
(27) 그는 집에 귀가했을 때 집에 도둑이 들었다는 것을 깨달았다.
(28) 우리들이 도착해보니 우리를 위하여 진수성찬이 준비되어있었다.
(29) 그는 열심히 시도해보았지만 실패했다.
    속뜻: 그는 오직 실패하기 위하여 열심히 노력한 꼴이 되어버렸다.
(30) 그는 비행기 추락 사고에서 살아남았으나 사막에서 죽고 말았다.
    속뜻: 그는 오직 사막에서 죽으려고 비행기 추락에서 살아남은 꼴이 되었다.
(31) 내가 서두러 그 집에 가보았더니 그 집은 비어있었다.
    속뜻: 그 집이 비어있는 것을 오직 확인하려고 나는 그 집에 서두러 간 꼴이 되었다.
(32) 그곳에 도착해보니 문이 잠겨있었다.
(33) 그는 고향을 떠난 후 다시는 돌아오지 않았다.
(34) 우리들은 그곳에 도착했을 때 너무 늦게 왔다는 말만 들었다.
(35) 그는 자기의 고향을 떠난 후 다시는 눈에 띄지 않았다.
(36) 너를 보니 기쁘다.
(37) 네가 성공했다는 말을 듣고 우리들은 기뻐했다.
(38) 네가 약혼했다니 기쁘다.
(39) 그가 감옥에 있다는 말을 들으면 그녀는 놀랄 것이다.
(40) 네가 실패했다는 것을 알고 우리들은 실망했다.

(41) 너에게 폐를 끼쳐 미안하다.
(42) 그는 가족을 부양하기 위하여 열심히 일한다.
(43) 그는 열심히 일하기 때문에 가족을 부양할 수 있다.
(44) 그는 그 시험에 합격하기 위하여 열심히 공부했다.

(45) 그는 열심히 공부했기 때문에 그 시험에 합격했다.
(46) 나는 그가 나의 발걸음 소리를 듣지 못하도록 조용히 걸었다.
(47) 나는 조용히 걸었기 때문에 그는 나의 발걸음 소리를 듣지 못했다.
(48) 그는 네가 그이의 욕을 하는 것을 들으면 충격을 받을 것이다.
(49) 네가 성공했다는 말을 들으면 그녀는 좋아할 것이다.

연습문제 56

(1) It is dangerous for Jane to swim across the river.
(2) Tom was surprised to see Jane swim across the river.
(3) Her mother is ill (or sick) in bed.
(4) We were sorry to hear that her mother was ill (or sick) in bed.
(5) I did not hear of her for a long time. I heard from her yesterday.
(6) I was very delighted (or pleased) to hear from her yesterday.
(7) I am glad (or happy) to see you after a long separation.
(8) Tom said that she was not at home.
(9) I was disappointed to find that she was not at home.
(10) I went to her house in a hurry only to find that she was not at home.
(11) I was relieved to hear the news. = I was relieved at the news.
(12) I am very (or much) pleased to see you here.
(13) We are very glad to be back home again.
(14) Her beauty was admired by all.
(15) She smiled to find that her beauty was admired by all.
(16) He was killed in the plane crash.
(17) She cried her heart out to hear that he was killed in the plane crash.
(18) I was shocked to hear her say vulgar words.
(19) He can speak French, not to speak of (or to say nothing of) English.
(20) To tell the truth, I forgot to phone (to) him.
(21) Will you help me ? To be sure.
(22) Well, to be sure, she is a beauty.
(23) To make matters worse, her husband fell (or became) ill (or sick).
(24) He awoke to find the house on fire.
(25) He studied hard only to fail in the exam.

연습문제 57

(1) (c)   (2) (d)   (3) (a)   (4) (b)   (5) (b)   (6) (c)   (7) (a)   (8) (b)   (9) (d)   (10) (a)
(11) (b)

연습문제 58

(1) 그이는 자기가 도와줄 친구가 없다.
(2) 그이는 자기를 도와줄 친구가 없다.
(3) 그이의 갑작스러운 발병(發病)으로 프랑스에 가려는 우리의 계획은 무산(霧散)되었다.
(4) 그는 절대로 뇌물(賂物)을 받는 사람이 아니다.
(5) 그녀는 절대로 그러한 일을 할 처녀가 아니다.
(6) 나는 식량을 살 돈이 없다.
(7) 그는 부양(扶養)해야 할 대 가족을 거느리고 있다.
(8) 극복해야할 난관(難關)이 많이 있다.
(9) 나는 세관에 신고(申告)할게 아무 것도 없다.
(10) 기차 안에서 읽을 것을 가지고 가라.

(11) 나는 해야 할 일이 있다.
(12) 그는 나를 도와주겠다는 자기의 약속을 어겼다.
(13) 그는 그 문제를 풀어보려는 시도(試圖)를 포기했다.
(14) 그녀는 올 의사(意思)가 없다.
(15) 그이를 수상하다고 생각해야할 이유가 없다.
(16) 그들은 모임을 갖기 위하여 방을 하나 빌렸다.
(17) 그것은 네가 돈을 벌 수 있는 좋은 기회다.
(18) 너는 날 수 있는 능력이 있냐?
(19) 나는 생각해주어야 할 아내와 가족이 있다.
(20) 우리들은 내세(來世)의 기쁨을 위하여 준비하고 있다.

(21) 당신은 그이를 해고(解雇)할 권한이 없다.
(22) 나는 그것을 할 시간이 없다.
(23) 우리들은 실서를 유지하기 위하여 그 조치(措置)들을 취했다.
(24) 할 일이 산적(山積)해있다.
(25) 서울에는 구경할 것이 많다.

(26) 그에게는 성공할 가능성이 있다.
(27) 나는 비서에게 조퇴를 허락해주었다.
(28) 나는 가야할 곳이 있다.
(29) 우리들은 그 계획에 반대하기로 방침(方針)을 정했다.
(30) 그 계획에 반대한다는 우리들의 계획이 그녀를 기쁘게 했다.

(31) 그는 신분 밝히기를 거부했다.
(32) 신분을 밝히려하지 않는 그의 태도를 어떠한 것으로도 정당화할 수 없다.
(33) 그는 위대한 음악가 되기를 원했다.
(34) 그는 위대한 음악가가 되겠다는 소망을 품고 있었다.
(35) 너는 성공할 것 같다.
(36) 그들은 몹시 (출장, 업무) 여행을 가고 싶어 한다.
(37) 그는 틀림없이 돌아올 것이다.
(38) 그 도둑은 틀림없이 곧 잡힌다.
(39) 그들은 곧 이곳에 도착하기로 되어있다.
(40) 당신을 위해서라면 무엇이든지 기꺼이 하겠습니다.

(41) ⑴ 쇠는 녹이 잘 슨다. ⑵ 우리들은 그렇게 생각하는 경향이 있다.
(42) 그는 결혼을 눈앞에 두고 있었다.
(43) 그 어린 소년은 그 개가 무서워서 가까이 가지 못했다.
(44) 나는 조국을 위하여 죽을 각오가 되어있다.
(45) 그는 대담하게도 나에게 돈을 요구했다.
(46) 그는 친절하게도 나에게 택시를 불러주었다.
(47) 그녀는 불행하게도 외아들을 잃었다.
(48) 그는 용감하게도 그 제의를 거절했다.
(49) 나는 그것에 대하여 할 말이 없다.
(50) 그는 모든 사람을 기쁘게 해주려고 노심초사(勞心焦思)한다.

(51) 그는 모든 사람을 기쁘게 해주겠다는 일념(一念)으로 그렇게 했다.
(52) 그녀는 남편과 이혼하기로 결심했다.
(53) 나는 그녀가 남편과 이혼하기로 한 그녀의 결심을 아무렇지도 않게 생각했다.
(54) 조국을 현대화하려는 그의 소망은 물거품이 되었다.

연습문제 59

(1) with <to 부정사의 목적어가 있으면 전치사를 생략해도 된다. 그러므로 with를 안 써도 된다>
(2) of 또는 about (3) 없음 (4) of 또는 about
(5) on (6) on (7) in

(8) 없음 <수식을 받을 말이 place, reason, way, time등이면 전치사를 사용하지 않는다>
(9) 없음 (10) 없음 (11) on
(12) 없음 (13) on (14) to

(15) in (16) with (cut의 목적어가 있으므로 with를 안 써도 된다)
(17) with (18) 없음 (19) through
(20) in (없어도 됨) (21) after (22) of
(23) at (24) with (24) 없음

연습문제 60

(1-a) He is proud of his son. (1-b) Does he have a son to be proud of ?
(2-a) I sat on a chair. (2-b) a chair for me to sit on
(2-d) Bring me a chair to sit on. (2-e) There is no chair to sit on.
(3-a) I am afraid of nothing. (3-b) I have nothing to be afraid of.
(4-a) My children play in the garden. (4-b) the garden for my children to play in
(4-c) There is no garden around here for my children to play in.
(5-a) He is ambitious to start a venture business.
(5-b) He is full of the ambition to start a venture business.

(6-a) He is going to resign because of ill health. = He is going to resign for the reason of ill health.
(6-b) You have no reason to resign. (6-c) I have every reason to know that.
(6-d) You have no reason to refuse. (6-e) You have no reason to hate him.
(7-a) I have no time to do my homework. (7-b) I have no money to spend on clothes.
(8-a) You need not borrow money. = You have no need to borrow money.
(8-b) There is no need to borrow money.

(9-a) He is ambitious to go to college. (9-b) the ambition to go to college
(9-c) He is fired with the ambition to go to college.
(10-a) He did not apply the brakes. (10-b) He had no sense to apply the brakes.
(11-a) I intend to go back. (11-b) I have no intention to go back.
= I'm going to go back.
(12-a) This is the best way to solve the problem.
(12-b) They had no way to escape from the prison.

(13-a) He gave up his seat to me.
(13-b) He had the kindness to give up his seat to me.
(14-a) He asked me to lend him some money.
(14-b) He had the impudence to ask me to lend him some money.
(15-a) He can run faster than you.
(15-b) I admired his ability to run faster than you.
(16-a) You had better proceed against him.
(16-b) You are forced to proceed against him.

(17-a) We should not speak ill of others.
(17-b) We are apt to speak ill of others.
(18-a) You are sure to meet Tom in the park.
(18-b) The thief is certain to be caught in no time.
(19-a) He is certain to be elected mayor.
(19-b) He is likely to be elected mayor.
(19-c) He is eager to be elected mayor.
(20-a) I'm willing to die for you.
(20-b) I'm ready to die for you.

(21-a) Tom is due to speak on behalf of us.
(21-b) He is due to succeed his father as president.
(22-a) I was about to leave when you came in.
(22-b) I was about to leave when it began to rain.

연습문제 61

(1) 옛날에 한 부부가 있었는데 그들에게는 제인이라는 강건(强健)한 딸이 있었다. 그들은 그 딸을 매우 귀여워했다. 그들은 그 딸이 온 세상에서 제일 똑똑하다고 생각했다. 어느 날 그녀의 아버지는 그녀의 어머니에게 "우리 제인 이제 혼기가 왔지?"라고 말했다. 그녀의 어머니는 한숨을 내쉬고 고개를 끄덕이더니 "그렇긴 한데요, 결혼하자는 사람이 있어야 말이죠."라고 말하는 것이었다.

(2) "저녁식사에 젊은이를 초대하여 우리 제인이 얼마나 똑똑한지 보여주기만 하면 돼"라고 아버지가 말했다. 어머니는 기분 좋게 웃고 나서 말했다 "존 2세한테 부탁합시다. 그 청년이라면 우리 제인의 좋은 신랑감이 될 거에요."

(3) 이런 일이 있은 다음 날 제인의 아버지는 존2세에게 저녁식사를 함께 하자고 부탁했다. 그는 이렇게 말했다. "자네가 우리 제인을 만나봤으면 좋겠네. 제인을 알게 되면 제인을 사랑하게 될 걸" 그러자 그 청년은 고개를 내두르며 이렇게 말했다. "저도 아내를 원하는 데요. 만나는 처녀마다 다 멍텅구리에요. 나는 진짜로 똑똑한 아내를 원한단 말입니다."

(4) "자네 똑똑하다고 말했는가?" 제인의 아버지는 호들갑을 떨었다. "우리 온 동네에 아니 온 세계에서 우리 제인만큼 똑소리 나게 똑똑한 처녀는 없지" "그래요? 그렇다면 아저씨와 함께 식사하면서 직접 확인해 보겠습니다. 그러나 미리 말씀드리는데 정말로 똑똑한 처녀가 아니면 어느 누구하고도 결혼 안할 겁니다." 라고 그 청년이 말했다.

(5) 그날 밤 존이 내방했고 그들 4 명은 식탁에 앉았다. 제인의 아버지와 어머니가 대화를 독차지했기 때문에 존은 별로 말을 하지 않았다. 제인의 어머니는 존이 수프를 좋아하는지 알고 싶었다. 왜냐하면 제인이 그 수프를 직접 만들었기 때문이었다. 제인의 아버지는 제인이 수놓은 아름다운 하얀 식탁보를 존에게 보여주었다. 제인의 아버지는 식탁을 훑어보더니 드디어 식탁에 사이다가 없다는 것을 알았다.

(6) "우리 제인 착하기도 하지! 지하 창고에 내려가서 사이다 한 주전자 가져 오렴." 아버지가 말했다. 제인이 아래층에 내려가서 (내려갔을 때) 주변을 살펴보았다. 그녀는 이런 생각이 떠올랐다. "주전자에 사이다를 채우기 시작하기 전에 먼저 의자 하나를 사이다 통 바로 옆에 바싹 가져다 놓아야겠구나. 사이다 통 밑에서 몸을 굽히다가 등을 다치면 경망한 짓이지."

(7) 그녀는 의자를 바싹 끌어다 놓았고 사이다 통 밑에 주전자를 놓았다. 주전자에 사이다가 차기를 기다리는 동안 그녀는 고개를 들고 위를 쳐다보았다. 그녀의 머리 정수리위에 있는 대들보에 아버지의 도끼가 있었다. 그녀는 날카로운 비명을 질렀다. "맙소사, 세상에! 내가 존하고 결혼하여 아들을 갖는다면 말이야. 그 애가 어린이 티를 벗고 튼튼한 몸이 될 거고 우리는 그 애를 지하 창고에 내려 보내 사이다를 가져오게 할 수도 있겠지. 그때 저 도끼가 그 애 위에 떨어진다면 --- 틀림없이 저 도끼에 맞아 죽을 거야." 그러한 생각에 이르자 그녀는 공포에 질려 그만 두 팔로 머리를 감싸 앉고 엉엉 울기 시작했다.

(8) 한편 그녀의 어머니와 아버지는 사이다 가져 오기를 기다리고 있었다. 기다리다 못해 그녀의 어머니는 하녀를 불러 일렀다. "지하에 내려가서 제인이 무엇하고 있는지 보고오렴" 하녀는 계단을 내려갔다. 지하에 가보니 제인이 가슴이 터질듯이 엉엉 울다가 또 흐느끼다가 하고 있는 것이 아닌가!

(9) "무엇이 어떻게 된 거에요?" 하녀는 겁에 질린 목소리로 물었다. "끔직한 일이야." 제인은 흐느끼면서 말했다. 그녀는 대들보에 박혀있는 도끼를 가리키면서 말했다. "생각 좀 해봐! 내가 존하고 결혼하여 아들이 생기고 그 아들이 사이다를 가지러 지하에 내려오고 저 도끼가 떨어져 내려 내 아들이 그 도끼에 맞아죽는 일 말이야. 원, 세상에! 그 생각만 해도 나는 참을 수가 없단 말이야."

(10) 이 말을 듣고 하녀는 숨을 몰아쉬고 그녀도 울기 시작했다. 하녀는 흐느끼며 말했다. "제인 아씨, 어쩌면 그렇게 똑똑하세요! 그렇게 되면 정말 끔찍하겠네요." 위층에 있는 제인의 어머니와 아버지는 더 불안해졌다. 드디어 제인의 어머니가 입을 열었다. "내가 직접 가서 제인에게 무슨 일이 생겼는지 알아봐야겠어요." 그녀가 아래층에 가보니 하녀와 제인이 서로 부둥켜안고 엉엉 울고 있는 것이었다.

(11) 제인의 어머니는 겁먹은 소리로 물어보았다. "말해 봐, 무슨 일이 있기에 이러는 거야?" 제인이 흐느끼기도 하고 숨을 몰아쉬면서 말했다. "아직은 아무 일도 벌어지지 않았어요. 다만 앞일을 생각하고 있는 거예요. 상상해 보세요. 내가 존하고 결혼하고 우리가 어엿한 아들을 갖게 되고 그러면 그 애가 사이다를 가지러 이곳 지하에 올 수 있겠지요? 저기 대들보에 있는 저놈의 도끼 보이지요? 그게 우리 아들의 머리에 떨어져 우리 아들이 죽을 수도 있지 않아요?"
a fine, big boy = a fine and big boy = a very big boy
You are a fine and big boy (girl). 너 이제는 어린아이가 아니잖아? (그러니 그렇게 울지 마).

(12) 이 말을 듣고 제인의 어머니도 울음이 터져 나왔다. "세상에! 넌 똑똑하다니까! 무어라고 위로할 말이 없구나, 불쌍한 우리 제인아." 결국 아버지도 더 이상 견딜 수가 없었다. 그는 존에게 말했다. "여보게 존, 가지 말게. 저기 지하실에 틀림없이 안 좋은 일이 생긴 게야. 무슨 일이 있기에 그런지 내가 가서 확인해 보아야겠네."

(13) 지하에 내려가 보니 세 여인이 서로 부둥켜안고 흐느끼고 있었다. "왜 그러는 거야?" 그는 그들에게 고성을 질렀다. 제인이 흐느끼며 말했다. "나와 존의 아들 말이에요. 그 애가 사이다 가지러 이곳으로 내려오면 저 도끼가 떨어져내려 그 도끼에 맞아 죽을 거예요." 제인의 아버지는 이런 생각을 해본 적이 없었다. 그래서 그는 감탄조로 말했다. "과연 똑똑한 제인이로구나! 너 아니고는 그런 생각을 못하지!" 그러더니 그는 (나머지 사람들과 함께) 따라 울었.
the others의 : 나머지 (사람들), 여기서는 자기외의 나머지 사람들(제인, 하녀, 어머니를 의미함)

(14) 이제 존은 어찌할 바를 몰랐다. (즉, 난처하게 되었다). 온 가족이 지하에 내려가더니 아무도 사이다를 가지고 오는 사람이 없지 않는가! 마침내 그는 자신이 가서 무슨 일이 일어났는지 보기로 마음 먹었다.

(15) 제인, 하녀, 제인의 어머니, 제인의 아버지 모두가 서로 부둥켜안은 채 흐느끼고 있는 것을 보고 존은 선채 아연실색하고 말았다. 존은 그들에게 물었다. "무엇이 잘못되었기에 이러는 게요?" 제인은 존에게 달려와서 그의 품에 자신을 맡겼다. "자기야, 자기야, 자기가 나와 결혼하여 우리가 아이를 갖게 되고 그 아이가 튼튼하고 철들 나이가 되었을 때 그 애가 사이다를 가지러 이 지하실에 올 수도 있지 않겠어? 그러면 저놈의 도끼가 떨어져 우리 아들이 그 도끼에 맞아 죽을지도 모른단 말이예요. 그것을 생각하면 참을 수가 없어요. 자기는 어때요?" 제인의 말은 신음 그것이었다.
that가 악의적이고 비호감의 의미를 나타내는 경우가 있다. that ax = 저 도끼, 저놈의 도끼

(16) 존은 한 동안 입을 벌리고 서있더니 고개를 뒤로 젖히고 마구 웃었다. 그는 제인의 아버지에게 질문했다. "그러니까 아저씨의 딸이 똑똑하다 그 말씀이죠? 저-~, 이 말씀만은 드려야겠네요. 먼 곳까지 돌아다니면서 찾아보아야겠네요. 제인보다 더 멍청한 여성이 단 한 명이라도 있는지."

(17) "멍청하다고? 우리 제인이? 말조심하게." 제인의 어머니와 아버지는 허리를 펴고 눈물을 닦으면서 일갈(一喝)을 놓았다 (큰 소리로 나무랬다). 존이 말했다. "우리 계약합시다.(내가 아주머니와 아저씨와 흥정하겠는데요) 아주머니와 아저씨의 딸보다 더 멍청한 여성을 단 3명이라도 제가 발견하면 돌아와서 제인하고 결혼하겠습니다." 그는 작별인사를 하고 제인보다 더 멍청한 여성이 있을까 확인하기 위하여 길을 나섰다.

(18) 그가 처음 만난 여성은 집밖에 서 있는 여인이었다. 그녀의 긴 머리는 등에 늘어져 있었고 물이 뚝뚝 떨어질 정도로 젖어있었다. 그녀는 양손으로 거울을 쥐고 있었는데 정면 쪽에 있는 창문을 향하여 그 거울을 이쪽으로 기울였다 저쪽으로 기울였다는 하는 것이었다. "아주머니, 안녕하세요. 지금 무엇하고 계시죠?" 존이 물어보았다.

(19) 그 여인은 거울을 내려놓고 보란 듯이 미소를 짓고 말했다. "내가 얼마나 영리한지 아시겠죠? 머리를 감았거든요. 지금 거울을 사용하여 햇빛을 집안으로 반사시키고 있는 거랍니다. 그래야 내 머리를 말릴 수 있거든요." 존은 한 동안 그녀를 바라보고 점잖게 말했다. "오늘은 날씨도 따뜻하고 좋은데 바깥 양지에 앉아서 머리를 말리면 안 될까요?"

(20) 그 여인은 전혀 예상치도 못한 뜻밖의 말에 이렇게 말했다. "미처 그런 생각을 해 본적이 없어요. 아니, 젊은이, 댁은 나보다 훨씬 영리하군요." 존은 도시에서 더 멀어지는 시골 쪽으로 가면서 이런 생각에 젖었다. "저 여인은 제인보다 훨씬 더 어리석군."

(21) 이윽고 그는 손에 양동이를 들고 돼지우리 옆에 서있는 한 여인을 만났다. (이윽고 그는 한 여인을 만났는데 그 여인은 손에 양동이를 들고 돼지우리 옆에 서있었다라고 해석해도 된다) 우리 안에는 염소 암컷이 있었는데 그 염소는 여인에게는 아무 관심을 두지 않고 건초만 맛있게 (만족스럽게) 먹고 있었다. "야, 염소야, 이봐, 염소야" 그녀는 양동이를 염소를 향하여 흔들어대면서 계속 부르고 있었다. 존은 호기심이 발동하여 발걸음을 멈추고 그녀를 유심히 보았다. "아줌마, 지금 무엇하고 있는 겁니까?"(지금 왜 이러고 있는 거예요? 라고 해석해도 된다.)

(22) "이 얼간이 염소 때문이라오. 젖을 짜기 위하여 우리 밖으로 나오게 하려는 데 나오지를 않네요." 라고 그 여인이 말했다. 존은 잠시 그녀를 바라보고 부드럽게 말했다. "밖으로 불러내지 말고 안으로 들어가시지 그러세요. 그렇게 하면 쉽게 젖을 짤 수 있겠는데요."

(23) "아이구, 그것 좋은 생각이군요. 댁은 나보다 영리하네요." 그 여인은 환호성을 질렀다. 존은 도시에서 더 멀어져가는 시골 쪽으로 계속 가면서 이렇게 혼자 중얼거렸다. "당신은 제인보다 더 심한 멍텅구리네요." 그가 마지막으로 만난 여인은 품에 큰 돼지를 안고 있는 예쁘장한 작은 여인이었다. 그녀는 큰 참나무 줄기에 그 돼지의 네 다리를 붙이고 헐레벌떡 씩씩거리고 있었다.

(24)) "아줌마, 그 돼지 아줌마에게는 좀 무거운 것 같은데요. 지금 무엇하고 있는 건지 물어봐도 될까요?" " 이 녀석 되게 우둔한 돼지랍니다. 먹을 도토리를 넉넉하게 스스로 구할 수 없거든요. 그래서 자꾸 말라가고 있어요." 내가 누군데 마르게 그냥 놔두겠어요? (직역: 나는 너무나 너무나 영리하기 때문에 그런 일이 발생하게 방임하지 않아요.) 지상에서 자기가 먹을 도토리를 구할 수 없으면 나무를 올라가게 만들어야지요. 거기에는 그가 원하는 도토리가 얼마든지 있어요." 라고 그녀는 말했다.

(25) "긴 갈퀴를 가지고 도토리를 (돼지를 위하여) 따면 되잖아요. 그러면 돼지가 나무에 올라갈 필요가 없을 텐데요." 라고 점잖게 의견을 말해주었다. "참, 그렇네요. 그렇게 하는 게 훨씬 쉽겠네요. 와, 댁 참으로 영리하네요. 댁은 나보다 훨~씬 똑똑하군요." 그 여인이 기뻐하며 말했다.

(26) "그런데 이 아줌마는 제인보다 훨씬 우둔하구나. 그리고 당신으로 3명이 찼군요. 그러니 돌아가서 내 약속을 지키는 것이 낫겠구나." 라고 존은 생각했다. 그가 돌아왔을 때 제인보다 멍청한 여인을 3사람 발견했다는 것을 알고도 놀라는 사람은 아무도 없었다. 왜냐하면 그들은 제인이 세상에서 제일 똑똑한 처녀라는 것을 여전히 믿고 있었으니까.

(27) 존은 제인과 결혼했다. 그러나 결혼 전날 그는 제인의 아버지에게 지하에 있는 도끼를 치우는 게 좋다고 건의했다. "그러면 (= then) 우리들의 아들이 도끼를 맞아 죽을 염려는 없을 거라는 것을 확신할 수 있거든요."

(28) 제인의 아버지와 어머니가 존을 바라보는 눈빛에는 경탄과 놀라움이 역력했다. (직역: 제인의 아버지와 어머니는 존을 경탄과 놀라움으로 바라보았다) "기막힌 발상일세." 제인의 아버지는 그렇게 말하고 행복하게 웃었다. "우린 곧 제인만큼 똑똑한 사위를 두게 되었네 그려."

토끼와 거북이

어느 날 토끼가 거북이의 굼뜬 걸음걸이를 조롱했다. 거북이가 웃음으로 응수했다. "비록 네가 바람처럼 날쌔다 해도 경주하면 내가 너를 이길 수 있다고 나는 확신한다." 토끼는 그따위 제의가 있을 수 없다는 것을 알기에 즉각 받아드렸다. 경주가 있는 날 토기와 거북이는 함께 출발했다. 거북이는 느리지만 쉬지 않고 꾸준히 갔다(움직였다). 토끼는 자신의 날쌤을 철석같이 믿고 있었기 때문에 경주 따위에는 신경을 쓰지 않고 길가에 누워 깊이 잠들어버렸다. 거북이는 터벅터벅 쉬지 않고 걸어 갔다. 그러나 토끼는 너무 많이 잤기 때문에 눈을 떠보니 거북이가 결승선을 지나고 있었다.

※ the former와 the latter에 대하여

Of the two	the latter	is	far	better	than	the former.
그 둘 중에서	후자가		훨씬	더 좋다	~보다	전자

그 둘 중에서 후자가 전자보다 훨씬 더 좋다.

Fish and meat are both nourishing,
but the latter is more expensive (than the former).
생선과 고기는 둘 다 영양이 풍부하다. 그러나 후자가 (전자보다) 더 비싸다.
○ the latter = meat / the former = fish

Work and play are both necessary to health;
the latter (this) gives us rest, and the former (that) gives us energy.
일하는 것과 노는 것은 둘 다 건강에 필요한 것이다.
후자(노는 것)는 우리에게 휴식을 제공하고 전자(일하는 것)는 우리에게 활력을 제공한다.
[참고] the latter 대신에 this를 사용하고 the former 대신에 that를 사용할 수 있다.
○ the latter = play / the former = work

Dogs are more faithful animals than cats;
the latter attach themselves to palces, and the former (attach themselves) to persons.
개는 고양이보다 더 충실한 동물이다. 후자(고양이)는 장소에 정을 두고 전자(개)는 사람에게 정을 둔다.
( ) 안에 있는 것은 생략한다.
○ the latter = cats / the former = dogs

- 끝 -

술술 다 되는
반가운 영어 3

지은이	반가운
발행인	반미령, 김동철
출판사	아하

1판 1쇄 발행 2016년 2월 25일

편 집	에버라스팅가스펠출판사
디자인	양건호, 김명경
일러스트	양건호, 김예일
인 쇄	보진재

♥AHA (우) 10860 경기도 파주시 탄현면 국화향길 60-36

전화문의	(031) 947-0579, 010-5473-4266, (02) 428-4266
팩 스	(02) 415-4491, (031) 947-0579
이 메 일	eduosun@naver.com
출판등록	2015년 12월 1일 제 406-2015-00146

Copyright 2016. 반가운 All rights reserved.

저자 및 출판사의 허락 없이 이 책의 일부 또는 전부를 무단으로 복제·전재·발췌할
수 없습니다. 구입 후 철회는 회사 내규에 부합하는 경우에 가능하므로 구입문의처에
문의하시기 바랍니다. 분실·파손 등에 따른 소비자 피해에 대해서는 공정거래위원회에서
고시한 소비자 분쟁 해결 기준에 따라 보상 가능합니다.

값 18,000 원

ISBN 979-11-957104-4-7
ISBN 979-11-957104-1-6 (세트)